工业工程专业新形态系列教材

项目计划与控制

楚岩枫　马相林　楚广兴　姜年朝　主编

科学出版社

北　京

内 容 简 介

本书参考美国项目管理协会的《项目管理知识体系（PMBOK）指南》和国际项目管理协会最新的《项目管理知识体系与要点》，系统地介绍项目计划与控制的理论与方法。全书共 10 章，主要包括项目管理概述、项目选择与项目群管理、项目进度计划与资源平衡、项目采购规划、项目成本计划与质量计划、项目实施与控制管理、项目组织与项目团队、项目冲突管理、项目知识管理及项目结束与后评价等内容。本书每一章由引导案例启发学生，将原理方法和案例有机结合，使学生快速理解知识点，并提高学生的实际应用能力。

本书可作为高等院校经济类、管理类、工程类各专业的本科生、硕士研究生教材，也可供各类项目管理人员、项目工程技术人员学习参考。

图书在版编目（CIP）数据

项目计划与控制/楚岩枫等主编. —北京：科学出版社，2017.3

工业工程专业新形态系列教材

ISBN 978-7-03-052056-2

Ⅰ. ①项⋯　Ⅱ. ①楚⋯　Ⅲ. ①工程项目管理–高等学校–教材
Ⅳ. ①F284

中国版本图书馆 CIP 数据核字（2017）第 047683 号

责任编辑：兰　鹏/责任校对：郭瑞芝
责任印制：张　伟/封面设计：蓝正设计

科 学 出 版 社 出版
北京东黄城根北街 16 号
邮政编码：100717
http://www.sciencep.com

北京中石油彩色印刷有限责任公司 印刷
科学出版社发行　各地新华书店经销
*

2017 年 3 月第 一 版　　开本：787×1092　1/16
2018 年 1 月第二次印刷　　印张：16
字数：364 000

定价：42.00 元
（如有印装质量问题，我社负责调换）

总　序

我国是制造业大国，但还称不上制造业强国。实现从粗放式管理向以集成化、信息化、网络化为特征的精益管理转变，是提升我国制造业核心竞争力、迈向全球制造业强国的必由之路。工业工程作为一门帮助提升产品与服务质量、提升管理水平与效能、降低运营成本、实现绿色发展的交叉学科，在我国由制造业大国向制造业强国的转变中将扮演至关重要的角色。

根据教育部高等学校工业工程类专业教学指导委员会所制定的《工业工程类专业本科教学质量国家标准》中的定义，工业工程（industrial engineering，IE）是应用自然科学与社会科学知识，特别是工程科学中系统分析、规划、设计、控制和评价等手段，解决生产与服务系统的效率、质量、成本、标准化及环境友好等管理与工程综合性问题的理论和方法体系，具有交叉性、系统性、人本性与创新性等特征，适用于国民经济多种产业，在社会与经济发展中起着重要的积极推动作用，亦可称为产业工程。

我校工业工程专业办学历史较长，是全国工业工程专业发起高校之一。1985 年，在管理工程专业下设置了工业工程专业方向招收本科生。1995 年，经国务院学位委员会办公室批准设立了工业工程硕士点，这是江苏省高校中的唯一的工业工程硕士点。1998 年教育部调整本科专业目录后，便直接以工业工程专业名称面向全国招收本科生。1999 年经国务院学位委员会办公室批准获得了工业工程领域工程硕士专业学位授予权，是国内最早获得该专业学位授予权的高校之一。2000 年，工业工程成为管理科学与工程一级学科博士点的主要研究方向，至此，工业工程在我校形成了从本科至博士后完整的人才培养体系。

围绕工业工程专业人才的培养，我校建成了两个国家级人才培养模式创新实验区。2005 年，工业工程被评为江苏省工业工程领域首批唯一的品牌专业，2012 年，该专业被评为江苏省唯一以工业工程为核心专业的重点专业类，同年，被评为工业和信息化部工业工程领域唯一的重点专业。2015 年，列入江苏省高校品牌专业建设工程进行重点建设。2011～2015 年由中国统计出版社出版的《挑大学选专业——高考志愿填报指南》将我校工业工程专业与清华大学、上海交通大学同列前三甲。我校工业工程专业自成立以来，在成长中不断进步、逐渐成熟。经过多年探索，建成工业工程创新人才培养的"三链"（教学资源保障链、实习实践保障链、能力拓展保障链）体系，形成了"工—管—理"深度交叉的创新人才培养新模式，先后获得了两项江苏省高等学校教学成果一等奖和一项二等奖。建成了一个国家级教学团队、两个省级创新团队。我校还是江苏省机械工程学会工业工程专业委员会的主任委员单位，是全国工业工程专业教学指导委员会副主任委员单位，华东地区工业工程教学与专业发展学会发起单位之一。

加强教学资源建设是我院工业工程专业建设的重要抓手之一。我们提出以"教材"作为教学资源建设的切入点，以教材建设牵引教学团队能力提升。为此，我们积极打造特色化精品教材，2005 年与科学出版社共同策划，在全国范围最早推出了工业工程专业系列教材，并被众多高校选用，多数教材数次印刷，受到师生好评。2014 年，我们又与电子工业出版社合作出版了 12 本工业工程领域工程硕士学位系列教材，这是我国工业工程领域工程硕士的首套系列教材。"十一五""十二五"期间，我们组织教师编写、出版教材40 余种，其中，9 部教材入选普通高等教育"十一五"国家级规划教材，4 部教材入选"十二五"普通高等教育本科国家级规划教材，3 部教材入选工业和信息化部"十二五"规划教材，《应用统计学》被评为国家精品教材，6 部教材被评为江苏省精品教材和重点教材。一批优秀教材的出版为工业工程人才培养质量的不断提高奠定了坚实的基础。

随着教学改革的不断推进，特别是互联网与多媒体时代背景对高校教育教学改革提出了新的要求，慕课、翻转课堂相继出现，同时对教材的内容与形式也提出了新的挑战，这次对系列教材进行第二次整体修订，充分考虑了这种需求的变化，参照《工业工程类专业本科教学质量国家标准》对工业工程基础课程与专业课程要求，同时融入了作者近年来取得的教学改革成果，在修订过程中，一方面继续保持系列教材简明扼要、深入浅出、通俗易懂、易于自学的特点；另一方面我们力求通过数字化形式融入更加丰富的学习素材，并且大力邀请领域内有着丰富工作经验的相关企业人员参与教材的补充完善，以持续地提升教材质量，履行读者至上的承诺。

在教材的出版与使用过程中，同行们通过会议、邮件、电话、微信等多种方式给予我们许多支持与鼓励，也无私地给出了许多富有建设性的反馈意见，对此我们深表感谢！我们殷切希望广大读者在使用中继续帮助我们不断改进提升。

系列教材的再版得到了南京航空航天大学教材出版基金和江苏省高校品牌专业建设工程专项资金的资助，在此，特表深深的谢意！同时也特别感谢科学出版社的大力支持，他们不仅为教材出版辛勤地付出了许多，而且有着一种可贵的与时俱进精神。

周德群

教育部高等学校工业工程类专业教学指导委员会副主任委员
南京航空航天大学经济与管理学院院长、教授、博士生导师
2016 年 5 月

前　　言

项目管理已经成为建筑、信息技术、工程、产品开发等多种行业运作的核心技术。项目管理的核心以计划为基础，以控制为手段。项目计划是项目组织根据项目目标的规定，对项目实施工作进行的各项活动做出的周密安排，是项目管理的一大职能，是项目实施的基础。由于项目计划工作面临许多不确定性，在实施过程中又面临多种因素的干扰，所以，在项目按计划实施的过程中，项目的进展必然会偏离预期轨道，这就需要进行项目控制。所谓项目控制，是指项目管理者根据项目进展的状况，对比原计划（或既定目标），找出偏差、分析原因、研究纠偏对策，并实施纠偏措施的全过程。

本书在内容选取和组材上宏观而不空洞，微观而不烦琐，使学生既理解项目计划与控制的本质，又培养对项目计划与控制的应用能力。这种管理理念和管理能力正是中国项目管理实践者最需要的。本书具有四个特点。①理论上的完整性。本书力求将国内外最新的项目计划与控制理论和实践收集在书中，向学生展示本领域的思想前沿。②内容上的普遍性。本书以共性的知识体系为主，并不限定项目类型。③结构上的完整性。本书从管理者角度出发，从提高管理者理论水平和实践能力双重需要出发，以计划为基础、以控制为手段这条主线编写，力求向学生展示一个完整的项目计划与控制过程。④教学上的实用性。本书每一章在扼要介绍项目管理理论和方法后，以案例教学分析理论与方法应用的步骤和技巧，将理论方法和案例有机结合，使学生较快理解知识点，并锻炼其应用能力。为了便于教学，本书还准备了教学用的电子课件，以本书作为教材的教师可与出版社联系，免费获得这些资料。

本书主要面向专业学位硕士，包括工商管理硕士、科学硕士等各类研究生，同时也是适用于高年级本科生的一本项目管理教材。全书由南京航空航天大学经济与管理学院楚岩枫负责设计和统稿。第1~5章由楚岩枫执笔，第6~9章由南京工程学院马相林执笔，第10章由南京航空航天大学楚广兴执笔。南京模拟技术研究所姜年朝对全书的策划与设计提出了很多建设性意见，硕士生龚斌、曹慧娟、李华丽、郝鹏飞参与了案例的撰写与全书的校对工作。

在本书的编写过程中，参考了国内外大量的有关文献资料，书末附有主要参考文献，对所借鉴成果的作者表示感谢！对于由于疏忽未在参考文献中列出的，在这里一并表示感谢！本书的策划与设计过程得到了科学出版社兰鹏编辑的大力支持，对他的辛勤工作表示衷心感谢！

限于作者水平有限，书中的疏漏和不足在所难免，殷切期望有关专家和广大读者批评指正。

楚岩枫

2017 年 1 月

目　　录

第1章 项目管理概述

> **本章提要**：人类的活动可以分为两类，一类是连续不断、周而复始的活动，称为"运作"；另一类是临时性的、一次性的活动，即"项目"。随着经济的不断发展和人们需求多样化程度的提高，项目对各类经济活动和人们日常生活产生着越来越重要的影响。项目管理作为一种现代化管理方式，已经成为组织管理的重要组成部分，并影响组织的整体发展。本章将学习以下内容：项目管理的历史、现状和发展趋势；项目的概念、特点和项目利益相关者；项目生命周期的各个阶段的划分、特点和主要内容；项目管理的概念、特点和基本职能；项目管理能力成熟度模型。

> **引导案例**：光学瞬间探测器（optical transient detector，OTD）是美国国家航空航天局（National Aeronautics and Space Administration，NASA）的一个检测来自地球低轨道闪电的项目。项目组试图证明，太空科学仪器的开发周期可以从一般的 36 个月缩短为 7 个月。虽然，实现项目的目标非常困难，但是，高级管理层给了团队自主决策权，并且可在必要时打破惯例和常规流程；更重要的是，决策权下放到了团队的最底层，这样可以迅速地做出决策。快速决策权自然给了 OTD 的首席工程师。这位工程师从不言弃。他具有坚持不懈的可贵品质，他反对官僚主义，但是对此持理智态度。

仪器未能通过振动测试。测试失败很可能意味着项目进度将明显延期。振动测试失败是因为将仪器连接至宇宙飞船的支架不够结实，发射时仪器可能会因此振动过于剧烈，而且很可能彻底损坏。通常，纠正问题至少需要通过标准的工程来变更流程。团队将不得不重新设计支架，以确保它的抗振性能。支架图必须送去审查和批准，然后送到装配部门同时提交工作申请单，用以采购生产这个部件的合格飞行材料。然后，必须生产、检查支架，并将其存储在指定区域，直到可以装配到 OTD 上。换言之，即使乐观地估计，若按流程项目也将延期 2 个星期。

首席工程师佛瑞德想出了一个非常冒险的主意：自己加固支架。除了建造过私人飞机、检修过汽车发动机和加盖过他家的房屋，佛瑞德还对飞机硬件具有丰富的实践经验。他有知识、技术和工具；他所需的只是符合质量要求的飞行硬件。

在测试失败的当天下午，佛瑞德画出了支架的硬件改动草图。他建议，用金属面板加固现有的支架。面板可能不美观，可能不是最佳选择，但是由于能给支架必要的支撑，所以是可行的。当天下午，根据他的草图将工作台锯成几块，然后，他把碎块和借来的一些销子和螺丝带回家，他要在仪器支架上打孔和弄出螺纹，加固面板。第二天，测试继续进行，硬件通过了振动测试。

如果项目过多地关注程序、政策等问题，将被迫采取更传统的方法解决这个问题，这样很可能丧失宝贵的 2 个星期。但是首席工程师很清楚面临的情形、风险和事情的紧迫性，做出了一个非常明智的决定。

OTD 在 9 个月内交付使用，比原定目标延长 2 个月，但是在它最终被集成到宇宙飞船之前完成了项目。

1.1 项目管理的历史、现状和发展趋势

项目管理的发展经历了漫长的历程。潜意识的项目管理自远古时代就开始产生，后经过大量的项目实践逐渐形成了现代项目管理的科学体系。

1.1.1 项目管理的历史、现状

人类早期的项目可以追溯到数千年以前，如埃及的金字塔，中国的万里长城、都江堰等，都是先人项目实践的典范，代表了人类智慧的结晶。

在这些古代项目中，同样面临项目管理问题。因此，西方一些学者认为，人类最早的项目管理应该是埃及人建造金字塔和中国人建造万里长城。但是直到 20 世纪初，人类管理项目的思想还是非系统性的，还没有形成清晰的理论、技术和方法，而主要依靠个别人的天赋和才能。可以说，此时的项目管理根本谈不上是科学。

在 20 世纪 60～70 年代，项目管理逐渐成为基于关键路线制定系统性计划的一种技巧，在建造复杂的交通工具、潜水艇、航天飞机等领域得到了应用。到了 80 年代，随着计算机技术的发展，软件逐渐成为各类项目和组织制定计划与控制实施的工具。项目管理作为开发新产品和新服务的平台受到广泛的欢迎。90 年代，项目管理已经扩展到主流业务中。项目计划与控制的方法仍然占主导地位，但项目管理中人的因素变得更加重要了。项目管理的范围已经深入一个组织的所有细胞中，并包含了人们常听到的热门话题，如持续改进、并行工程、战略变革、多项目管理等。

产品生命周期的缩短也许是要求项目管理发生变革的最强有力的因素。50 年前，所有产品的平均生命周期是 15～20 年。今天，这一数字估计是 3 年左右。高科技企业的经理估计其产品生命周期只有 6 个月左右。显然，新产品开发的速度已经呈几何级数增长。较短的生命周期增加了一个组织需要同时处理的项目的数量。一个组织同时应付 100 多个项目的情况也并不罕见。资源的短缺和冲突在这样的环境里会蔓延开来。如何在产品上市时间和资源短缺这对矛盾间求得平衡？出现的这些问题将改变项目选择与项目管理的方法。每个新产品都是崭新的项目！

另一个与产品生命周期紧密关联的巨大力量是知识与技术的爆炸。大家都认为，过去二三十年内所创造的知识超过了此前人类历史上知识的总和。尽管具体的数字并不清楚，但其程度是显而易见的。今天，33% 的国民生产总值（gross national product，GNP）来自新知识创造的产品。知识与技术的提高促进了发明创造，进而导致新项目层出不穷。

全球竞争已经触及世界各个角落，没有哪个国家、哪个产品能够幸免。要在今天这样激烈的竞争中生存并取得成功就必须要有持续的创新和流程改进。那些善于创新和改进流程的组织才能赢。而这些活动本身就属于项目的范畴！

上面提到的动力和其他一些因素并不简单地增加项目的数量，它们使得项目管理在企业的生存和发展中发挥着决定性的作用。项目管理方面的著名专家保罗·丁斯莫尔（Paul Dinsmore）在预测未来时总结得很好："……公司将不再把它们自己看成等级分明的功能

性组织，而是由一系列不断改变不断更新的项目构成的快速反应的企业，所有项目都要做得更快、更省、更好。"

1.1.2　项目管理的发展趋势

当项目成为企业的焦点，组织将自然而然地适应和改变自己以进行更加有效的项目管理。

（1）组织文化促进组织学习。未来最成功的组织文化将是一种具有灵活性、对项目高度重视、成员能够持续地努力学习和改进流程的文化。

（2）企业项目管理系统。未来的项目将与战略需求紧密联系。在未来的组织中，所有成员都将非常清楚战略目标与项目之间的联系，各项目之间对组织资源的竞争要求建立一个集中化的项目优先体系来分配组织资源。所有项目都是未来导向型的，围绕企业的目标和商业计划进行，并且将组织的资源与能力结合起来。

（3）评价与奖励体系将支持有效的项目管理。将团队的激励措施与个人评价结合起来，奖励与评价体系将协同对成功的项目管理提供支持。

（4）项目审计将成为项目管理的有机组成部分。组织将建立完善的项目审计体系，重大的长期项目将定期进行进度审计，确保满意的项目进度和进行必要的改正。

（5）对项目的公关管理将更加重要。项目经理在项目管理上所花的时间将缩短，而在协调项目与所属组织内外部各方面关系上将投入更多精力。由于项目经理既要满足不同利益团体的要求，又要保持项目的完整性，公关管理将变得日益重要。未来人们将普遍认识到，一个项目经理最主要的工作之一就是控制和调整项目范围以满足客户的需求。项目经理将减少对项目实施的直接监督指导，取而代之的职业化的工作团队与合作的文化将鼓励一种"就这样"（make it so）的领导风格，即管理者定义需要做的工作，而团队成员有充分的权力去找出最好的做法。

（6）合伙完成共同的项目。为了完成共同的项目，不同组织间将建立长期的合作关系。像矩阵管理一样，合伙将成为人们共同完成项目的基本方式。这样，就不需要在前期的团队建设上进行过多投入，因为每个参与者心里都知道合作的必要性。合同及相关激励条款将更加集中在风险分担、相互收益及利润分配上。同样，合伙制的一些方式方法，如联合评价、承诺升级和持续改进将在整个行业建立起来，到时候只要使其与项目的具体特点相适应就行了。

（7）临时特别项目团队将变得越来越普遍。更多的项目将由特别项目团队（ad hoc project team）完成，其成员都是独立的承包商。组织将招聘各个项目经理或负责人，再由这些人在组织以外招募合适的团队成员来完成项目。一旦其负责的某部分项目完成了，这些专业人员将成为自由代理人，寻找下一个项目的雇佣机会。自由代理人需要向专业性网络缴纳一定的费用，因为这种联系对于将来的工作机会至关重要。

21 世纪应该是项目管理的黄金时代。不仅对项目管理技能和诀窍的需求将要增长，而且组织机构的发展与变化也将支持更有效的项目管理。项目管理不再是只顾完成任务而不管其他，组织的文化、结构、激励系统和管理系统将进行重新构架以支持成功的项目管理。

1.2 项目与项目生命周期

1.2.1 项目的定义与特点

1. 项目的定义

项目是人类临时性、一次性的活动。从广义上讲，项目就是在既定资源、技术经济要求和时间的约束下，为实现一系列特定目标的多项相关工作的总称。

在美国项目管理协会（PMI）所发布的项目管理知识体系（PMBOK）中，项目是"为创造一种独特产品或服务而进行的暂时性努力"。国际标准化组织所颁布的 ISO10006 将项目定义为"独特的过程，有开始时间和结束时间，由一系列相互协调、受控的活动所组成，其实施是为了达到规定的目的，包括满足时间、费用和资源等约束"。

上述定义说明项目是一个有待完成的任务，有特定的环境和目标；在一定的组织、有限的资源和规定的时间内完成；满足一定的性能、质量、数量、技术经济指标等要求。

2. 项目的特点

与其他组织活动相比较，项目具有以下基本特征。

（1）目的性。任何项目都具有强烈的目的性，并通过明确的项目目标表现出来。项目目标一般由成果性目标和约束性目标组成。前者是指项目的最终目标，在项目实施中需要将其转换成为功能性要求或过程要求，是项目全过程的主导目标。约束性目标又称限制条件，是指限制项目实施的客观条件和人为约束，因而是项目实施过程管理的主要目标。

（2）独特性。项目是一次性的任务，这意味着每一个项目都具有特殊性，主要表现在目标、环境、条件、组织、过程等诸多方面。没有两个完全相同的项目。

（3）关联性。项目的关联性主要表现在两个方面：一是目标的关联性，即项目的主要目标如质量、费用和时间之间，存在着紧密的联系；二是实施活动的相互依赖性，即项目实施内部活动之间，以及项目活动和组织其他活动之间存在着相互作用，必须统筹安排，相互协作，才能高质高效地完成项目任务。

（4）冲突性。在项目的生命周期中总是充满冲突。在项目的设计阶段，常需要在性能、经费和时间等方面权衡；在项目的实施阶段，常面临资源的变更与竞争；在项目的结束阶段，常会产生对项目评价的冲突。项目组成员之间、项目利益相关者之间的冲突贯穿项目始终。因此，与其他经理人相比，项目经理需要高超的解决冲突的技巧。

（5）生命周期性。项目是一个在有限时间里完成的任务，有开始时间和结束时间。一般项目都会经历启动、开发、实施和结束四个阶段，这样一个过程称为项目的"生命周期"。项目的生命周期表现为明显的规律性，如项目在启动阶段比较缓慢，资源投入较少，在开发实施阶段进展较快，资源投入较多，在结束阶段又趋于缓慢等。

1.2.2 项目生命周期理论

项目是一个动态的系统，它随时间而变化。从系统的观点看，项目系统始终处于变迁之中。但是，项目系统的变化不是任意的，而是遵从某种特定的模式。像所有生命有机体都会经历出生、成长、成熟、衰老和死亡这种明显的生命周期一样，项目也具有一定的生命周期性。在项目管理中，认识项目系统的生命周期特征是十分重要的。

1. 项目的生命周期性

项目是在一定时间内，在一定的资源成本约束下，为实现既定目标的一次性工作任务。每个项目都要经历从开始到结束的时间过程，在这一过程中，项目都要经历类似的几个阶段，这些阶段构成了项目的生命周期性。

项目的生命周期可以分为四个阶段，即概念阶段、规划阶段、实施阶段、结束阶段。在不同的阶段中，项目管理的内容和重点各不相同。项目生命周期各阶段的关系如图 1-1 所示。项目生命周期各阶段管理的主要内容如表 1-1 所示。

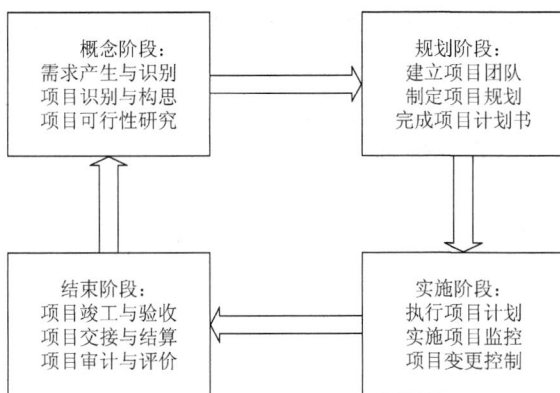

图 1-1　项目生命周期的四个阶段

表 1-1　项目生命周期及其核心工作

概念阶段	规划阶段	实施阶段	结束阶段
明确需求	确定项目团队成员	建立项目组织	完成最终产品
调查研究，资料收集	明确项目范围	建立项目沟通机制	项目评估与验收
项目识别	确定项目质量标准	实施项目激励机制	项目结算/清算
项目构思	研究项目实施方案	建立项目工作包	项目审计
明确项目目标	项目工作分解结构	细化各项技术要求	项目文档总结与移交
项目可行性研究	制定项目主计划	建立项目信息系统	资源清理
提出项目申请书	制定项目经费计划	执行工作分解结构（work breakdown structure，WBS）各项工作	项目后评价
明确合作关系	制定项目资源计划	获得订购物品和服务	转换产品责任者
提出项目团队组建方案	制定项目实施政策与程序	指导/监控/预测：范围、质量、进度、成本	解散项目组
项目风险研究	项目风险评估	解决实施中实际问题	
获准进入下一阶段	提出项目概要报告，获准进入下一阶段	提交各类项目进展报告，获准进入下一阶段	

应该引起注意的是，由于研究开发的对象不同，阶段的划分和定义也会有所区别。例如，产品的生命周期可以划分为研究与开发、引入市场、成长、成熟、衰退等阶段；大型系统项目的生命周期分为概念定义与可行性研究、设计、生产试制、定型与投入运行、处置（报废或作为他用）等阶段；世界银行贷款项目的生命周期则分为项目选定、项目准备、项目评估、项目谈判、项目实施、项目后评价等阶段。但是可以肯定的是，不论怎样划分项目的阶段，都要对项目完成和限制的条件进行明确的规定，以便对项目的完成情况进行审查。

2. 项目生命周期各阶段的特点

1）项目生命周期的一般特点

一般，项目的生命周期具有以下的特征。

项目生命周期各阶段的资源投入量具有相似性。在项目的初始阶段，资源的投入量一般较低，随着项目的进展而逐渐增加，当接近结束时又迅速减少（图 1-2）。项目经理应该完全了解项目的每个阶段的要求，从而有效地利用和控制资源，以便达到每个阶段的预定目标和整体的总目标。项目都是按照从慢到快再到慢的发展方式运行的。这主要是项目生命周期各阶段资源分布的变化所导致的（图 1-3）。

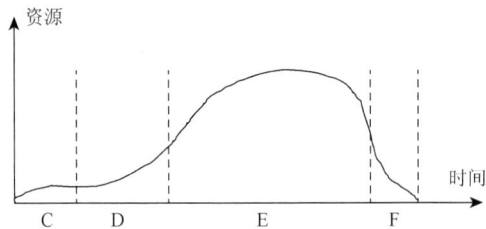

图 1-2   项目生命周期和资源投入

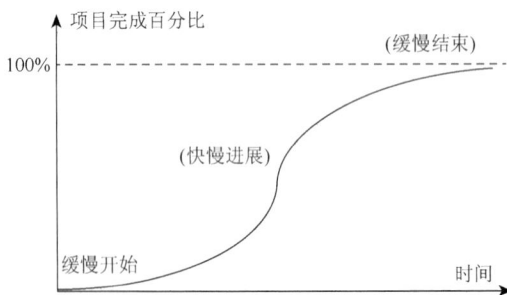

图 1-3   项目生命周期和工作量

在开始阶段，项目的风险和不确定性较大，成功率较低。随着项目的进展，项目的风险和不确定性逐渐降低。成功完成项目的概率随之提高。

项目团队成员对项目的最终产品和项目过程中的费用都会产生影响。在项目的开始阶段这种影响是最大的，但随着项目的向前发展通常会变低。图 1-4 说明了在项目生命周期的各个阶段的努力程度。图中横坐标表示时间，纵坐标表示的可以是工时、项目的相关人员或者单位时间所耗费的资源。在项目开始阶段即概念阶段，并不需要太多的努力，等到进入项目的规划和实施阶段时，活动将会增多，工作量将会增大，并逐步达到巅峰，随后项目进入结束阶段，努力程度开始减少，并随着项目最终的完成而停止。也有出现努力不会为零的状况，那就是项目团队中的某些成员保留下来接手了该项目的延续项目。

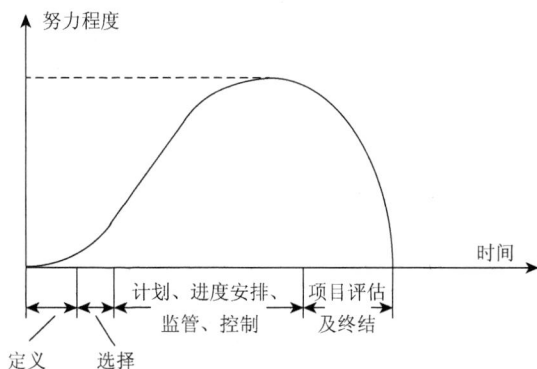

图 1-4　项目生命周期和项目努力程度

2）项目概念阶段的特点

项目概念阶段主要的任务是提出并确定项目是否可行。该阶段客户的主要职责是识别并明确需求或问题的存在；而承约商的职责是识别项目和构思项目，并且证明自己有能力满足客户的需求。项目概念是项目存在的依据，是项目管理一切活动的基础。项目概念阶段的特点如下。

（1）投入的资源相对较少。

（2）所需的人员也较少。

（3）主要是智力劳动。

（4）持续的时间较短。

（5）在招标、投标过程中的竞争十分激烈。

（6）需要承约商与客户的密切沟通。

3）项目规划阶段的特点

项目规划阶段开始于客户通过承约商的项目方案并签订项目合同之时。承约商在该阶段的主要任务是：制定项目计划书，其主要内容包括确定项目工作范围、进行项目工作分解、估算资源和费用、时间估计、进度安排、人员安排等；制定项目规划，主要内容包括进度规划、费用规划、质量管理规划、组织规划、资源规划和风险管理规划等。项目规划是项目实施的蓝本，它从整体上确定了项目目标的性质，对于项目的成功具有至关重要的作用。项目规划阶段的主要特点如下。

（1）资源的投入量仍然相对较少，但明显超过上一个阶段。

（2）持续的时间较短。

（3）以智力劳动为主。

（4）以承约商活动为主。

4）项目实施阶段的特点

随着项目规划的完成，项目进入生命周期的第三阶段——实施阶段。该阶段的主要任务是：执行项目计划书，并进行项目的监督和控制。在执行方面，要依据项目规划和计划书配置资源，调拨资金、执行工作任务，把图纸上的规划变成现实的项目交付物。在监督与控制方面，尽管在项目规划阶段已经制定好了项目执行计划，但是在具体执行中内外环境会发生变化，执行也会发生偏差，监督与控制的作用就是要依据具体情况，及时调整项目执行，确保项目目标按计划、按质量要求和按成本预算的实现。项目执行阶段的主要特点如下。

（1）资源的投入随着进度逐渐加大并达到最大值。

（2）持续时间较长。

（3）体力劳动和智力劳动并存，但体力劳动大幅增加。

（4）以承约商活动为主。

5）项目结束阶段的特点

项目结束阶段是项目生命周期的最后阶段。该阶段的主要任务是：项目的竣工、验收、移交、结算或清算、评价和总结、项目试运转、项目后评价等。在传统的项目管理中，这一阶段所经历的时间一般较短。但是随着承约商之间竞争的加剧，以及某些技术型项目的客观要求，项目结束阶段有延长的趋势，而且资源投入也有所提高。项目结束阶段的工作对于强化客户关系、吸取经验教训、获得未来项目的成功有着积极的作用。该阶段的主要特点如下。

（1）资源投入迅速下降。

（2）经历的时间可能较短。

（3）包含承约商、客户乃至第三方交付的活动。

1.2.3　特殊类型项目的生命周期模型

1. 定义—测量—分析—改进—控制（DMAIC）模型

许多公司采用项目式管理方法来做规划、管理质量以及改进生产率。事实上，有多种模型可以选用。这些模型虽然都基于事实做出正确决策，并确保实现预期的结果，但在某些方面也存在着不同之处。质量改进的六西格玛方法使用了 DMAIC 模型[①]。图 1-5 中给出了这种模型。

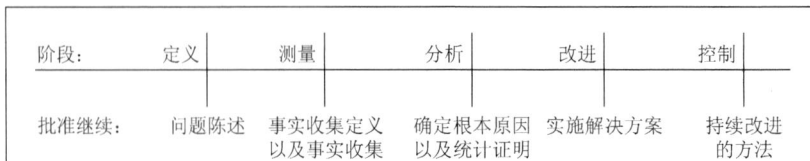

阶段：	定义	测量	分析	改进	控制
批准继续：	问题陈述	事实收集定义以及事实收集	确定根本原因以及统计证明	实施解决方案	持续改进的方法

图 1-5　DMAIC 模型

---

① DMAIC 模型是指定义（define）、测量（measure）、分析（analyze）、改进（improve）、控制（control）五个阶段构成的过程改进方法。

2. 研发（R&D）项目生命期模型

许多公司使用项目管理技术来组织、规划和管理研发工作。研发项目的周期相差很大，如一种新药从想法的提出到成功的市场推广需要 10 年之久，而开发一种新型食品并上市只需要几周的时间。由于 R&D（research and development）项目的高风险和需求的不确定性，一些模型会很复杂并有多个阶段，而另一些要简单得多。图 1-6 给出了适合国防研发项目的 R&D 简单模型。

阶段：	预测	方案筛选	方案论证	研制	定型
批准继续：	机会分析	商业案例	证实概念	原型	批量生产

图 1-6　R&D 项目生命期模型

3. 工程项目生命期模型

就像其他项目的程序一样，工程项目也有其生命期。但工程项目在建设面积和工程复杂性上差异很大，所以使用了多种项目生命期模型。图 1-7 给出了一般的工程项目的生命期模型。

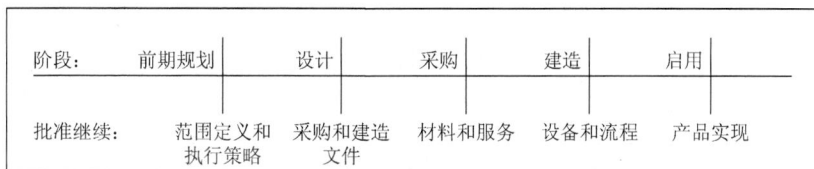

阶段：	前期规划	设计	采购	建造	启用
批准继续：	范围定义和执行策略	采购和建造文件	材料和服务	设备和流程	产品实现

图 1-7　工程项目生命期模型

4. 敏捷项目生命期模型

在信息系统项目或允许变更计划的项目中有一种模型越来越受欢迎，这就是敏捷项目生命期模型。这种模型有时也称迭代法、增量法、适应法或变更驱动法。尽管敏捷是一个统称，但也存在其他各种称呼。这种模型的开始与其他项目生命期模型一样，但在项目实施期间，这种模型允许快捷规划，对交付物进行修改，图 1-8 中给出了一般的敏捷项目生命期模型。

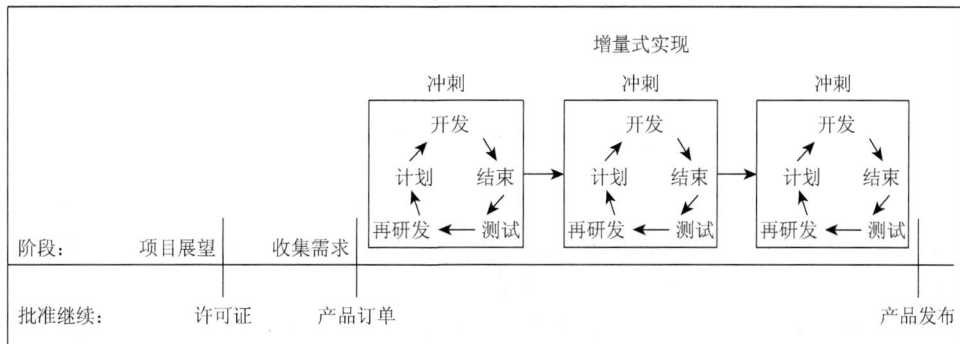

图 1-8　敏捷项目生命期模型

5. 软件开发项目的生命周期模型

（1）螺旋生命周期模型。Boehm 提出了螺旋生命周期模型，Muench 进行了进一步改进，现在已经得到普及，尤其是在美国国防部（United States Department of Defense，DOD）。该模型（图 1-9）非常有助于迭代式开发，其中项目可以多次经由同一阶段，而每次都会变得更加完善，即接近于最终产品。该模型具有两个主要的显著特征。第一个就是循环方法，以便在降低风险级别的同时，不断扩展系统定义和提高实施程度。另一个是一组里程碑定位点，以确保利益相关者达成可行且共同满意的解决方案。总体想法就是确保项目风险较高的方面先完成，以避免后续阶段的失败。

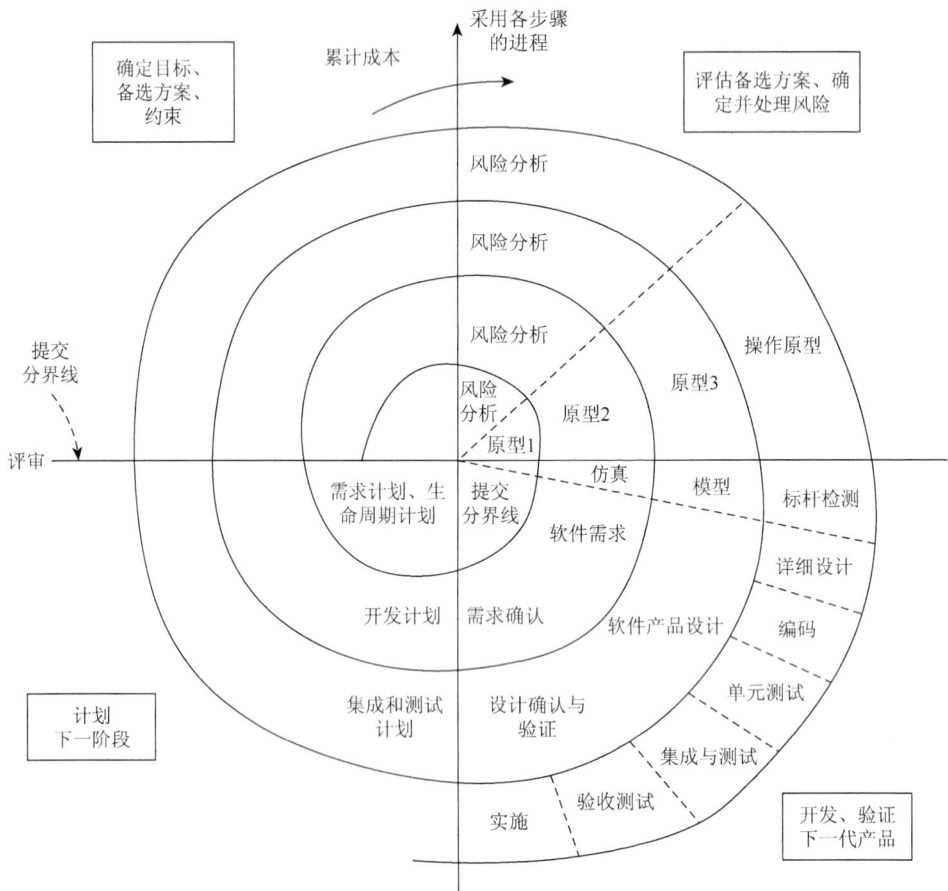

图 1-9 螺旋生命周期模型

（2）瀑布模型。每一阶段都在下一阶段启动之前完成。此模型最适用于信息技术项目。

（3）增量释放模型。在初期，为了最大限度抢占市场份额，开发出项目的不完全版本。到了项目后期，形成产品的最终版本。这是螺旋模型的一个特例。

（4）原型模型。在初期，在产品完成之前先开发与用户界面相关联的基本功能。此模型最适用于信息技术项目。

1.3　项目管理与运作管理和战略管理

1.3.1　项目管理

项目管理是伴随着人类生产活动的复杂化和社会进步而逐渐形成的管理科学的重要分支。20 世纪 70 年代以来，项目管理理论对大型复杂项目的实施提供了有力的支持，改善了对包括人力在内的各种资源利用的计划、组织、领导和控制的方法，从而引起了广泛重视，并对管理实践作出了重要贡献。今天，科学技术发展日新月异，市场环境变幻莫测，国际化竞争日趋激烈，要求企业善于应付潜在的形势和经营环境带来的新挑战，项目管理的理念显得更为重要。

1. 项目管理的概念

1）项目管理的定义

项目管理的直观意义是"对项目进行的管理"，它包括两个方面的含义，即项目管理属于管理的大范畴；项目管理的对象是项目。

随着项目及其管理实践的发展，项目管理的内涵得到较大的充实和发展。如今，项目管理已经发展成为一种新的管理方式，一门新的管理学科。

可见，"项目管理"具有两个含义，一是指一种管理活动，即一种按照项目的特点和规律，对项目进行组织管理的活动；二是指一门管理学科，即以项目管理为研究对象，探索项目活动科学规律和管理理论与方法的一门学科。前者是一种客观实践活动，后者是前者的理论总结；前者以后者为指导，后者以前者为基础。两者在本质上是完全统一的。

项目管理就是以项目为对象的系统管理方法，通过一个临时性的专门的柔性组织，对项目进行高效率的计划、组织、指导和控制，以实现项目全过程的动态管理和项目目标的综合协调与优化。

所谓全过程的动态管理是指项目管理贯穿于项目的整个生命周期，通过不断进行资源配置和协调，不断做出科学决策，使项目过程始终处于优化运行状态，产生最佳效果。所谓综合协调与优化是指项目管理应综合协调好时间、费用、质量等约束性目标，在较短的时间内成功实现一个特定的成果性目标。因此，项目管理的本质是一种运用既有规律又经济的方法对项目开展高效率的管理活动，并在时间、费用和技术效果上达到预定目标。

2）项目管理与作业管理的区别

项目的特点表明它所需要的管理与一般作业管理有所不同。一般的作业管理的重点在于对效率和质量的控制与实现，着重考核过程效率和质量，并将当前执行情况与前期进行比较。在典型的项目环境中，虽然一般管理方法也适用，但其管理结构是以任务（活动）定义为基础的，着重在时间、费用和包括人力在内的资源的预算控制上，并对涉及的技术和风险进行管理。

一般，列作项目管理的是指那些技术上比较复杂、工作量比较大、不确定因素很多的任务或项目。古代中国修筑长城、埃及修建金字塔，第二次世界大战期间美国研制原子弹，后来实施的阿波罗登月计划，现代中国的三峡工程、探月工程等，都是采用项目管理的典型例子。项目管理的组织形式在 20 世纪 50～60 年代开始广泛应用于建筑、电子、核工业、国防和航空航天领域。目前，项目管理几乎运用于所有工业领域。

3）项目管理的维度

项目管理是以项目经理负责制为基础的目标管理。一般，项目管理是按任务（垂直结构）而不是按职能（平行结构）组织起来的。通常，项目管理围绕项目计划、项目组织、进度控制、费用控制和质量管理等五项基本任务来展开。理解项目管理的另一个角度是项目的三维管理。

（1）时间维，即把项目的生命周期划分为若干阶段，从而进行阶段管理。

（2）知识维，即针对项目生命周期不同阶段的特点和知识构成，采用和研究不同的管理技术方法。

（3）保障维，即对人、财、物、技术、信息等的后勤保障管理。

2. 项目管理的特点

与系统的职能部门管理相比较，项目管理的最大特点是注重综合管理，并且有严格的时间期限。项目管理必须通过不完全的过程，在确定的期限内生产出不完全确定的产品，日程安排和进度对项目管理产生很大压力。项目管理的特点主要表现为以下六个方面。

（1）对象的特殊性。由于项目管理是针对项目的特点而形成的一种管理方法，所以其管理对象应是项目或可以当作项目来处理的运作，尤其是大型的、复杂的项目。鉴于项目管理的科学性和高效性，有时人们会将重复性"运作"中的某些过程分离出来，加上起点和终点当作项目来处理，以便运用项目管理方法，提高过程效率。

（2）管理的系统性。项目管理的系统性表现在两个方面，一是项目的系统性，即依据系统论"整体—分解—综合"的原理，可将项目系统分解为许多不同层次的任务责任单元，以便明确分工和责任，促进协作和综合，最终完成预定目标；二是过程的系统性，即强调对项目生命周期的全过程管理，注重部分与整体、阶段与全过程的协调，以避免局部或阶段影响整体或全过程效果的情况发生。

（3）组织的临时性与柔性。项目组织具有临时性和高度柔性的特点。一是项目的一次性决定了项目组织的临时性。当项目终结时，作为项目实施载体的项目组织的使命也就结束了。二是项目的高度不确定性和冲突性需要项目组织具有高度的柔性，以适应内外环境的不断变化，促进各部分的协调与控制，以确保项目总体目标的实现。

（4）管理体系的目标性。一般，项目采用多层次目标管理。由于项目往往涉及的专业领域十分宽广，项目管理者无法成为每个领域的专家，而只能以综合协调者的身份，向被授权的专家讲明应承担的任务，协商确定目标以及时间、经费、工作标准的限定条件，此外的具体工作则又被授权者独立处理。同时，经常反馈信息，检查督促并在遇到困难时给予各方面支持。

在目标管理体系中，项目管理采用基于团队管理的个人负责制。由于项目系统管理的要求，需要采用项目经理负责制，项目团队成员在各自任务及目标的指导下，分工负责，协调合作，共同完成总体目标。

（5）管理方法的开放性。项目管理采用先进的管理理论和方法，如采用网络图编制进度计划；采用目标管理、全面质量管理、价值工程、技术经济分析等理论和方法控制项目总目标；采用先进高效的计算机信息管理系统进行项目管理等，其方法具有鲜明的科学性和开放性。

（6）环境创造的重要性。在任何管理活动中，创造和保持一种环境，"使置身于其中的人们在集体中一道工作以完成预定的使命和目标"是至关重要的。因此，项目管理的要点就是创造和保持一种使项目顺利进行的环境。项目管理是一个管理过程，而不是一个技术过程，处理各种冲突和意外是项目管理的主要工作。

3. 项目管理系统

从系统的观点看，项目是一个系统，而项目管理则是一项系统工程。在项目管理系统中包含了三个层次的管理活动，即基础技术层、组织层和制度层，它们和项目所处的环境相互作用，形成了项目管理的特定系统。

（1）基础技术层。基础技术层包含实施项目的基本技术，如网络计划技术、施工技术、控制技术、试验技术等，是项目实施的基础。该层面的工作趋向于标准化和常规化，管理者通常以任务为导向实施管理，其决策大多是依据标准、规范和规则而程式化的。

（2）组织层。组织层是指对基础技术层的整合方式，如职能式组织结构、矩阵式组织结构、项目式组织结构等，是项目管理的核心。该层面的工作主要是协调项目各职能的相互关系，确保各项技术活动输入，并对其输出进行有效的控制，具有很强的指导性和控制性，其决策活动部分是程式化的，但大部分是非程式化的。

（3）制度层。制度层是项目活动与环境相关的层次，也是项目管理系统的最高层次。项目的最高管理者针对不同的项目内外环境制定项目目标，以及适合于项目组织运行的组织制度和项目方案，确保项目满足客户需求。该层面工作的特点是概念性、长期性和不确定性，因而其决策也常是非程式化的。

1.3.2　项目管理与运作管理

1. 运作管理的含义

运作，泛指将投入转化为产出的过程。运作管理是企业日常管理活动的一个重要组成部分，它是指对产品制造和提供服务过程中各种运作活动的计划、协调和控制。其核心在于对生产系统进行有效管理，可以从两方面进行理解：一方面是对服务和产品进行高绩效的设计；另一方面是获取资源，同时对员工、设备、设施、资源分配、工作方法等构成要素进行计划、协调和控制，把资源投入变为产出。

运作管理有狭义与广义之分，前者以运作过程为对象，着重研究如何对运作过程进行有效的管理。后者以运作系统的设计、构建及运行为对象，实行全方位的综合性管理。

运营管理专业人士做出许多影响整个组织的关键决策。这些决策如下。

（1）什么：需要什么资源？需要多少？如何配置资源？

（2）何时：何时需要每类资源？这项工作应何时进行安排？物料和其他物资应何时订

购？何时采取纠正措施？

(3) 哪里：工作在哪里进行？

(4) 如何：产品或服务如何设计？工作如何来做？

(5) 谁：谁来做这项工作？

2. 运作管理与项目管理的区别

运作管理和项目管理最大的差别就在于协调生产过程管理职能化分工和项目管理组织全面统筹管理之间关系的问题。

运作管理更多的在组织层面按照各个职能板块划分专业，实施专业化管理，而项目管理则是在项目层面整合不同管理职能，最终实现项目目标的管理。前者职能和工作较为常规和固定，而后者限于需求的不同和项目目标的差异，项目过程有所差异，不是常态化工作。协调组织层面全面管理的需求，同时满足项目层面全面管理的需求；在职能层面保证运营过程的分职能专业化管理的需求，同时保证适应项目层面因项目需求的变化而实施特定目标的专业职能化管理，这是实施运营和项目管理最大也是最为核心的工作。

因此，全面管理和职业化分工这对天然的矛盾是实施项目管理和运作管理之间最大也是最为突出的问题和矛盾，处理好两者之间的关系，就能有效地解决因管理方式的差异导致的问题。以前全面管理主要依赖不同层级管理的需求而实施，其他都是在各个组织层级的统一指挥下完成各自的分工，而项目管理则是要求项目经理可能是属于某一层级的，也可能是跨职能的，也可能是专业队伍，但都是在解决一个问题，就是将跨职能的人员和组织统一组织到为实现项目目标而建立的临时性组织，跨部门、跨职能统筹协调是项目管理最主要的特点，而班组虽然没有跨职能部门，但是，作为最小的组织层面管理，实施全面管理的要求没有降低，同样要求对组织实施全面管理，履行跨职能的管理要求。

1.3.3 项目管理与战略管理

1. 战略管理

企业战略管理是把握"我们是什么"并决定和实施"我们想要做什么，我们如何到那里"的过程。战略管理包括战略分析、战略选择、战略实施以及战略评价与控制这4个阶段。

评价影响企业目前以及今后发展的关键因素并且确定在战略选择步骤中的具体影响因素是战略分析的目的。战略实施阶段主要涉及以下问题：如何在企业内部各部门以及各层次之间分配以及使用现有资源；还需要获得哪些外部资源以及如何使用这些资源以实现企业的目标；需要调整哪些组织结构来实现既定的战略目标；如何处理利益再分配与企业文化的适应问题；为了保证企业战略的成功实施如何进行企业文化的管理等。

2. 战略管理与项目管理

1) 从整个战略管理体系中思考项目管理的内涵和外延

项目管理属于典型的过程管理，为了保证项目的最终成功，项目管理将相关的知识、技能、方法以及技术等应用于整个项目活动以满足项目的要求。项目是项目管理的基本单元，项目管理能够给企业带来巨大的改变，并对传统的企业观念带来巨大影响。伴随着科学技术的发展，目前企业生产的产品生命周期越来越短，而在每一个产品或者单个的服务中，"项目化"的特点是越来越明显的，因此，项目管理对于企业的发展来说，给企业发展带来的是正能量。在如今，很多的企业将自己的资源都集中在了核心竞争力的培养上，这种核心的竞争力是其他的企业难以达到的，把业务流程中的其他任务通过协议或联盟交由关联的企业完成，共享市场和顾客，共享开发、制造和人力资源，形成虚拟企业的组织形式。

2）从完善企业战略管理角度分析项目管理的必要性

（1）战略项目管理有利于形成企业竞争能力。能力学派认为企业通过控制和运用资源形成的能力是促进企业发展的根本动力，即企业对其所掌握的资源进行合理的配置而形成一定的企业能力。随着现代化知识经济时代的到来，在新环境下企业的发展也面临着更多的新的挑战，为了培养并保持自身的核心能力，企业的核心能力载体必须不断地发生变化，因此，企业的内部框架以及管理模式也出现了一些新的特征，但是无论如何变化，必须在既定的战略的框架内选择新的项目。项目是企业经营活动中的一部分，不是独立于企业之外的，企业必须通过项目的实施积累经验，以促进企业形成强大的竞争能力。因此，通过企业产品或服务来组织项目管理，对形成核心竞争力以及开发主导产品占领市场具有很大的作用。

（2）战略项目管理是企业管理发展的必然产物。传统观点认为优化分工以及智能化管理是提高生产效率的最有效的途径，即推崇卖方市场的观点。由于按照项目经理组织管理具有很强的灵活性，所以可以减少中间的沟通而直接向企业的高层领导汇报，因此，按照项目组织管理能够有效地促进企业的业务以项目的形式运作，从而实现了企业组织结构的扁平化。

（3）项目管理具有较强的适应性。由于项目管理能够与企业管理保持一致并且适应不同规模的企业，所以，项目管理能够生存并发展的原因就是其具有一定的适应性。因此，并不是大型企业更适合采用项目管理而小企业不适合。"按项目进行管理"正成为一种有效地应对复杂多变环境、提高竞争力的方法，企业活动的复杂性和分工的细密性不是项目管理产生的充分条件。

（4）项目管理有利于解决信息不对称问题。信息的不对称主要是由于人的意识控制并过滤企业管理系统反馈的信息，这样就造成了对信息的认识和理解出现的偏差，即斯蒂格利茨说的市场参与者面临的心理不对称给市场合理交易带来的困难。项目管理采用博弈分析这个有力的工具来解决信息不对称的问题。为了克服信息不对称对项目实施带来的影响，在项目管理中运用科技的手段建立快捷的信息网络，从而及时做出合理的决策。

3）从战略层面看项目管理作用

项目管理的核心就是通过经济有效的手段，优化资源，科学合理地管理好众多项目。项目管理的焦点就是如何实现项目的所有目标。

（1）战略是项目选择的基础。对于股份制企业而言，增加股东的价值是其最主要的目标，为了实现这个目标，必须通过战略实施来完成。一个企业是否能够成功关键看他的项目能不能顺利地实现企业的目标。只有符合企业战略的项目才能被选择和实施,只有符合企业战略的项目才是有价值的。一个项目的出发点就是企业的战略,而实施战略的途径就是通过项目。

(2)战略是项目组合资源分配的基础。目前的项目管理处于一个多项目管理的环境下,因此,资源的合理分配就成了一个关键的问题。为了保证资源能够进行有效的分配,必须以企业的战略目标为基础,将所有的项目有机结合起来看作一个整体。如果将各个项目分散进行资源分配,势必会出现顾此失彼,或者对每个项目看似很合理,但是整体出现冲突的现象,这样就会造成企业资源的不合理分配甚至浪费,从而导致企业的发展战略无法顺利实施。

(3)战略是项目管理过程中做出正确决策的基础。随着现代化经济的发展,企业所处的环境每天都在发生着不可预见的变化,这就要求组织必须能够在短时间内应对这些变化,以求控制风险。随着高层管理者对具体项目提出的要求越来越准确,组织必须通过有效的项目管理来增强自身的实力。在项目的实施过程中,由于环境的变化常会出现项目偏离企业战略目标的情况,这就需要项目经理及时发现并及时作出调整,以免造成不必要的损失,甚至需向管理层提出终止项目的建议。

(4)促进战略意图的实现是衡量项目成功的基础。传统上,"按时、不超预算和准确"是衡量一个项目成功实施的标准。根据 PMI2000 版项目管理的定义,衡量一个项目是否成功需要考虑满足各个项目干系人对项目的明确要求和在规定时间、成本、质量等范围条件下完成项目两方面。国内外学者的研究突破传统的评价标准,将项目面临的时间、成本、质量等作为项目开发的限制条件。即使项目经理按照规定的时间、预算以及具体要求完成了一个项目,但是这个项目没有支持企业战略的实施,那么这个项目也不能够算是一个成功的项目。因此,项目对于企业成功与否主要看该项目对企业战略的贡献。

1.4　项目管理能力成熟度

1.4.1　能力成熟度

1. 能力成熟度模型概述

软件产业要想国际化,首先必须采纳国际通行的软件工业化生产标准,即 CMM 认证。由美国软件工程研究所(Software Engineering Institute,SEI)开发完成的软件能力成熟度模型(Capability Maturity Model,CMM)是一种协助企业改进软件制作质量与管理流程并进行评估的标准。它是美国软件工程研究所集多年软件研究的经验所研制的过程标准,如今已成为国际上最流行最适用的软件质量改进体系。

1990 年美国软件工程研究所公布 CMM0.0 版。1991 年美国软件工程研究所公布了包含第二级关键过程域(key process area,KPA)方案的 CMM0.4 版及包含第三级 KPA 方案的 CMM0.5 版,同年,又发布了包含第四级和第五级 KPA 方案的 0.7 版。CMM1.0 版于 1991年年底发布,1993 年美国软件工程研究所公布 CMM1.1 版。目前通行的版本是 1.1 版,改进版 2.0 版原定于 1997 年完成,但由于能力成熟度模型集成(Capability Maturity Model Integration,CMMI)的开发,2.0 版被推迟。能力成熟度模型集成将把各种能力成熟度模型整合到同一架构中去，由此建立起包括软件工程、软件采购和系统工程在内的诸模型集成，以解决除软件开发以外的软件系统工程和软件采购工作中的迫切需求。能力成熟度模型集成框架包括软件能力成熟度模型、系统工程能力成熟度模型、软件采购能力成熟度模型、继承产品和过程开发等。1995 年，个体软件过程（personal software process，PSP）又被提出，用于控制和改进个人软件开发方式，个体软件过程是一个过程描述、检测和方法的集合，能够帮助软件工程师改善其个人软件开发性能。能力成熟度模型适用于软件开发组织中的流程管理，而个体软件过程则面向个体开发人员。

能力成熟度模型的出现是为了克服软件生产的危机。所谓软件生产的危机是指尽管新的软件开发方法和技术不断生产，但软件生产率和质量并未得到有效提高，软件产品不能按时完成，软件生产预算超支，而且交付客户使用的软件产品（特别是大型软件工程）中由于各种因素产生的错误无法克服。在 20 世纪 80 年代末期前后，美国国防部门和工业界开始认识到在软件开发中最重要的问题在于软件生产商对软件的生产过程管理不力，也就是软件生产过程的成败比新技术和开发方法更能决定一个项目或企业的成败。

对成功的软件过程的重复使用，对以往经验或教训的分析总结，对全部开发案例的系统编档存档就成为一套完整而成熟的软件过程，需要一个从无序到有序、从人为到客观标准、从定性到定量的不断积累与完善的过程，这一过程的演变中软件企业会面临一系列有代表意义的成熟阶段。软件开发企业可以依据能力成熟度模型的框架对项目管理和项目工程进行定量控制和能力评估，而软件应用单位也可依据能力成熟度模型来衡量和预测项目承接方的实际软件生产能力。这样，软件开发方与产品用户方都基于一个同样的标准来对软件生产和管理进行评测与控制。大体来说，软件开发企业在以能力成熟度模型为标准改进其生产过程中应采取如下步骤。

（1）领会能力成熟度模型要领并依据其框架确定企业目前所属的实际能力成熟度级别。

（2）针对欲达到的成熟度级别的 KPA 的要求并参照自身的薄弱环节将重复重点集中在关键目标上改进生产过程。

（3）加强员工培训。

（4）有序地建立完善的过程检测体系与软件开发文档体系，保证以往开发经验得到客观化、定量化的分析总结和积累，使成功的开发模式可以得到规模化的复制。

随着企业能力成熟度模型等级的提高，项目开发中的风险可以逐步降低，开发时间也明显缩短，开发成本得以减少并明显降低软件产品中的错误发生率。能力成熟度模型不仅可以提高企业在国际市场上的软件出口竞争力，也可提高企业自身的软件管理与开发水平，有助于客户对企业生产能力树立信心。

2. 能力成熟度模型将软件组织的成熟度划为五个等级

1）初始级

特点：项目的成功与否不是靠合理有效的软件流程来保证的，而是靠个人能力来保证的。无论组织内部的管理高层，还是外部的客户，都无法预见其项目的前景和结果，更不要说将结果控制在预算和进度之内。软件项目就像是一个"魔术般"的黑箱子。

在能力成熟度模型中，只要从事软件生产和维护，该软件组织就自动达到第一级。而再往上就要经过能力成熟度模型评估了。

不要把未经能力成熟度模型评估与处于初始级两者混淆,有些软件组织虽然没有经过能力成熟度模型评估,但以能力成熟度模型的要求看,也许远超出初始级的标准。

2）可重复级

软件组织能力不再受制于个人,但是也非组织拥有,而是依赖于项目组。项目组从以往的类似项目中归纳成功经验和失败教训,并以此作为指导新项目开展的依据,从而在很大程度上,可以保证类似项目的再次成功。

用一个词来概括,那就是"有纪律的"。项目组在其范围内,实施基本的项目管理,并对进度、预算和产品功能进行计划和跟踪,这样,项目的进展处于一种基本可控的状态。

一个软件项目不再是一个"魔术般"的黑箱子,而是一些连续的黑箱子（项目组）。

实施能力成熟度模型,管理层人员必须首先注重自身流程的纪律化。有些项目经理或者质量管理人员,往往首先看到的是"程序员"的自由散漫,一要流程改进,就要求"程序员"遵循这个规矩那个条例,就要写文档,开大会;这不仅违背了能力成熟度模型的初衷,更败坏了流程改进的名声,缺乏群众基础的流程改进,无法取得实效。

3）定义级

在整个组织范围内,开发和维护软件的流程,包括管理的和工程的,以及这些流程的集成,已被明确地书面定义。

各个项目就可以依据定义好的软件流程标准进行裁剪,明确其中每一项具体任务和工作的输入、输出、开始和完成的判断标准和条件、操作过程,以及验证措施等。

已定义级不再是一些连续的黑箱;由于每一项具体任务和工作都是可见的,所以外部人员可以随时深入"黑箱"中,了解项目内部的进展情况,从而也使项目的及时调整和降低风险成为可能。

定义级的特点为不同项目和历史项目的成功经验和失败教训可以相互比较,已定义级组织的能力是属于组织的,而不是项目团队的,更不是成员个人的。为了保证整个组织流程的标准和一致性,通常会有一个跨项目的团队,例如,软件工程过程小组（software engineering process group,SEPG）负责整个组织的流程活动。为了使组织内每一个人明确自己的角色和权责,并能有效实施,整个组织范围内的培训是必不可少的。

要建立起这样的流程,对个人的工作要授权,不要过分刻板。常有人把能力成熟度模型解释为刻板的文档和僵硬的工作规范,这样的理解至少是极端化的。刻板僵硬,以及随之而来的官僚作风,并不是能力成熟度模型天生使然,而是对能力成熟度模型的曲解和误用。

4）可管理级

定性的比较发展为定量的比较,从而使得人们（无论是内部的,还是外部的）可以更加科学、客观地预测软件项目的进度、预算和质量。定量是指在一定的概率内使结果误差控制在一定的范围内。

处于可管理级的组织能及时采取纠正和弥补措施,确定要度量些什么,依靠收集和挖掘自身历史数据进行软件度量。管理有一个得出结论的客观依据,管理能够在定量的范围内预测性能。

5）优化级

重点从"建立"进一步转移到"优化"上。优化靠自己的积累、尝试和总结经验教训，具备了自我改进的基础架构和实现系统。尽管组织的内部情况会变化，外部环境和要求也会不同，但组织都可以在原有的基础上进行可控可测的流程优化，因为流程的每一个环节都是可见的、可客观评价的。

1.4.2 项目管理能力成熟度模型

1. 项目管理能力成熟度模型的发展背景及演化

20 世纪 90 年代以后，对于项目管理的研究开始从针对单个项目的管理转向企业和组织如何运用项目管理来达到其战略目标。除了研究单个项目管理的方法和技术，企业和组织需要一套完整的系统理论和方法，选择正确的项目，并通过不断提高自身完成项目的能力和水平，保持竞争力，获得战略成功。项目管理成熟度模型正是在这种背景下开发出来并用于评估企业现有的项目管理能力，帮助企业持续改进自身的管理。

对于企业和组织项目管理而言，最重要的是成功完成项目目标，使客户对项目的最终交付物满意，通过不断完成项目，以实现企业或组织的目标。为了实现上述目标，企业通常会按照自身的战略进行市场调研和项目筛选；可能会为项目经理和员工提供各种理论和技能的培训；建立各种项目管理规章、制度、规范和表格，从而规范项目的流程；高层领导参与项目利益相关者的分析，并协助制定详细的项目计划；制定项目控制的各种标准和指标；在项目结束时总结成功的经验和失败的教训供以后的项目参考。所有这些工作都是为了保证项目最终的成功。同时，随着一个又一个项目的完成，企业或组织的项目管理能力也会不断提高。

问题是对于企业和组织而言，时间和资源总是有限的。如何在竞争中不断保持领先？企业和组织目前在哪些方面与同行差距最大？如何找到企业在项目管理方面最薄弱的环节以把资源首先用于最急需的地方，提高这些方面的能力？项目管理成熟度模型正是提供了这样一种框架，能够帮助企业评估自身目前的项目管理水平，找到差距与不足，通过不断改进提高企业项目管理能力，最终帮助企业成功地实施项目。

项目管理成熟度模型的概念主要来源于已经被软件行业广泛接受的"能力成熟度模型"，该模型由美国卡内基梅隆大学的美国软件工程研究所开发。1986～1993 年，"能力成熟度模型"也从最初的研究面向软件开发过程的成熟度，进一步研究面向开发组织的成熟度。组织要经历该模型所描述的五个梯级，从而达到最终的成熟。五个梯级分别为初始级、可重复级、可定义级、可管理级和优化级。

到目前为止，已经被企业和组织使用的项目管理成熟度模型有 30 多种，新的模型还在不断被开发出来，但是还没有一种模型得到广泛认可，作为标准确立下来。

2. 国外主流的项目管理成熟度模型

（1）科兹纳（Kerzner）的 5 级项目管理成熟度模型。该模型包含 5 个梯级，如图 1-10 所示。每一个级代表项目管理成熟度的不同程度。模型的评估方法是使用问卷和打分的方法，各层次分别用 80、20、42、24 和 16 个问题来进行评估。该模型评估方法较为简单，利于对处于较低梯级的企业进行评估。对于较高的几个梯级，由于评估问题相对简单，所以很难真正反映出企业或组织在项目管理方面的问题和差距。如果使用该模型对国内企业和组织的项目管理成熟度进行评估，还应当注意问卷中问题的设计，需要根据国内的环境与市场情况进行改进。

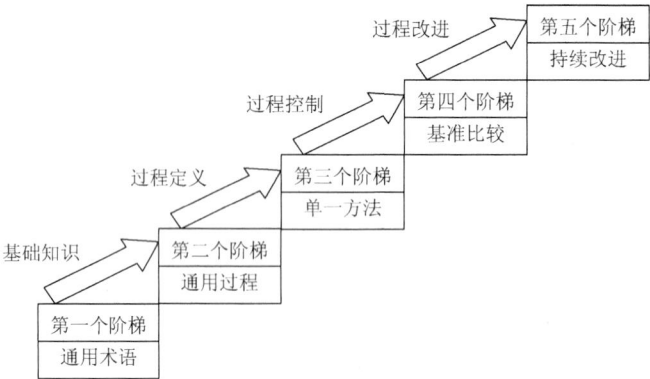

图 1-10　Kerzner 的项目管理成熟度模型

（2）美国项目管理解决方案公司（Project Management Solutions Inc.，PMS）的 5 级项目管理成熟度模型。该模型借鉴了美国项目管理协会的项目管理九大知识体系与美国软件工程研究所能力成熟度模型的架构，将两者进行了有机的结合，构成二维的模型，如图 1-11 所示。由于模型的基础是两个已经被普遍接受的知识体，在实际应用过程中得到了很多企业的认可。模型存在的主要问题是在面向企业项目管理的全过程或者多项目管理时，仅针对美国项目管理协会的九大知识体系构造模型不能满足要求。

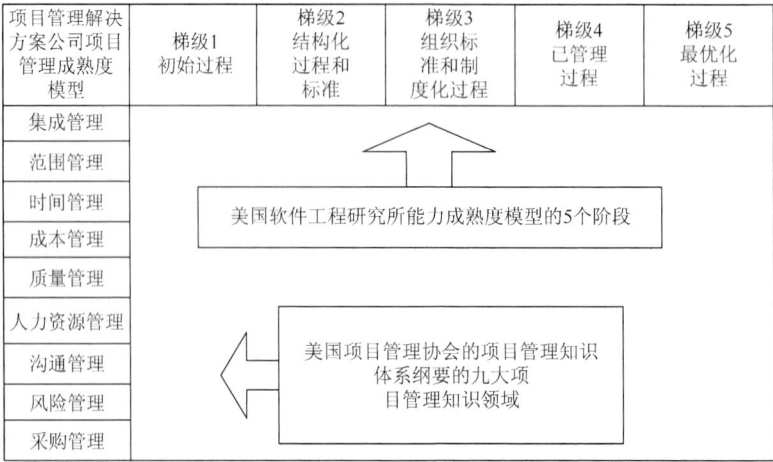

图 1-11　项目管理解决方案公司的项目管理成熟度模型

（3）美国项目管理协会的组织管理成熟度模型（Organization Project Management Maturity Model，OPM3）。美国项目管理协会的组织项目管理成熟度模型是在借鉴以前所出现的各种模型的基础上，除了在面向项目管理五个过程（启动、规划、实施、控制、收尾）和过程改进的四个梯级（标准化、测量、可控制、持续改进）两个维度，结合项目管理的特点，在组织项目管理层次方面增加了第三个维度，即项目管理、大型项目计划管理、项目组合管理三个领域。OPM3 认识能力是组织中所必然存在的特殊竞争力，用以保证组织实施项目管理和提供项目管理的产品与服务。OPM3 中的能力还可以按启动、计划、执行、控制和收尾这五个项目管理过程组来分类。该模型在体系上较为合理，对于项目管理能力的考查不再局限于组织内的单个项目，而是着重于组织面向多项目管理的能力和水平。

3. 项目管理成熟度模型在国内企业的应用分析

1）项目管理成熟度模型在国内的应用情况

20 世纪 90 年代以来，越来越多的企业已经认识到项目管理方法的重要性，并且开始把项目管理运用到企业的管理之中。建筑行业推出的项目经理资格证书、建造师执业资格认证，国家劳动社会保障部实施的项目管理师国家职业资格认证以及国家发展和改革委员会开展的投资建设项目管理师等针对个人的项目管理认证，说明国内行业和企业层次已经非常重视对于项目管理人才的培养。但是如何评估企业的项目管理能力，国内还没有开发出广泛认可的标准和方法，只是软件和航天部门的个别企业做了一些探索性的工作。

经过广泛的宣传、推广以及政府的支持，国内已经有不少软件开发企业应用美国卡内基梅隆大学美国软件工程研究所的能力成熟度模型方法来进行软件研发项目管理，部分企业还通过了由相关机构组织的能力成熟度模型认证。由于国内企业对于能力成熟度模型的应用基本上照搬国外的模型，没有本土化的过程，所以并没有取得预期的效果。国内一些软件企业，如联想、东大阿尔派等因此也开发了一些适合于自己企业的项目管理方法。

中国空间技术研究院在神舟飞船项目管理中引入"成熟度"的概念，通过总结 11 年来的项目管理经验，构建了神舟飞船项目管理持续改进的机制，提供了适宜于神舟飞船项目及组织环境特点的项目管理能力评价与持续改进的途径与方法。神舟飞船项目管理成熟度模型不但是神舟飞船项目管理进一步走向成熟的标志，也是国内对项目管理成熟度模型的开发和创新的典型。

随着国内越来越多的企业认识到项目管理成熟度模型的重要作用，如何参考国际上主流的项目管理成熟度模型，建立一套适合中国国情、为国内企业所普遍认可的中国项目管理成熟度模型，已经成为亟待解决的问题。

2）建立适合中国企业的项目管理成熟度模型需要解决的主要问题

（1）模型的普遍适用性问题。尽管国内国防工业、建筑业、信息技术（information technology，IT）和软件行业等已经广泛应用了项目管理的方法，但是从整体来看，管理水平不高。有些企业虽然建立了项目管理的规范，但是依靠经验管理的情况还比较普遍。因此，根据国内企业的具体情况，应当考虑把成熟度模型分为五个梯级，第一个梯级为初始级或者入门级别，在此基础上再逐步设立更高的级别。

（2）模型的全面性问题。站在企业或者组织项目管理的高度，可以把成熟度模型中所考虑的项目管理知识扩展到项目的决策阶段、实施阶段和交付后的使用阶段，从全生命过程管理的角度来设计模型。另外，为全面考核企业项目管理的能力，可以把项目组合管理、大型项目管理以及单个项目管理统一纳入模型的考虑范围。

（3）评估基准的确定问题。评估是成熟度模型中的关键内容。确定模型中的关键过程、最佳实践及企业不同梯级的能力表现，仅参考国外的模型显然不可取。针对国内企业的特点，应当对国内各类型企业的高层管理人员及项目经理进行相关调查，并且参考各行业项目管理专家的意见，识别出国内在企业项目管理方面的关键过程与最佳实践。在此基础上，结合国外成熟度模型中对于组织项目管理能力的评估标准，最终确定适合国内企业的项目管理成熟度评估基准。

复习思考题

1. 在大众媒体上查找与项目有关的实例，并列出当前热点话题与项目之间的关系的清单。
2. 列出项目的主要特性，并分析这些特性如何将项目与运作区分开。
3. 在企业层面上，企业项目管理的主要层次有哪些？它们有什么不同？
4. 项目管理系统包含哪些层次？它们分别起到怎样的管理作用？
5. 项目生命周期包含哪些阶段？各阶段的主要内容及特点是什么？

案例分析

企业级项目管理体系
建设的内容

"中海外项目管理体系建设"项目管理

中国海外工程有限责任公司（以下简称中海外）是一家主营国际承包工程，是在对外经济援助、实业投资、外派劳务、工程承包和国际贸易等领域具有雄厚实力的大型工程企业。面对国际市场的快速变化，国际项目业主对承包商的项目管理能力要求越来越高。中海外作为典型的项目型企业，获取并高效地完成项目是企业赖以生存的根本。随着公司自身业务遍布全球，不断提高公司品牌和对多项目进行高效管理成为公司面临的严峻挑战。同时，在项目实施过程中，如何对不同文化、知识背景和宗教信仰的员工进行管理，使其迅速形成生产力，也成为公司亟待解决的问题。

中海外加盟中国铁路工程总公司后，为承担起作为集团海外业务"旗舰"的重任，公司面临着扩张规模、企业改制、迅速做大做强的挑战。由于这种大环境的要求和企业自身发展的需要，以先进的项目管理与企业管理有机结合，成为公司的共识。

"中海外项目管理体系建设"项目是以企业战略、管理过程、项目管理的技术、方法和工具的运用为基础，面向项目全生命期，以项目管理信息系统为载体的，对远程、跨文化、多重项目利益相关方的众多项目，进行捕捉、资源整合、过程监控、评估激励的复杂管理系统，是中海外作为项目型公司的核心竞争力的发生器。目标用户为中海外内部公司决策层、项目管理部、驻外机构/项目经理部、其他各职能部门等。

该项目投资840万元人民币，于2004年4月3日开始，2005年11月30日完成。项目产品分段交付并在公司内部试用。最终项目提前27天完成。项目的关键目标得到了全面实现。

　　该项目属于企业内部管理变革项目，项目容量大，推行难度大，对领导力和执行力的挑战大。项目利益相关方众多，并且分布在众多国家，跨地域、跨文化的交流和协调是本项目的突出特点。项目包含启动、计划、实施、收尾的全过程，遵循计划—执行—检查—纠正的工作方式，从利益相关方的期望与责任、流程/方法/工具、评估/修正/奖惩等方面考虑，涉及项目管理制度和规定的增加与修订、公司组织架构调整、人员选择与培训、项目管理与质量体系的整合以及项目管理信息系统开发等多项内容。

　　高层重视，强势推动，是企业内部变革项目成功的关键。在项目实施过程中，中海外高层领导非常重视，鉴于小项目的难度和风险，公司首席执行官（chief executive officer, CEO）亲自担任该项目经理，项目团队核心成员由 CEO 助理、总工程师、副总工程师和部门经理组成。在给予项目副经理一定授权的同时，对关键工作和里程碑节点的实现，项目经理高度重视，亲自督促，使项目团队和全体员工感受到企业高层对推动项目管理变革的坚定信心。

　　企业内部变革项目风险极大，在于只能成功、不能失败，员工对领导团队的信心经不起一再失败的考验，一旦丧失是无法弥补的；同时，企业的正常经营和业务发展不能受到变革的不利影响。项目经理将此项目实施原则定为"稳步推进，无缝过渡"。在方法上注重对员工观念、文化氛围的培育，先在局部试行提案小组，理念行得通，再专项推进，把提案小组的负责人调到项目团队。项目团队采用动态调整的方式。交付物分段试用。实现量变到质变，最终显现变革的成果。

　　沟通管理是本项目进程中的重要管理内容。本项目内部客户是总部各部门；外部客户是各驻外机构、项目经理部等；人员涉及全员，地域涉及五大洲。管理变革项目最难解决的问题就是员工思想上的不认同、不接受。因此，沟通尤为重要。该项目团队秉承"从群众中来，到群众中去"的理念，增设了多种沟通渠道，不断完善沟通机制。在项目过程中，其他利益相关方也相继加入项目团队中来，中海外总公司各部门和海外事业部人员有数千人次参与，保证了项目管理体系全员参与和信息资源获取的广泛性、真实性，也为项目成果的顺利应用打下了良好的基础。

　　中海外项目管理体系建设历经 19 个月的努力，项目在预算的范围内，保质保量提前完成，项目的关键目标得到了全面实现，企业管理体系变革，组织结构调整，建立了管理信息系统，完善了各种管理流程的制度，企业经营业绩明显提升，2005 年同比合同额增长了37%，公司营业收入增长了66%，项目平均收益率增长了4%。该项目也得到社会的高度认可。

　　目前该项目管理体系建设和完善已经极大地提高了公司的科学管理水平，公司呈现出跨越式可持续发展的态势。

　　问题：
　　1. 请分析该项目的项目背景。
　　2. 请分析该项目项目管理的特点。

第2章 项目选择与项目群管理

➤ **本章提要**：项目是企业及国民经济发展的基本单元，是企业乃至国家竞争力的重要支撑，正确地选择项目往往比正确地规划、实施项目更重要，项目选择关系组织的生死存亡，因而企业要特别重视项目的选择，建立能将项目与企业战略有机地联系起来的项目选择程序及统一的项目优先及评价方法，据此选择合理的项目组合，对项目组合的整体绩效和价值进行优化。项目选择既是科学也是艺术，来自不同行业的企业开发了相当复杂的项目选择方法，以保证所投资的项目能够成功。在这个选择的过程中，组织通常会使用各自独特的方法，而这些方法都是以技术问题、可获取数据、共同文化和偏好为基础的。学习本章后，将可以了解一个有效的项目选择模型应符合的 5 个标准；了解进行项目选择的几种简单模型；使用更精确的评分模型，如层次分析法；识别企业在保持最优项目群过程中的困难；了解成功项目群管理的关键。

➤ **引导案例**：Handstar Inc 是一家开发掌中宝软件应用程序的公司，它是由两个大学室友创办的。目前，公司已有 10 名员工，年销售额为 150 万美元。Handstar 的原始产品是费用报告应用软件，该软件可以让客户在掌中宝上记录费用，将这些费用输入电子表格后，软件就会以 5 种标准格式中的一种格式生成费用报告。在第一个产品成功的基础上，Handstar 接着开发了另外 3 个软件产品：跟踪和衡量投资组合的绩效、日历程序和 1 个可以让客户将其电子邮件从个人计算机上下载下来，然后在掌中宝上阅读的程序。

Handstar 的两个创始人最近开始担心公司产品的竞争力，因为自从产品投入市场后还没有对任何一个产品进行过更新。所以，他们要求产品开发部和市场部的经理一起工作，列出一些潜在的项目来对 Handstar 目前的产品进行更新，并提出开发其他产品的想法。同时还要求这两位经理估算出各种项目的开发成本、产品销售额，以及 Handstar 在这些产品中保持或获得领先地位的可能性。同时，随着互联网受欢迎程度的提高，创始人还要求他们对这些产品应用互联网的程度进行评估。

产品开发部和市场部经理甄别出 3 个与更新 Handstar 现有产品有关的项目。

（1）将目前的日历程序与电子邮件程序集成。将这两个应用程序集成为一个程序，可以为用户提供许多好处，如可以根据电子邮件的内容将会议日期自动输入日历中。经理估计这一项目需要 1250 小时的开发时间。产品投放市场第一年的销售额预计为 750000 美元。但是，经理认为大部分的用户会在新产品引入后很快进行更新换代，因此他们预计年销售额在以后的年度中会每年下降 10%。经理预测如果执行这个项目并让人觉得对互联网有适度的利用，则 Handstar 有可能在电子邮件/日历程序方面获得领导地位。

（2）有关更新费用报告软件的项目。经理估计这一项目需要 400 小时的开发时间。第一年的销售额预计为 250000 美元，在以后数年中每年增加 5%。尽管这个项目几乎不能利用互联网，但经理估计，在完成本项目后基本可以确保 Handstar 在费用报告类软件方面的领导地位。

（3）有关更新与加强现有的投资组合跟踪程序的项目。这个项目需要 750 小时的开发时间，第一年可以达到销售额 500000 美元，在以后的年度每年上升 5%。经理认为这一项目在保持 Handstar 在这类产品中的领导地位方面有很大的可能性，并且这一产品能够适度地利用互联网。

2.1　项目选择的方法

2.1.1　项目选择

组织与个人需要对各种项目机会作出比较与选择，将有限资源以最低代价投入于收益最高的项目设想，以确保个人或组织的发展。企业会碰到各种各样的机会，但是，任何企业都不能拥有无限的资源来把握每次机会，因此就需要企业作出选择，同时还要确保所选择的项目是可行的。许多项目经理开发了优先级系统，用来对每种选择所带来的机会和成本进行权衡，其目标就是对时间和优势的竞争需求进行平衡。主要的决策都要受到时间和财力的影响，及时有效地做出决策通常更为成功。对管理者来说，有许多可行的对潜在项目进行评估和选择的模型。

桑德（Sounder）指出管理者在选择模型时需要注意五个问题。

（1）实用性：首先一个有效的模型必须反映组织的目标，主要包括企业的战略目标和任务；其次模型的决策标准必须要考虑资源上的限制，如财力和人力；最后，模型必须要考虑商业和技术上的风险，包括效率、成本和时间。这一条概括起来就是这个项目是否在计划内？能否保证初始的预算？将来成本会不会增加？随着进度的推移是否有明显的风险？同时，模型能够迅速产生筛选出的信息，使人们在没有任何专业知识和技能训练的情况下能够理解这些信息的意义。

（2）功能性：模型要能应用于不同的环境，例如，模型要能让企业对不同类型的项目（长期和短期的项目、不同技术或性能的项目）进行比较。模型要能接纳新的标准和限制，这意味着企业能更广泛地使用该模型对多种类型的项目进行选择。

（3）灵活性：如果在应用过程中需要改变，那么模型要便于修改，如在利率、税法、建筑法规等发生变化的情况下，模型可以针对这些变化进行相应调整。

（4）易用性：模型要简单，要能让企业所有部门的人员都可以使用，这些人员包括专业的项目组成员和处于相关职能部门的人员。另外，在使用选择模型时，它的选择结果，以及得出这样结论的原因应该很容易被所有组织成员所理解。

（5）成本：选择模型的成本不能太高。一个方法如果需要耗费较多的时间或财力，那么组织成员就会拒绝使用该方法。模型获得选择信息和产生最优结果的成本要足够低，以便于广泛地使用。

表 2-1 列出了进行项目审查和选择过程中需要考虑的因素。这样的因素很多，可以分为四大类：风险因素、商业因素、内部操作因素和其他因素。虽然这里列出的仅是企业进行项目审查和选择时所考虑因素的一部分，但是在实际情况中，管理层所强调的战略方向通常也只考虑这些因素。事实上按照帕雷托的 80/20 原则来看，即 20% 的因素是非常重要

的，而另外 80%是不重要的，那么就可以认为对许多项目来说，少于 20%的项目选择标准最后决定了是否要实施该项目。

表 2-1 项目审查和选择过程中要考虑的因素

项目审查和选择过程中要考虑的因素	
风险因素（对企业来说不可预知的因素）	技术风险（由新技术或由被测试的技术带来的风险）
	金融风险（对项目进行投资时所带来的经济上的风险）
	安全风险（项目开发者和使用者的健康风险）
	质量风险（完工的项目可能给企业形象和声誉带来的风险）
	法律风险（可能要面对的诉讼和法律责任）
商业因素（反映项目市场潜力的因素）	投资的预期回报
	回收期
	潜在市场份额
	长期市场优势
	初始现金费用
	产生未来业务/新市场的能力
内部操作因素（设计项目对企业内部操作的影响因素）	发展/培训新雇员的需要
	人员数量或结构的改变
	物理环境的改变
	由项目带来的生产和服务流程的变化
其他因素	专利保护
	对企业形象的影响
	战略符合

也就是说，在考虑使用何种项目选择方法之前，需要强调两点：首先，现今最完善的项目选择模型也只是反映了企业的部分实际情况，能够列出来的用于项目选择决策过程的信息也是有限的，因此，必须认清这一事实，避免错误地认为只要投入足够的时间和人力就可以识别所有可能产生影响的因素。其次，任何决策模型都要考虑主观因素和客观因素，如通过客观的数据来进行判断，或者从主观的输入中形成复杂的决策模型，需要承认的是，在任何有用的选择模型中都要同时使用到主观或客观的输入信息。

2.1.2 项目审查和选择的方法

项目审查是指审核机构依据国家的法令和财务制度、企业的经营方针、管理标准和规章制度，对项目的活动用科学的方法和程序进行审核检查，判断其是否合法、合理和有效，借以发现错误，纠正弊端，防止舞弊，改善管理，保证项目目标顺利实现的一种活动。一个迅速有效且合理的项目审查模型能够产生有用的信息，来帮助企业在众多的方案中做出最好的决策。

1. 财务方法

财务考虑常是项目选择过程中一个重要的方面，特别是在经济紧张的时候。正如丹尼斯·科恩（Dennis Cohen）和罗伯特·格雷厄姆（Robert Graham）所说，"项目从来不自己结束。它们总是以一种财务方式结束，那就是现金。"基本的财务分析方法有投资回收期、净现值和投资收益率。

1）投资回收期

回收期方法筛选项目是以净收益何时收回初始投资为依据的。

回收期是通过把各年的现金流量相加直到总和大于等于 0 计算出来的。累计现金流量等于 0 这一点时，现金流入刚好与现金流出持平；此时项目刚好达到投资回收点。如果累计净现金流量大于 0，项目就开始产生收益。

这种计算方法有两种形式，第一种是忽略货币的时间价值，第二种是考虑货币的时间价值。第一种方法称为静态回收期法（conventional-payback method），第二种称为动态回收期法（discounted-payback method）。

判断是否投资一个项目要求其项目投资回收期短于某一特定期限，否则根本不值得考虑是否投资（这一期限主要取决于公司的经营方针）。

例如，一家高科技公司，如计算机芯片制造商，为新投资项目设置的期限都比较短，因为高科技产品更新换代很快。如果回收期在可以接受的范围内，就可以进行正式的项目评价（如本章讨论的现值分析法）。特别注意的是，回收期筛选（payback screening）绝不是分析的完结，而是在进一步可行性分析前剔除明显不可接受的方案。

2）净现值

资本投资的问题本质上是确定拟投资项目的预期现金流入是否足以吸引投资者对其进行投资的问题。根据现值准则，与投资项目有关的所有现金流入的现值和所有现金流出的现值作比较。这两种不同现金流量的差值，即净现值（net present value，NPV），决定该项目是否值得投资。净现值为正表示现金流入现值大于现金流出现值，因此项目是盈利的。对于单一项目如果净现值为正，则项目可以接受；如果是负值，则拒绝该项目。当有两个或两个以上的备选项目时，净现值分析法可以通过直接对比它们的净现值来确定最优方案。

3）投资收益率

许多工程师和财务经理更偏向于进行收益率分析，这是因为他们觉得百分比形式的收益率比绝对值形式的净现值的投资分析具有更直观的感受。投资回报率（return on investment，ROI）是项目收益减去项目成本并除以成本的结果。例如，假设今天投资 100 美元，第 2 年该投资增值到 110 美元，则投资回报率=(110–100)/100 即 0.10 或 10%。注意：ROI 总是一个百分比，可以是正数，也可以是负数。在计算多年份项目的投资收益率时，最好对成本和收益进行折现。ROI 越大越好。112% 的 ROI 是非常好的。许多组织都有对项目的要求回报率。要求回报率（required rate of return）是每项投资中要求达到的最低回报率。例如，一个组织的要求回报率至少是 10%。该组织是以其投资其他风险相当的项目所获得的要求回报率为基准的。通过发现导致项目的净现值为零的折现率，来确定投资的内部收益率（inner rate of return，IRR）。

2. 非数学方法

项目选择的另一类方法是非数学方法。与财务方法不同，非数学方法所依据的信息不是数值，而是其他数据。下面介绍几种常见的非数学方法。

1）检查表法

项目审查和选择的最简单方法就是建立一个检查表，或者是用于项目选择的指标列表，然后使用该表对多个可能的项目进行选择。例如，在某企业中，选择项目的指标列表，然后使用该表对多个可能的项目进行选择。例如，在某企业中，项目选择的关键指标是成本和产品推向市场的速度。出于对战略竞争地位和所处行业的考虑，该企业更倾向于低成本，并且能够在几年内就能将产品推向市场的项目。用这两个指标对各种可能的项目进行审查，从中选出最符合这两个指标的项目，但是考虑项目的类型和大小，还要逐一考虑其他的相关指标。在对新产品开发项目进行选择的时候，企业应该对多个因素进行权衡，这些因素主要包括以下六个方面。

（1）开发成本：最合理的成本预算是多少？

（2）投资的潜在回报：期望的回报是什么？最可能的回收期是多长？

（3）尝试新技术的风险性：项目是否需要开发新的技术？达到期望标准的风险性有多大？

（4）开发过程的稳定性：母公司和项目团队是否稳固？是否会发生资金缩减或关键人员离去的情况，包括高层管理发起人？

（5）政府或干系人的冲突：项目是否与政府的法规有冲突？其他干系人是否对项目持反对意见甚至试图阻止项目的完成？例如，在自然资源开发项目中，环境组织就经常被认为是干预者，他们对项目持反对意见，并且采取行动对项目进行阻挠。

（6）产品耐用性和未来市场潜力：该项目仅是一次性的机会，还是预示着会为将来带来更多的机会？例如，一个为客户开发应用程序的软件公司，也会期望好的开发效率能够为他们带来更多的商机；另外，如果未来与该客户再次合作的机会很小，公司也可能只是把这个项目看作简单的一次性项目。

这些只是项目选择指标的一部分，检查表法对项目机会的评价来说是一个相当简单的方法，它对意见进行记录，同时也能促进讨论。因此，作为一种发起对话、促进讨论以及交流观点的方法，检查表法非常适用于在组织内部达成一致意见。

假设某公司是电子产品行业的领导者，它正致力于开发一种新的换代电子产品，并决定在 2 个产品更新项目中选择一个。基于过去的商业经验，该公司认为最重要的选择指标是成本、潜在利润、投入市场的时间以及开发风险。表 2-2 是一个只有 2 个选择方案和 2 个选择标准的简单检查表模型，在决策标准的基础上，表中还增加了数值的计算，该数值反映了这几个项目符合标准的情况。对每个标准的符合有高中低三个等级，最后将每个项目符合标准的等级综合起来，有着最好符合情况的项目将被认为是最好的选择。

表 2-2 简化项目选择检查表

项目	指标	指标符合等级		
		高	中	低
项目 A	成本	×		
	潜在利润	×		
	投入市场的时间		×	
	开发风险			×
项目 B	成本		×	
	潜在利润		×	
	投入市场的时间		×	
	开发风险	×		

解决方案：基于以上的分析，项目 A 是最好的选择，因为它在各项标准中符合等级最高的数目最多，分别是成本、潜在利润。

当然，这个模型的缺陷就是高、中、低的评判标准带有很大的主观性，既不精确也容易错判；检查表审查模型也不能用于需要权衡的情况，如果每个指标的权重不相同，如某些指标更为重要的情况下该如何呢？如何在最后的选择中体现指标的相对重要性呢？例如，公司认为开发风险是最重要的指标，在这个指标上，项目 A 表现为"低"、项目 B 表现为"高"，但在其他非重要指标上，项目 B "低"、项目 A "高"，那么哪个项目更好呢？公司是否愿意折中，为了开发风险中获得最高利益而接受潜在利润低的项目呢？

因为检查表模型不能解决这些问题，所以下面将介绍一个更为复杂的选择模型，该模型为每个指标赋予简单的权重，从而将较为重要的指标从其他指标中区分出来。

2）加权评分模型

加权评分模型（weighted scoring model）是一种基于多种标准进行项目选择的系统方法。这些准则可能包括多种要素，例如，满足整个组织的需求；解决问题、把握机会以及应对指示的能力；完成项目所需的时间期限；项目整体优先级以及项目预期财务指标等。

构建加权评分模型的第一步是识别项目选择过程的重要准则。建立并使这些准则达成一致通常要花费很长的时间。进行头脑风暴会议或通过团队活动交流看法有助于准则的建立。对信息技术项目而言，可选用的准则包括：支持主要的业务目标；有极具实力的内部发起人；客户需求；技术支持；投入市场时间；潜在利润；开发风险。

随后，对各个准则赋以权重。此外，确定权重需要经过磋商并最后达成一致。这些权重意味着对每个准则的评价或每个准则的重要程度。可以用百分比赋以权重，所有准则的权重和必须等于 100%。然后，可以对每个项目的每一个准则进行评分（如可以为 0～100）。这些分数意味着每个项目达到每个准则的程度。可以通过电子制表软件创建项目、准则、权重和评分矩阵。

也可以通过分值进行评价。例如，如果一个项目完全符合主要业务目标，那么可以得10 分；如果在一定程度上符合，则可以得 5 分；如果与主要的业务目标根本没有关系，则只能得 0 分。运用分值模型，可以简单地把所有分值相加，然后选择最好的项目，而不用将权重与得分相乘之后再相加才能得到结果。

在加权评分模型中，可以为特定的准则设定最低分值或限值。例如，如果某个项目在某个准则上没有达到 50 分（100 分为满分），该项目将不予考虑。可以在加权评分模型中结合这种类型的最低分值，在项目不符合最低目标时，则不予考虑。可见，加权评分模型可以用来进行项目的选择。

对上面的 7 个指标赋予权重，然后在两个项目之间进行选择，如表 2-3 所示。

表 2-3　加权评分模型

项目	指标	重要性权重	得分	加权得分
项目 A	支持主要的业务目标	1	1	1
	有极具实力的内部发起人	1	2	2
	客户需求	3	2	6
	技术支持	2	1	2
	投入市场时间	2	3	6
	潜在利润	3	2	6
	开发风险	1	1	1
总得分				24
项目 B	支持主要的业务目标	1	3	3
	有极具实力的内部发起人	1	2	2
	客户需求	3	2	6
	技术支持	2	1	2
	投入市场时间	2	1	2
	潜在利润	3	2	6
	开发风险	1	3	3
总得分				25

从表 2-3 中可知，每个指标的权重各不相同，因此也被赋予了不同的分值。对各个指标的打分标准进行了规定：高=3，中=2，低=1。由两个项目的得分来看，项目 B 比项目 A 得分高 1 分，项目 B 更优。

许多评分模型都有共同的缺陷，评分体系很容易被理解和使用，但不够精确。从数学测量的角度来说，用打分体系来进行评估是错误的。例如，如果 3 代表"高"，2 代表"中"，很容易判断 3 要优于 2，但是优出多少就不得而知了。另外，也不能假设 3 和 2 之间的区别同 2 和 1 之间的差别是一样的，评分模型的批评家认为，评分模型的易用性很容易蒙蔽初学者的眼睛，使他们在错误的假设下使用这些模型。

从管理的角度来说，评分模型的另一个不足就是备选指标之间的实用性以及被赋予权重的准确性。换句话说，它不能保证所选择的并被赋予权重的指标与原先发起项目的商业目标之间的联系是准确合理的。

2.2 获 得 项 目

有些项目需要通过外部资源（即承包商）来完成部分重要的或全部的项目工作。客户公司首先通过上述项目筛选和优先级设置流程提出潜在的外部项目，一旦选定，接下来要决定是自己干（自制）还是进行外包（外购）。如果决定外购，客户公司就需要规划和实施采购。

承包商需要识别潜在的项目机遇，决定竞逐哪些项目，提交项目建议书，并且准备通过竞标或谈判获得项目。下面的内容从承包商的角度来展开。

1. 识别潜在的项目机遇

承包商在寻求外部项目时，使用的方法与公司考虑内部项目时方法类似，此外，因为承包商还需要向外看，他们还应在商业展会、专业会议以及能够获取潜在客户或竞争者意图信息的任何地方派驻代表。承包商还应通过建立和培养各个层面的人际关系积极实施客户关系管理，还可以在可行的范围内链接信息系统，以便及时获取潜在项目的相关有用信息以及提高当前项目的管理水平。

2. 捕捉机遇

大多数的承包商锁定他们想要竞逐的项目，竞标每一个潜在项目，如果不竞标，他们就不能获得项目。多数公司发现只要锁定机会，无论给定何种项目建议书，它们的"命中率"或获得项目工作的可能性都会增加。编制一个好的项目建议书也需要耗费大量的时间和资源，因而通过开发竞标/不竞标决策策略提高合格率是很有意义的。

每一家公司相对于它的竞争者来说都有着各自的优势和劣势。因此，在决定是否竞逐某个潜在项目时，应当进行快速态势分析法[strength（优势），weakness（劣势），opportunity（机会）and threat（威胁），SWOT]分析。决策者还应思考潜在项目对公司实现战略目标的帮助有多大。如果确定项目有助于实现目标，下一步还要考虑竞逐该项目的成本以及在现有的竞争条件下成功获得该项目的可能性。公司应经常考虑竞标和不竞标潜在项目的风险。最后如果获得该项目，公司是否有足够的能力来实施。

3. 准备并提交项目建议书

当公司准备提交项目建议书时，实际上是启动了一个小型项目，该项目的主要交付成果就是令人信服的完整建议书。承包商应该理解项目供方选择标准（source selection criteria），即"买方提出的一套标准，卖方只有满足或超过这些标准，才有可能被授予合同"，尽管不同项目的标准差别巨大，但潜在承包商通常可能从技术、管理、财务和运营能力四个方面说服客户，成功的项目经理将会竭尽全力向客户证明他们具备这四个方面的能力。上述因素的简短清单如表 2-4 所示。

表 2-4 典型的供应选择标准

技术	管理	财务	运营
技术经验	管理经验	财务能力	生产能力
需求理解	项目章程	生命周期成本	行业规模和类型
技术手段	规划和调度	成本基础和假设	以往的绩效
风险缓解	项目控制	担保	证明材料

4. 项目谈判

当所有的建议书被提交并评估以后,客户公司可以选择一家承包商承揽项目或者与一两家承包商进行谈判并最终决定。对于更为常规的项目,双方在此阶段就会签订合同,而对于复杂的项目,双方需要进一步的澄清与协商。

客户公司和承包商可能协商项目所需支付的资金总额。他们还可能就具体合同条款、时间进度、具体人员的配备、质量标准、报告机制以及其他事项进行协商。项目经理需要安排潜在供应商以确保获得实施项目所需的产品和服务。

成功的项目经理深知他们应为谈判做好充分的准备。首先,必须清楚地理解管理层最重视的事情。其次,还应包括和客户公司一道进行实情调查以理解他们的需求和能力。在成功地理解了上述两方的情况后,项目经理试图找到途径,既能让组织获得有足够潜在利润的项目工作,又能开始良好的客户关系。最后,客户公司会选择承包商并签订合同。

2.3 项目群管理

2.3.1 项目群的定义与分类

1. 项目群的含义

项目群管理研究始于 20 世纪 80 年代中期,项目群管理理论从出现到现在只有短短的 20 多年时间,目前对于项目群的定义及管理还没有统一的模式。美国项目管理协会基于项目的联系提出:项目群是一组相互关联并需要进行协调管理的项目。日本工程促进会开发的 A Guidebook of Project & Program Management for Enterprise Innovation(简称 P2M)认为:项目群是企业为实现整体战略目标而发起的一组项目,彼此独立或联系不大的项目组合不是项目群。Turner 认为:一个项目群是指具有内在联系的若干项目,为了实现利益的增加而采取的统一协调管理。Gray 从项目集群的目的出发认为:项目群是仅以协调管理或集成战略层面的报告为目的而进行的项目聚合。Ferns 指出:项目群是对项目以协调的方式进行管理,通过对相关项目的结构和过程进行组织,以获得比单个项目管理更大的整体利益。Mark 对项目群管理的定义是:为了实现一定的利益,对一组相关的项目进行集成和管理,而对单独的项目进行独立的项目管理时,这一利益将无法实现。

同项目管理相比,项目群管理是为了实现项目群的战略目标与利益,而对一组项目进行的统一协调管理。项目群管理以项目管理为核心。单个项目上进行日常性的项目管理,项目群管理是对多个项目进行的总体控制和协调。项目群管理不直接参与对每个项目的日常管理,所做的工作侧重在整体上进行规划、控制和协调,指导各个项目的具体管理工作(表明项目群管理在企业级多层次项目管理体系和目标中的地位)。

2. 项目群的分类

关于项目群的类型,不同的学者从不同的角度进行了不同的划分。在 1999 年 Gray

和 Bamford 以项目活动的结果为标准将项目群划分为两类：其一是移交型项目群（delivery programme），直接导致利益和资金流入组织的项目群；其二是平台型项目群（platform programme），致力于组织结构改善的项目群。1997 年 Gray 根据项目结合程度的紧密性，将项目群划分为松散型（lose）、紧密型（strong）和开放型（open）。其中，松散型项目群是指为了支持企业战略目标，集合一群相关的项目以取得共同的目的；紧密型项目群是指对一群项目以协调的方式进行管理，以获取某种特定的利益，当这些项目被单独地进行管理时，这些利益不可能实现；开放型项目群是在松散型项目群的基础上引入了学习型组织和授权，给予项目管理者更多的机会获取其他项目目标、过程和交付物的信息，通过这种方式，使得项目管理者被充分授权，从而对自己的项目做出正确的决策。Sergio 利用项目群协调利益的目的为标准，把项目群分为组合型（portfolio）项目群、面向目标型（goal-oriented）项目群和心跳型（heartbeat）项目群。其中，组合型项目群由一些相互独立的项目组成，但是这些相互独立的项目有一个共同的前提，这个前提可以是一般的资源也可以是技术；面向目标型项目群主要是使得主动权或发展的管理脱离原有的组织结构和路线，其可以作为一种把经常的、不明确的、不完善的、正在发展之中的企业战略转换为真实的行动和新发展的方法；心跳型项目群主要通过功能的增加、偶尔的系统彻底大检查等手段对现有系统、组织结构甚至是商业流程进行有规律的提高改进。

项目群管理是对企业的项目集合进行选择、支持和管理的系统过程。项目群在同一时刻被管理，它们之间可能彼此独立也可能彼此关联。项目群分析的关键就是要认识到企业的项目群有着共同的战略目的、分享同样的稀缺资源。项目群管理的概念使企业不是将项目作为独立的个体，而是将其作为一个统一的整体来进行管理。虽然每个项目都有各自的目标，但是它们同样也有一些共同的目标。

项目群管理的理论以项目管理为核心和基础，包括集成管理、协同管理、各应用领域和通用的管理理论。现阶段，项目群管理理论尚不成熟，大部分的项目群管理方法都是基于项目管理方法的改进，甚至是直接拿来应用，如工作分解结构、价值管理、挣值管理等项目管理方法和工具。现有文献对项目群管理实施的模型研究仅限于理论方面的讨论，涉及实施详细步骤很少，鉴于这种现状，傅道春建立了详细的项目群管理实施模型，如图 2-1 所示。

2.3.2　项目群管理的关键问题

尽管存在很多企业管理项目群的成功实例，但是很少有研究者对他们成功的原因进行调查。布朗（Brown）和艾森哈特（Eisenhardt）对计算机行业的 6 家涉及多项目开发活动的企业进行了研究，他们认为成功的项目群管理通常具有下面三个要素。

（1）灵活的结构和自由的沟通。如果被限制于官僚作风、狭窄的沟通渠道和僵化的开发流程中，多项目环境就不可能有很好的运作。成功的项目群都来自于鼓励灵活的开放的沟通环境。当项目团队被允许随时对现有的产品进行实验时，创新性的产品概念才更有可能产生。

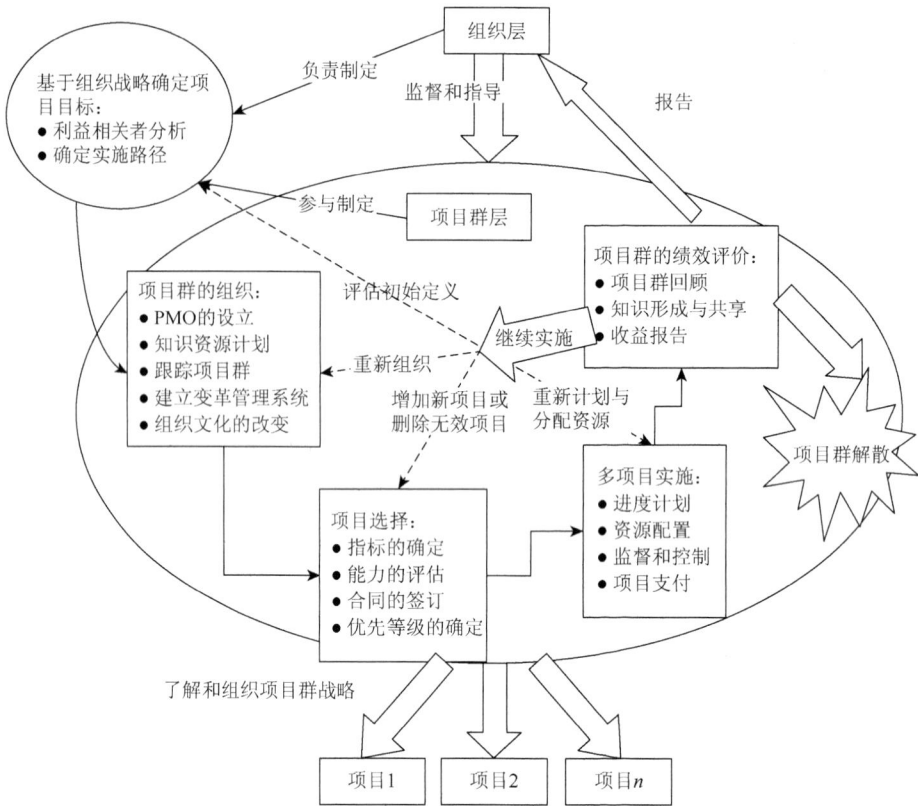

图 2-1 建筑企业项目群管理实施模型

（2）低成本环境调查。许多企业花费大量的资金和时间，只为了在某一个产品上获得成功。在对各种机会或未来商业趋势缺乏足够分析的情况下，它们将信念（和财力）全部投入于一个项目上，期望能一举占领市场。通常，成功的项目群战略要求对未来进行一系列低成本调查，在环境调查后，就可以通过与潜在伙伴建立战略联盟，以对开发的众多试验产品模型进行市场测试。成功的企业很少会孤注一掷，它们通常在全面开发前建立并测试新产品。例如，乐佰美公司，它经常将许多新产品构想推向市场，从商业反馈中得到抽样信息，而后利用这些信息改进有潜力的产品，同时放弃那些不合格的产品。

（3）瞄准时机的转换。成功的项目群管理需要认清适当的时机，尤其是当企业从一个产品向另一个产品转换时。不管是多样化的产品线，还是在原有的产品线上继续更新，成功的企业都使用项目群计划来建立长期的领导地位,同时通过提前计划来缓和可能出现的产品转换过程。吉列（Gillette）公司就通过开发和销售新型剃须刀获得了巨大的商业成功，其产品生命周期计划相当周密，企业能够精确地预测出现有产品的生命周期和开始新产品开发项目的必要时机，从而保持了其产品的平稳发展。

项目群管理虽来源于项目管理，但它无论是战略高度，还是管理范围、管理内涵、复杂性、不确定性都远超越于项目管理。它不仅包括范围管理、时间管理、成本管理、人力资源管理、质量管理、沟通管理、风险管理、采购管理、综合管理，还包括协同管理、知识管理等体现项目群管理特点的管理要素。在建立有效的项目群管理系统的过程中,需要注意以下关键问题:对项目群管理的整体绩效和价值进行优化;机会识别和选择新项目;取消或中止进行中的项目;变更组合项目优先级;资源平衡和优化,平衡和协调组织内部的资源及在项目群中的分配;项目群中内外部的信息采集、组织和整理;监控项目群的进展并进行评估。

项目群管理是将企业的项目管理实践同整个企业的战略保持一致的过程,通过在项目群中各项目的互补,就能够保证企业的项目管理团队齐心协力,而不会产生分歧。项目群管理同时也是战略方向和商业目标的可见标志,企业将所选择的要进行开发和实施的项目放在一起,就是向企业其他员工传达关于优先级、资源分配以及未来方向的信息。最后,项目群管理在众多不同类的项目中、在风险和回报间以及在有效运作和无效运作的项目间寻求持续的平衡,因此也为风险管理提供了一种方法:为了实现这些目标,企业越来越多地使用项目管理,这也意味着下一步将会有越来越多的企业采用项目群管理来进行项目管理。

2.4　工程案例分析

2010 年 10 月 8 日,神华 SH217 工程正式启动,工程的主要内容是建设神华集团"两横一纵"三大信息平台,支撑七大业务能力的管理提升。SH217 工程项目群包括"ERP 系统建设、计划与全面预算系统建设、企业绩效和决策支持平台建设、集团信息化管控与标准建设、信息化基础设施提升"等 14 个项目,形成了庞大的项目群。为什么神华的信息化要实施项目群管理?神华集团信息管理部副总经理丁涛谈到:"神华集团目前是信息化集中建设时期,要实现神华集团的信息化总体规划有效落地有一个过程,这个过程涉及很多项目短时间内同时开展,要动用企业内部的大量资源。项目之间又有密切的关联关系,就有了成立项目群的必然需求。"

项目群管理办公室(project management office,PMO)成为 SH217 工程整体负责的领导发挥作用的一个平台。从项目启动时的工作说明书编写,到进度计划的安排和资源保障;从项目例会到问题管理和沟通管理;从项目的各个阶段定义到评审关键点等,项目群管理办公室都定义清楚,并且持续对项目组进行督促和审查。这样,各项目的项目管理工作遵照项目群管理办公室要求即可,项目经理的精力聚焦在实现项目业务目标上。

1. 实施项目群管理的原因

(1)监督。监督各项目是否都按照信息化的规划进行建设。神华的信息化建设是业务需求驱动的,由业务部门牵头实施,各个业务部门的诉求是不一样的,在执行过程中很可能会偏离原来的方向,不能保证和集团整体信息规划完全一致。从企业整体的角度来讲,又要求信息化建设必须符合信息总体规划,因此,监督对规划的执行是项目群管理的主要目的。

(2)管理各个项目的进度、质量以及项目之间的协同关系。

(3)管理共同事务。同时开展这么多的项目,很多事务性需求是共同的,如果都由各个项目自己组织人手学习和工作,会牵扯很多精力。例如,商务,企业内部有很复杂的合规性的要求,没有必要所有人都掌握这个流程。类似这部分商务工作专门放到一个小组统一管理。

2. 项目群管理办公室的责任与功能

从企业内部的管理分工出发,每一个信息技术项目涉及很多业务部门,每个业务部门有自己的分管领导,SH217 工程是信息化建设工程,自然由分管信息的领导主管,面对众多平级的业务部门领导,很难做到每件事都一对一去协商。而成立了项目群管理办公室,项目群管理办公室便有了管理其他业务部门信息技术项目的职责和职能。具体包括以下五个方面。

(1)为项目经理和项目团队提供行政支援,如项目各种报表的产生。

(2)最大限度地集中项目管理专家,提供项目管理的咨询与顾问服务。

(3)将企业的项目管理实践和专家知识整理成适合于本企业的一套方法论,提供在企业内传播和重用。

(4)在企业内提供项目管理相关技能的培训。

(5)项目群管理办公室可以配置部分项目经理,有需要时,可以直接参与具体项目,对重点项目给予重点支持。

复习思考题

1. 项目选择是项目管理的重要内容,进行项目选择时应该考虑哪些因素?
2. 列举三种项目选择的方法,并举例说明。
3. 项目群管理应该注意的关键问题有哪些?
4. 为什么需要项目群管理?如何有效地进行项目群管理?

案例分析

"南水北调工程"即中华人民共和国的战略性工程,是指把长江流域水资源自其上游、中游、下游,结合中国疆土地域特点,分东、中、西三线抽调部分送至华北与淮海平原和西北地区水资源短缺地区。工程方案构想始于 1954 年毛泽东视察黄河时提出。自此,在历经分析比较 50 多种方案后,调水方案获得一大批富有价值的成果。工程规划区涉及人口 4.38 亿人,调水规模 448 亿立方米。工程规划的东、中、西线干线总长度达 4350 公里(1 公里=1 千米)。东、中线一期工程干线总长为 2899 公里,沿线六省市一级配套支渠约 2700 公里。

2012 年 9 月,南水北调中线工程丹江口库区移民搬迁全面完成。南水北调工程主要解决我国北方地区,尤其是黄淮海流域的水资源短缺问题,规划区人口 4.38 亿人。推荐东线、中线和西线三条调水线路。通过三条调水线路与长江、黄河、淮河和海河四大江河的联系,构成以"四横三纵"为主体的总体布局,以利于实现中国水资源南北调配、东西互济的合理配置格局。西线工程截至目前,还没有开工建设。

2014 年 12 月 12 日,南水北调中线工程正式通水。江水进京后,北京年均受水将达

10.5 亿立方米，人均水资源量将增加 50 多立方米。南水北调中线工程通水后，一期工程将为北京送水 10.5 亿立方米，来水占城市生活、工业新水比例将达 50% 以上。按照北京目前约 2000 万人口计算，人均可增加水资源量 50 多立方米，增幅约 50%。工程通水后，不仅可提升北京城市供水保障率，还将增加北京水资源战略储备，减少使用本地水源地密云水库水量，并将富余来水适时回补地下水。

2016 年 1 月 8 日 10 时南水北调东线台儿庄泵站开机运行，标志着东线一期工程 2015～2016 年度供水开始。

1. 总体规划

推荐东线、中线和西线三条调水线路。通过三条调水线路与长江、黄河、淮河和海河四大江河的联系，构成以"四横三纵"为主体的总体布局，以利于实现中国水资源南北调配、东西互济的合理配置格局。西线工程截至目前，还没有开工建设。

2. 东线规划

利用江苏省已有的江水北调工程，逐步扩大调水规模并延长输水线路。东线工程从长江下游扬州抽引长江水，利用京杭大运河及与其平行的河道逐级提水北送，并连接起调蓄作用的洪泽湖、骆马湖、南四湖、东平湖。出东平湖后分两路输水：一路向北，在位山附近经隧洞穿过黄河；另一路向东，通过胶东地区输水干线经济南输水到烟台、威海。东线工程开工最早，并且有现成输水道。

3. 中线规划

水源 70% 从汉江流域，陕西的汉中、安康、商洛地区，汇聚至丹江口水库，由丹江口大坝加高后扩容的丹江口水库调水，从河南南阳的淅川陶岔渠首闸出水，河南沿豫西南唐白河流域西侧过长江流域与淮河流域的分水岭方城垭口后，经黄淮海平原西部边缘，在郑州以西孤柏嘴处穿过黄河，继续沿京广铁路西侧北上，可基本自流到终点北京。

4. 西线规划

在长江上游通天河、支流雅砻江和大渡河上游筑坝建库，开凿穿过长江与黄河的分水岭巴颜喀拉山的输水隧洞，调长江水入黄河上游。西线工程的供水目标主要是解决涉及青、甘、宁、蒙、陕、晋 6 省（自治区）黄河上中游地区和渭河关中平原的缺水问题。结合兴建黄河干流上的骨干水利枢纽工程，还可以向邻近黄河流域的甘肃河西走廊地区供水，必要时也可及时向黄河下游补水。截至目前，还没有开工建设。

规划调水规模规划的东线、中线和西线到 2050 年调水总规模为 448 亿立方米，其中东线 148 亿立方米，中线 130 亿立方米，西线 170 亿立方米。整个工程将根据实际情况分期实施。

南水北调工程是一个超大规模、涉及项目种类繁多、各项目间关联密切、项目利益相关方众多的项目集。从上面的总规划中可以看出，其主要特点表现在以下 3 个方面。

（1）规模大。南水北调工程主要解决我国北方地区，尤其是黄淮海流域的水资源短缺问题，规划区人口 4.38 亿人。南水北调工程规划最终调水规模 448 亿立方米，其中东线

148 亿立方米，中线 130 亿立方米，西线 170 亿立方米，建设时间需 40～50 年。建成后将解决 700 多万人长期饮用高氟水和苦咸水的问题。

（2）项目多。从南水北调工程的总规划中可以知道，该工程主要分为 3 个大的项目规划，分别是东线规划、中线规划、西线规划。每一个大的项目规划又由很多小的项目组成。

（3）关联度高。绝大多数项目都与其他项目有很密切的制约关系，注定南水北调工程是一个庞大的项目集，是一个复杂的组织，而组织之间存在互动关系。

问题：

1. 如何建立大型活动项目管理体系？项目目标体系如何确定、如何协调统一？

2. 南水北调项目选择和项目群管理需要注意什么问题？

3. 如何识别与管理项目利益相关者的需求？

4. 大型活动统筹管理的难点是什么？

第3章 项目进度计划与资源平衡

➤ **本章提要**：计划过程是决策的组织落实过程。决策是计划的前提，计划是决策的逻辑延续。将项目在一定时期内的活动任务分解给组织的每个部门、环节和个人，不仅为这些部门、环节和个人在该时期的工作提供了具体的依据，而且为决策目标的实现提供了保证。项目进度计划是项目计划的重要组成部分，资源计划及费用计划的编制都是以进度计划为基础的，因此项目进度计划编制是项目计划的主要内容。

➤ **引导案例**：A公司是一家美资软件公司在华办事机构，东方公司是A公司在中国的合作伙伴，主要负责软件的本地化和测试工作。Bob先生是A公司中国地区的负责人，Henry则是刚加入A公司的负责此外包项目的项目经理。东方公司由William负责产品开发和管理工作，William本身是技术人员，并没有项目管理的经验。当Henry接手这项工作后，发现东方公司的项目开发成本非常高，但客户的满意度较差，因此，Bob希望Henry和William用项目管理的方法对该项目进行管理和改进。随后，Henry和William召开了一系列的会议，提出了新的做法。

首先，他们制定了详细的项目计划和进度计划；其次，成立了单独的测试小组，将软件的开发和测试分开；然后，在硅谷和东方公司之间建立了一个新的沟通渠道，一些软件问题可以与总部直接沟通；最后，还采用了里程碑管理。

六个月后，软件交付使用。但是客户对这个版本还是不满意，认为还有很多问题。为什么运用了项目管理的方法，这个项目还是没有得到改善？

Henry和William又进行了反复探讨，发现主要有三个方面问题：①软件本地化产生的问题并不多，但A公司提供的底层软件本身存在一些问题；②软件的界面也存在一些问题，这是由于测试的项目不够详细；③开发的周期还是太短，没有时间完成一些项目的调试，因此新版本还是有许多的问题。

3.1 项目计划管理概述

计划是组织为实现一定目标而科学地预测并确定未来的行动方案。计划管理是管理职能中最为基础和首要的职能，其他组织、领导、控制三项职能都是围绕计划而展开的。计划是为了解决三个问题：其一是明确组织目标；其二是明确为达成目标的工作时序；其三是明确工作所需的资源。计划管理是工作能够开展的基础，是把设想转化为实践最先发生并处于首要地位的工作项目，是系统工程和项目管理实践非常重要的组成部分。

3.1.1 项目计划的内容

项目计划是对项目的执行以及控制进行指导的文件。项目计划要体现灵活性和动态性，可以随项目变更及环境的改变进行适当的调整。

　　项目管理是一项主动性的工作，项目管理者要在项目进行的过程中主动地进行管理，从而找出项目中存在的问题，仅靠被动地反馈是达不到预期效果的。项目计划是项目管理最为关键的步骤，是一种将项目管理的思路转化为实际形式的工作。一个成功的项目必然要有一个成功的项目计划，但是成功的项目计划却不一定能保证项目的成功，其中影响的因素较多，在进行项目管理的过程中，还要取决于管理者对项目计划执行的力度以及灵活性。

1. 项目进度计划

　　项目进度计划是项目计划的重要组成部分，资源计划及费用计划的编制都是以进度计划为基础的，因此项目进度计划是项目计划编制中的一项重要工作，也是项目计划的主要内容。进度计划是表达项目中各项工作、工序的开展顺序、开始及完成时间及相互衔接关系的计划。通过进度计划的编制，使项目实施形成一个有机整体。同时项目进度计划是进度控制和管理的依据。

2. 项目质量计划

　　项目质量计划是指为确定项目应该达到的质量标准和如何达到这些项目质量标准而做的项目质量的计划与安排。项目质量计划是质量策划的结果之一。它规定与项目相关的质量标准，如何满足这些标准，由谁以及何时应使用哪些程序和相关资源。项目质量计划工作的成果如下：项目质量计划、项目质量工作说明、质量核检清单、可用于其他管理的信息。

3. 项目资源计划

　　项目资源计划是指通过分析和识别项目的资源需求，确定出项目需要投入的资源种类（包括人力、设备、材料、资金等）、项目资源投入的数量和项目资源投入的时间，从而制定出项目资源供应计划的项目成本管理活动。资源是项目实施的基础，没有资源一切都是空谈。资源对项目的进度计划、费用计划等有着直接的影响。因为项目的每一个活动、每一个工作都需要用到物质资源以及非物质资源。而项目中的各活动、多项目并行实施过程中，项目之间在资金、时间、人力等资源方面也存在即共享又竞争的关系，资源配置的合理与否直接影响各项目的进度和完工质量，关系着各项目成败。

　　在最初制定项目进度计划的时候，通常都不去考虑资源在需要的时候是不是可用的。因此，如果忽视资源限制的影响就会产生严重问题。避免这一问题的第一步就是，重新调整项目的进度计划，使所有的任务都与可用资源一致。然后，必须检查其他项目的资源需求，并解决存在的冲突。如果不这样做，缺乏资源的情况是不会不治而愈的。当没有时间修改原定进度计划的时候，它就会变成一块拦路石。

　　实际项目过程中，最好是有充足的资源的储备，很多情况下，项目进行过程中需要更多的资源，如果需要就要调整预算和进度表。但是，在一些项目中，时间并不充裕。在这样的情况下，项目经理必须确定项目的风险在哪里，并且有计划来保证备用资源。有时候需要资源随时备用。另一些时候，只要保证在需要时能够很快获得它们。

4. 项目成本计划

成本计划是成本控制的标准和依据。成本计划可将各子项目、各成本要素的成本控制目标和要求落实到责任部门或个人，这样在实际工作中就能"带着指标干活"。通过分析实际成本与计划成本之间的差异，成本计划还可指出有待加强控制和改进的领域，更利于挖潜降耗。成本计划是对项目消耗进行控制、分析和考核的依据。成本计划为成本管理工作明确了目标，将量化的指标清晰地下达至各部门，避免了成本管理工作的盲目性。成本计划是达到项目目标成本的一种必要程序，对成本管理工作起到了重要的指导作用，是推动实现责任成本制度和加强成本控制的有力手段。

5. 项目变更计划

项目的计划是为了实现项目目标的要求，根据已经获得的项目相关信息，对未来项目过程所进行的假设，相关信息越全面、越真实，相关环境越稳定，这种前瞻性的假设也就越可靠，与将来的实际差异可能也就越小。假设本身具有不确定性，加之当今外部环境的变化无常，包括外部市场或客户的需求、企业内部的管理环境、项目组中的人员变动等各种因素，都使得这种假设的不确定性增大。只有到项目完全结束后，项目的整个过程才是完全确定的。这就是所谓的项目的动态性特点。因此，就需要在项目的实际过程中，通过计划变更，根据当前最新的项目进展情况，随时对项目计划作出适应性调整，不断地使项目计划更贴近于真实情况，尽可能降低计划与实际的差异，以保证对项目全过程的有效控制，实现对项目的管理。

另外，在项目初期制定项目计划时，由于对相关项目信息的掌握不充分、不具体，而且还有可能是后续的项目任务需要根据前期的工作成果才能进一步具体安排，所以难以把项目过程中一段时期以后的计划做得非常具体。因此，在制定项目计划时，经常会在总体的里程碑计划的框架下，分阶段制定某阶段内的详细计划。前一个阶段结束了，再根据前一阶段的结果制定下一阶段的具体计划。这样，在整个项目的过程中，每一阶段计划的细化，其实也是对整个项目计划所做的变更。通过变更手段，避免在项目初期信息不充分的情况下制定无谓的远期详细计划，但又能在项目进程中根据项目的进展情况及时制定出可行的详细计划，以支持项目管理的需要。

因此，在一个项目过程中，对计划进行变更是必然的。根据以往的经验，各方面都要对计划变更给予足够的重视，通过对计划变更的管理起到控制项目的作用。

3.1.2　项目计划管理中的常见问题

项目计划管理的作用可以确定完成项目目标所需的各项工作范围，落实责任，制定各项工作的时间表，明确各项工作所需的人力、物力、财力并确定预算，保证项目顺利实施和目标实现；可以确定项目实施规范，成为项目实施的依据和指南。

在项目管理与实践中，项目计划是最先发生并处于首要地位的，它指引项目各种管理职能的实现，是项目管理工作的首要环节，抓住这个首要环节，就可以提挈全局。项目计划的质量是决定项目成败、优劣的关键性因素之一。

项目计划管理过程中，主要存在以下四个误区。

（1）结合度不够。计划管理不是一个独立的个体，它是项目管理中的一个重要组成部分，计划与实施状态的管理结合不够紧密。

（2）计划一经确定不能改变的误区。没有一个项目能够从始至终按计划执行。由于在项目实施过程中不可预见的新情况、新事情、新问题的产生，所以项目始终处在变化的过程中。

（3）计划管理只往前看。计划管理要"翻旧账"，要总结和分析。将以往顺利完成的、变更的、变更后仍不能按期完成的项目进行分析总结，逐步形成计划管理的经验数据。

（4）计划管理者只负责计划的管理。计划管理工作不仅对一项任务而言，更重要的是全局观念，从企业的发展角度，结合市场的需求，来应对市场的变化，提升企业的诚信度和管理实力。确保计划管理的严肃性，调动项目组完成计划的积极性，是计划管理者工作的新难点。

3.1.3 不同类型项目的计划管理体系

1. 国防工业项目的协同项目计划管理体系

近年来，跨企业协同项目计划管理已经成为项目管理领域的一个热门研究及实践的方向。对国防工业项目管理来说，尤其对于一些具有投入大、难度高、周期长等特点的大型复杂项目，不是仅依靠一家企业、一个组织就能完成的。

跨企业协同项目计划管理的重点是建立一套多项目计划管理体系。

多项目计划管理体系类别以时间跨度划分，计划可以分为全生命周期计划、年度专项计划、季度计划、月重点调度计划以及时间跨度不一的专题计划共五大类；以承担单位划分，计划可以分为承担者为部、厂、所的一级计划，承担者为研究室、车间的二级计划，承担者为个人的三级计划；以要素划分，计划可以分为研究计划、生产计划、质量计划、工艺计划、技安计划、投资计划、资源计划、服务保障计划、大型地面试验计划、飞行试验计划、经费计划共十一大类；以计划管理形式分，计划可以分为指导性计划、指令性计划、市场调节计划等。在以时间跨度划分的计划中，年度专项计划、各类专题计划以及月重点调度计划最为重要。

2. EPC 总承包项目进度计划体系的内容

EPC 是英文 engineer，procure，construct 首字母缩写。其中文含义是对一个项目进行"设计、采购、施工"，与通常所说的工程总承包含义相似。在 EPC 总承包项目管理中（通常情况把施工分包出去），一般有四个层次的计划数据用户，其一是决策层，其二是管理层，其三是运行层，其四是作业层。针对这四个层次的计划数据用户，可以把总承包项目计划体系分成四级：项目第一级计划、项目第二级计划、项目第三级计划、项目第四级计划。

项目的四级计划是根据不同阶段所掌握的项目计划信息、每级计划需要反映的信息以及每级计划所对应的管理对象而制定的。项目第一级计划为总体进度计划，反映决策层对项目整体完成状况的要求，它所包含的内容为 E、P、C 三个阶段的开始、完成时间及主要控制点。项目第二级计划为项目执行计划，反映管理层在项目第一级计划的基础上分装置、单元或分区制定的计划，它所包含的内容为各个单元或分区的 E、P、C 三个阶段的完成时间及主要控制点。项目第三级计划为实施计划，在第二级计划的基础上分专业或单项详细级计划，以用于建立进度检测基准、进行跟踪检测为目的。项目第四级计划为作业层计划，它是在第三级计划的基础上制定的用来指导具体作业的计划，它是日程控制的工具，该级计划表示出每周甚至每天应该完成的工作内容。四级计划的编制通过保持上下一致性，形成了计划内容由上而下、由浅入深、由粗到细的计划分层结构。

3.2 项目进度计划

3.2.1 项目目标与项目分解

完成项目是为了实现重要的商业目的，为此，人们都要尽可能快地利用这些项目成果。项目进度计划编制的一个方法是了解如下可能会限制项目完成速度的因素：项目目标、项目的活动、活动持续时间、资源可获得性及现金流量。

1. 项目目标

1）项目目标的特点

项目目标，简单地说就是实施项目所要达到的期望结果。项目的实施就是一个追求项目目标的过程。因此，如同其他目标一样，项目目标的确定不仅要在客户同承约商之间达成一致，而且要具体、明确、可测量、切实可行。

项目目标具有以下三个主要特点。

（1）系统性。项目是一个多目标的系统，各种目标之间相互关联、相互作用，要确定项目目标，就需要对项目的多个目标进行权衡。实施项目的过程就是多个目标协调的过程，这种协调包括项目在同一层次的多个目标之间的协调、项目总体目标与其子项目目标之间的协调、项目本身与组织总体目标的协调等。

项目无论大小、种类如何，其基本目标可以表现为三个方面，即时间、成本和技术性能。项目实施的目的就是要充分利用可获得的资源，使得项目在一定的时间内，在一定的预算下，获得所期望的技术性能。然而，这三个基本目标之间往往存在着一定的冲突。通常，缩短工期要以提高成本为代价；而降低成本、压缩工期可能会影响技术性能的实现。因此，项目目标的确定需要在这三个方面寻求最佳的平衡。

（2）优先性。在项目的多目标系统中，不同目标对于不同项目其重要程度是不同的。例如，预算拮据的私人住宅装修项目，成本目标十分重要；新型战机的研制项目，技术性能目标的重要性要大于成本目标；而生命周期较短的产品的开发项目，时间目标则显得尤为重要。在项目管理中，识别目标的优先顺序对于指导项目规划和实施是一项十分重要的工作。

（3）层次性。项目目标是一个从抽象到具体的层次结构。项目目标的最高层是总体目标，指明要解决的问题的总的依据和原动力，它可能是一个抽象的概念。这个抽象的概念被层层分解，最终形成针对具体技术问题的具体目标。在项目目标的层次结构中，上层目标是下层目标的目的，下层目标是上层目标的手段。上层目标一般表现为模糊的、不可控的，而下层目标则表现为具体的、明确的、可测的。层次越低，目标越具体而可控。

例如，京九铁路建设项目，其最高目标是改善我国交通基础设施，带动沿线地方资源开发，推动沿线地区的经济发展。对该目标进行分解可以得到交通设施建设目标和促进经济增长目标；进一步分解得到交通流量目标、财务目标、国民经济目标、社会发展影响目标、环境影响目标等；再进一步分解，最终形成施工建设的具体技术目标。

2）项目目标的确立过程

项目目标的确立是一个由模糊、不确定逐步过渡到清晰、明确的过程。在项目的初始阶段，项目目标往往是模糊的、不具体的，甚至是不确定的。这种模糊性和不确定性随着机会研究和项目可行性研究的深入而不断地清晰明了。

项目目标的确定过程包括明确制定项目目标的主体和描述项目目标两个阶段。一般，项目目标由项目发起人或项目提议人来确定，承约商的意见对于项目目标的确定起着重要的参考作用。项目目标的描述应该明确、具体、尽量量化，保证项目目标容易沟通、理解和度量，并使所有项目组成员结合项目目标确定个人的具体目标。

3）项目目标的描述

在项目建议书中，项目目标的描述应是一项非常重要的内容。在理想状况下，项目建议书的起草人是项目经理，因此，项目经理是确定项目目标的重要主体。项目经理对项目目标的正确理解和正确定义决定了项目的成败。

描述项目目标的准则有以下四条。

（1）能定量描述的，不要定性描述。

（2）应使每个项目组成员都明确目标。

（3）目标应该是现实的，不应是理想化的。

（4）目标的描述应尽量简化。

2. 项目分解

项目目标明确后，要制定出完善的项目进度计划，就必须对项目进行分解，以明确项目所包含的各项工作，这些工作可以视为活动，这些活动是在项目进程中单独计划的工作部分。项目分解是编制进度计划、进行进度控制的基础。

项目分解先把复杂的项目逐步分解成一层一层的要素（工作），直到具体明确，得到一系列活动，这些活动具有以下一些特点：具有明确的起点和终点；便于估计和控制所需的资源；每项活动都由具体的专人负责。

项目分解的工具是工作分解结构原理，它是一个分级的树型结构，是一个对项目工作由粗到细的分解过程。项目工作分解结构主要有两种类型：产品导向型工作分解结构和活动导向型工作分解结构。

产品导向型工作分解结构的分解依据是最终产品的构成（图 3-1）。这种工作分解方式的特点是重视结果而忽略过程，有助于项目的分包、结果检查。但缺点是在较低层次上的分解结构不容易理解，并且难以掌握项目的进展过程。

　　活动导向型工作分解结构的基本依据是项目活动的过程（图 3-2）。这种分解方式的特点是分解结构简单易懂，逻辑性强，容易进行活动的识别和定义，且易于实施。其缺点是不易跟踪考察，且容易导致注重过程而忽略结果。

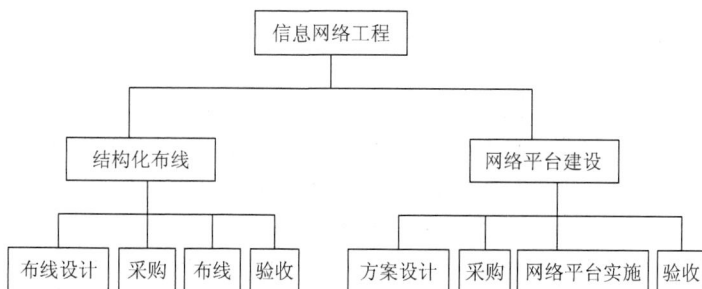

图 3-1　信息网络工程项目工作分解结构图

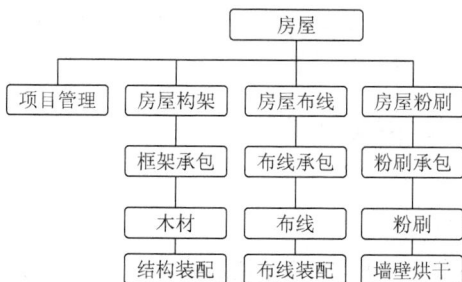

图 3-2　房屋改造项目工作分解结构图

3.2.2　项目活动关系的确定

　　任何工作的执行必须依赖一定工作的完成，也就是它必须在某些工作完成之后才能执行，这就是工作的先后依赖关系。依赖关系既可以是强制性的，也可以是自由性的。强制性的依赖关系是合同要求或者工作性质内在固有的关系，自由式的依赖关系是建立在最佳实践基础上，期望一种特定顺序的依赖关系。项目团队应考虑所有的强制性关系，判断包括哪些自由式依赖关系，大多数团队不喜欢包括更多依赖关系的项目，因为随着项目的进展，依赖关系越多带来的选择越少。

　　"完成到开始"是最常见的逻辑关系，在这种逻辑关系中存在超前和滞后的情况，超前是指后续活动可以提前先行活动的时间，滞后就是要求后续活动比原定逻辑的活动开始时间向后延迟。

　　除了"完成到开始"的依赖关系，还存在如下其他类型的关系。

　　"完成到完成"关系是指先行活动完成之后后续活动才能完成的逻辑关系。

　　"开始到开始"关系是指先行活动开始之后后续活动才能开始的逻辑关系。

　　"开始到完成"关系是指先行活动开始后后续活动才能完成的逻辑关系。这是最不常见的关系，如在替换旧系统的项目中，新系统必须在旧系统完全停止前开始。

工作相互关系确定的最终结果是要得到一张描述项目各工作相互关系的项目网络图以及工作的详细关系列表。项目网络图通常是表示项目各工作的相互关系的基本图形，通常可由计算机或手工绘制，它包括整个项目的详细工作流程。工作列表包括项目各工作的详细说明，是项目工作的基本描述。

3.2.3　项目活动时间的估算

工作持续时间是指在一定的条件下，直接完成该工作所需时间与必要停歇时间之和。工作延续时间的估计是项目计划制定的一项重要的基础工作，它直接关系各事项、各工作网络时间的计算和完成整个项目工作所需要的总时间。若工作时间估计得太短，则会在工作中造成被动紧张的局面；相反，若工作时间估计得太长，则会使整个工程的完工期延长。

网络中所有工作的进度安排都由工作的延续时间来推算，因此，对延续时间的估计要做到客观正确。这就要求在对工作作出时间估计时，不应受到工作重要性及工程完成期限的影响，要在考虑各种资源、人力、物力、财力的情况下，把工作置于独立的正常状态下进行估计，要作通盘考虑，不可顾此失彼。工作时间估计结果形成了各项工作时间的估计、基本的估计假设及工作列表的更新。

1. 工作时间估计主要依赖的数据资料

（1）工作详细列表。

（2）项目约束和限制条件。

（3）资源需求。大多数工作的时间将受到分配给该工作的资源情况以及该工作实际所需要的资源情况的影响，例如，当人力资源减少一半时工作的延续时间一般来说将会延长一倍。

（4）资源能力。资源能力决定了可分配资源的数量，对多数工作来说其延续时间将受到分配给它们的人力及材料资源的明显影响，例如，一个全职的项目经理处理一件事情的时间将会明显地少于一个兼职的项目经理处理该事情的时间。

（5）历史信息。许多类似的历史项目工作资料对于项目工作时间的确定是很有帮助的，主要包括项目档案、公用的工作延续时间估计数据库、项目工作组的知识。

2. 确定工作时间的主要方法

（1）专家判断。专家判断主要依赖于历史的经验和信息，当然其时间估计的结果也具有一定的不确定性和风险。

（2）类比估计。类比估计意味着以先前类似的实际项目的工作时间来推测估计当前项目各工作的实际时间。当项目的一些详细信息获得有限的情况下，这是一种最为常用的方法，类比估计可以说是专家判断的一种形式。

（3）单一时间估计法。估计一个最可能的工作实现时间，对应于关键路线法（critical path method，CPM）网络。

（4）三个时间估计法。估计工作执行的三个时间：乐观时间、悲观时间、正常时间，对应于计划评审技术（program evaluation and review technique，PERT）网络。其公式如下：

$$期望时间\ t = \frac{t_o + 4t_m + t_p}{6}$$

例如，某一工作在正常情况下的工作时间是 10 天，在最有利的情况下工作时间是 6 天，在最不利的情况下其工作时间是 14 天，那么该工作的最可能完成时间为

$$t = \frac{6 + 4 \times 10 + 14}{6} = 10（天）$$

（5）学习曲线。学习曲线的基本思想是一个人实施某项活动的次数越多，其工作起来就会越好越快。学习曲线之所以适用于活动持续时间估计是因为可以研究和预测改进的效率。因此，如果项目的某些活动已经完成过许多次，项目计划人员就可以预测出这些活动的持续时间。改进的效率取决于以下因素：组织文化强调持续发展的程度；活动的技术含量；活动的复杂程度；活动对人的依赖程度以及对机器设备的规定和要求。

完成活动的时间是以执行活动重复次数的两倍为改进效率进行估算的。例如，学习效率为 80%，第一次完成活动用时 100 分钟（生产第一单元），那么生产两倍单元容量时，第二单元只需 80 分钟。要求再加倍，第四单元只需 64 分钟。每次完成活动所需的时间可以用学习曲线表示，如表 3-1 所示。注意，学习效率非常重要，因为快速的学习能够更快地完成连续的活动。

对顾客而言，如果一个行业有陡峭的学习曲线，那么结果是快速下降的价格。人们希望新的电子产品和其他消费品价格下降。项目经理应将可能发生的学习置于计划之中。另外，项目经理应创造和维持鼓励学习环境，这样项目才能更具竞争力。

在敏捷项目中，随着早期迭代的完成，时间估计的效率在不断提高。知道特定活动需要耗费的时间之后，后续预测会越来越准确。因为预测一般是 2~4 周迭代时间，这意味着项目经理要预测在下次迭代中能完成的工作量。

表 3-1　学习曲线　　　　　　　　（单位：分钟）

活动 ＼ 学习效率	60%	70%	80%	90%
1	100	100	100	100
2	60	70	80	90
4	36	49	64	81
8	21.6	34.3	51.2	72.9

3.2.4　项目进度计划的编制

1. 里程碑

项目计划与行军路线相似：它们不仅表示了怎样实现目标，而且表示了所经历的路程。

在实现目标的道路上，要标上一些路标，以表明已经行进的路程。这种路标称为里程碑。项目的里程碑计划就是以项目中某些重要事件的完成或开始时间作为基准所形成的计划，它是项目的一个战略计划或框架，以中间产品或可实现的结果为依据，显示了项目为实现最终目标必须经过的条件或状态序列，描述了项目在每一个阶段应达到的状态，而不是如何达到。

表 3-2 显示了某项目的里程碑计划。

表 3-2　产品开发项目里程碑计划

重大事件	1 月	2 月	3 月	4 月	5 月	6 月	7 月	8 月
签订子承包合同			△▼					
完成产品规范				△▽				
产品设计评审					△			
子系统测试						△		
产品首件提交							△	
完成生产计划								△

里程碑计划是编制详细进度计划的基础。里程碑计划的编制方式主要有两种。

（1）编制进度计划以前，根据项目特点编制里程碑计划，并以该里程碑计划作为编制项目进度计划的依据。

（2）编制进度计划以后，根据项目特点及进度计划编制里程碑计划，并以此作为项目进度控制的主要依据之一。

编制里程碑计划的基本程序如下。

（1）从达成最后一个里程碑，即项目的终结开始反向进行。

（2）运用"头脑风暴法"产生里程碑的概念草图。

（3）复查各个里程碑。有些里程碑可能是另外某个里程碑的一部分，而有些则可能是将产生新的里程碑概念的活动。

（4）尝试每条因果路径。

（5）从最后一个目标开始，顺次往前，找出逻辑依存关系，以便可以复查每个里程碑，增加或删除某些里程碑，或者改变因果路径的定义。

（6）画出最后的里程碑图。

2. 甘特图

甘特图是进度计划最常用的一种工具，最早由 Henry L.Gantt 于 1917 年提出。由于其简单明了、易于编制，所以它成为小型项目管理中编制项目进度计划的主要工具。即使在大型工程项目中，它也是高层管理者了解全局、基层安排进度时有用的工具。

图 3-3 显示了某市场调查项目的甘特图。图中，左侧列出了项目的所有活动，项目的时间表则在图表的顶部列出，图中的横条线显示了各项活动的开始时间和结束时间，线段的长度则代表了活动的工期。而项目计划的详细程度取决于图中时间表的单位。甘特图的

绘制者可以根据计划的要求，以月、周、天、小时等为时间单位。在绘制图形时还可以用不同的颜色或不同粗细的横条线代表不同性质的活动，把关键活动与非关键活动区别开，同时箭头代表活动之间的逻辑关系。

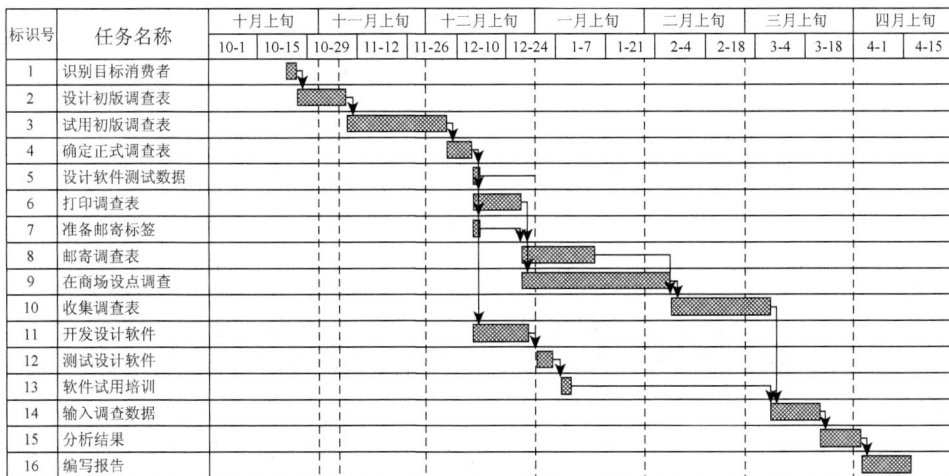

标识号	任务名称	十月上旬		十一月上旬		十二月上旬		一月上旬		二月上旬		三月上旬		四月上旬	
		10-1	10-15	10-29	11-12	11-26	12-10	12-24	1-7	1-21	2-4	2-18	3-4	3-18	4-1	4-15
1	识别目标消费者															
2	设计初版调查表															
3	试用初版调查表															
4	确定正式调查表															
5	设计软件测试数据															
6	打印调查表															
7	准备邮寄标签															
8	邮寄调查表															
9	在商场设点调查															
10	收集调查表															
11	开发设计软件															
12	测试设计软件															
13	软件试用培训															
14	输入调查数据															
15	分析结果															
16	编写报告															

图 3-3　市场调查项目计划

甘特图的特点是直观、简单、容易制作、易于理解，若项目所包含的活动数量较多、逻辑关系复杂，甘特图则难以表达清楚，更不利于进行定量分析和优化。

甘特图的类型包括传统甘特图（图 3-4）、带有时差的甘特图（图 3-5）和具有逻辑关系的甘特图（图 3-6）。

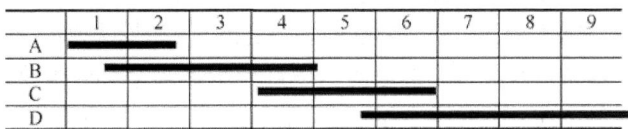

图 3-4　传统型

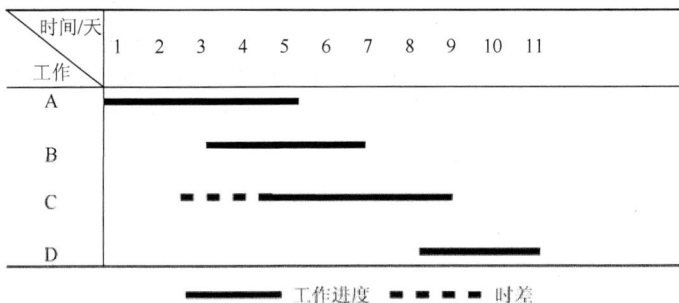

图 3-5　带有时差型

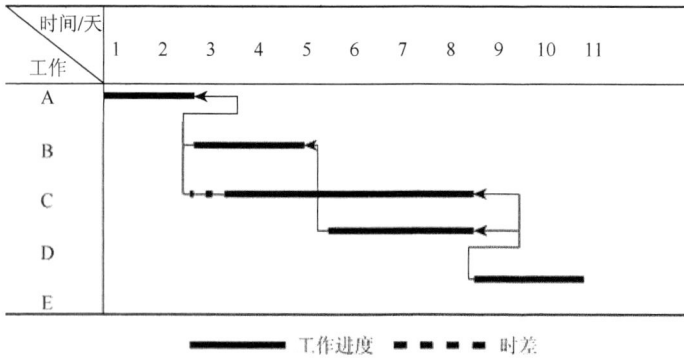

图 3-6   具有逻辑关系型

3. 网络图

网络计划的基本形式是关键路线法和计划评审技术。关键路线法和计划评审技术是分别独立发展起来的两种计划方法，但其基本原理一致，即用网络图来表达项目中各项活动的进度和它们之间的相互关系，并在此基础上进行网络分析，计算网络中各项时间参数，确定关键活动与关键路线，利用时差不断地调整与优化网络，以求得最短工期。此外，还可将成本与资源问题考虑进去，以求得综合优化的项目计划方案。用计划评审技术编制项目进度计划时，以"箭线"或"事项"代表工作，按工作顺序，依次连接完成网络结构图，在估计工作的持续时间的基础上，即可计算整个项目工期，并确定关键路线。这种方法重点是研究项目所包含的各项工作的持续时间。

用关键路线法编制项目进度计划时，其图形与计划评审技术基本相同。除了具有与计划评审技术相同的作用，关键路线法还可以调整项目的费用和工期，以研究整个项目的费用与工期的相互关系，争取以最低的费用、最佳的工期完成项目。

计划评审技术无法准确确定工作持续时间，只能以概率论为基础加以估计，在此基础上，计算网络的时间参数。而关键路线法可以以经验数据为基础较准确地确定各工作的持续时间。对于一般项目来说，根据经验和知识，能够对项目的各项工作所需时间进行合理、准确地确定。所以，项目管理中最常用的是关键路线法。

很显然，采用以上几种不同的进度计划方法，其本身所需的时间和费用是不同的，里程碑计划编制时间最短，费用最低。甘特图所需时间要长一些，费用也高一些。关键路线法要把每个活动都加以分析，如活动数目较多，还需用计算机求出总工期和关键路线，因此花费的时间和费用将更多。计划评审技术可以认为是制定项目进度计划方法中最为复杂的一种，所以花费的时间和费用也最多。

3.2.5 网络计划技术概述

1. 网络计划技术的概念

网络计划技术大约产生于 20 世纪 50 年代，最著名的是计划评审技术和关键路线法。计划评审技术/关键路线法的网络图提供了一种比甘特图更为有效的时间和工作包关系的度量方法。网络图以计划评审技术/关键路线法为基础，提供了一种事件、活动和与项目有关的相互关系的更动态化的相关图。网络计划技术自发明以来，很快就成为各行各业新的进度计划管理方法,并且在实践中得到了不断的发展与完善。在计划评审技术/关键路线法技术的基础上,随后又产生了一些新的网络计划技术,如图表评审技术(graphical evaluation and review technique,GERT)、优先日程图示法(precedence diagramming method, PDM)和风险评审技术(venture evaluation review technique,VERT)等。网络计划技术正日益成为项目进度计划和控制,以及资源优化配置的有力工具。

　　网络计划技术是用网络计划对任务的工作进度进行安排和控制,以保证实现预定目标的科学的计划管理技术。网络计划是在网络图上加注工作的时间参数等而编制成的进度计划。因此,网络计划主要由两大部分所组成,即网络图和网络参数。网络图是由箭线和节点组成的用来表示工作流程的有向、有序的网状图形,如图3-7所示。网络参数是根据项目中各项工作的延续时间和网络图所计算的工作、节点、路线等要素的各种时间参数。

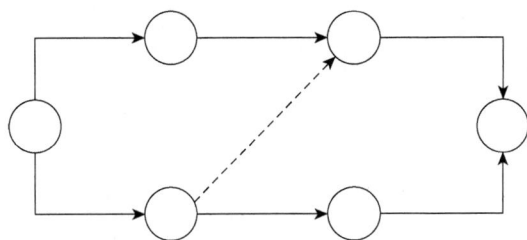

图 3-7　网络图

网络计划技术按逻辑关系及延续时间是否肯定可分为如表3-3所示的几种类型。

表 3-3　网络计划技术逻辑关系分类表

类型		延续时间	
		肯定	不肯定
逻辑关系	肯定型	关键路线法	计划评审技术
	非肯定型	决策关键路线法	图形评审技术 随机评审技术 风险评审技术

　　若按网络的结构不同,则可以把网络计划分为双代号网络和单代号网络。而双代号网络又可以分为双代号时间坐标网络和非时间坐标网络;单代号网络又可分为普通单代号网络和搭接网络。搭接网络主要是为了反映工作之间执行过程的相互重叠关系而引入的一种网络计划表达形式。

2. 网络图的基本构成

　　网络图由若干表示工作的箭线和节点组成,其中每一项工作都用一根箭线和两个节点来表示,每个节点都编以号码,箭线的箭尾节点和箭头节点就是每一工作的起点和终点。以下以双代号网络图为例,说明网络图的基本构成——箭线、节点和路线。

1)箭线(或工作)

　　在一个项目中,任何一个可以定义名称、独立存在、需要一定时间或资源完成的活动或任务都可看作一个箭线或工作。其具体内容可多可少,范围可大可小。例如,可以把整个产品设计作为一项工作,也可把产品设计中的每一道工序、任务作为一项工作。完成一项工作需要人力、物力,占用一定的时间和空间。有些工作,如油漆后的干燥、等待材料等，它们虽不消耗资源，但是要消耗时间，在完成任务过程中，它们同样是一个不可缺少的过程。这些不消耗资源的等待结果的过程也应视为工作。

工作通常可以分为两种。

（1）需要消耗时间和资源的工作。这类工作称为实工作，在网络图中用实箭线表示。一般在箭线的上方标出工作的名称，在箭线的下方标出工作的持续时间，箭尾表示工作的开始，箭头表示工作的完成，相应节点的号码表示该项工作的代号。

（2）既不消耗时间，也不消耗资源的工作。这类工作称为虚工作，在网络图中用虚箭线表示。虚工作是虚设的，只表示相邻工作之间的逻辑关系，虚工作的持续时间为零。

2）节点（或事项）

每一项工作都存在一个开始时刻和结束时刻。一项工作若只有一项紧前工作，则这项紧前工作的结束时刻，也就是该工作的可能开始时刻；一项工作若有数项紧前工作，则要待各项紧前工作全部结束后，才有可能开始做这项工作。这种紧前工作和紧后工作的结束和开始标志，称为节点或事项。节点的主要作用是联结箭线。箭线尾部的节点称为箭尾节点，或开始节点；箭线头部的节点称为箭头节点，或结束节点。

网络图中的第一个节点称起始节点，它意味着一个项目或任务的开始；最后一个节点称终止节点，它意味着项目或任务的完成。网络图中的其他节点称为中间节点。

在网络图中，就一个节点来说，可能有许多箭线通向该节点，这些箭线就称为内向箭线或内向工作；若由同一个节点发出许多箭线，则这些箭线称为外向箭线或外向工作。

节点具有时间的内涵，不同类型的节点具有不同的时间内涵。起始节点标志着整个网络计划和相关工作开始的时刻；终止节点标志着整个网络计划和相关工作完成的时刻；箭尾节点标志着相应工作的开始时刻，箭头节点标志着相应工作结束的时刻；中间节点标志着内向工作的完成和外向工作开始的时刻。

3）路线

从起始节点开始，沿着箭线的方向连续通过一系列箭线与节点，最后到达终止节点的通路称为路线。每一条路线都有自己确定的完成时间，它等于该路线上各项工作持续时间的和，也是完成这条路线上所有工作的计划工期，该工期也可称为路长。

在网络图的各条路线中，路长最长的路线称为关键路线，位于关键路线上的所有工作称为关键工作；其他路线则称为非关键路线，位于非关键路线上的所有工作都称为非关键工作。有时，关键路线往往不止一条，可能同时存在若干条关键路线，即这几条路线的路长相同。关键路线和关键工作直接影响整个项目工期的实现。

关键路线并不是一成不变的，在一定条件下，由于干扰因素的影响，关键路线可能会发生变化，这种变化可能体现在两个方面：一是关键路线的数量增加；二是关键路线和非关键路线可能会发生互相转化。例如，非关键路线上的某些工作的持续时间拖延，使得相关路线的路长超出了关键路线的路长，则该路线就转化为关键路线，而原来的关键路线就转化为非关键路线。

目前，在项目计划中广泛应用的网络图方法包括双代号网络图和单代号网络图。

3. 双代号网络图

双代号网络图又称为"活动在线上"（activity on arrow，AOA），即在箭线上标识项目的一项工作或活动的方法，如图 3-8 所示。

图 3-8　一项活动的双代号网络图表示法

1）网络图的绘制

（1）网络图绘制的基本规则。

双代号网络图的编制应遵循以下基本规则。

①必须正确表达项目各工作之间的逻辑关系。要做到正确表达，首先在绘制网络图之前，应正确确定工作之间的逻辑关系；其次要正确绘制，如图 3-9 所示。

序号	工作之间的逻辑关系	网络图中的表示方法	说明
1	A、B两项工作依次施工	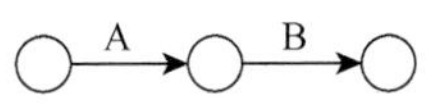	A制约B的开始，B依赖A的结束
2	A、B、C三项工作同时开始施工	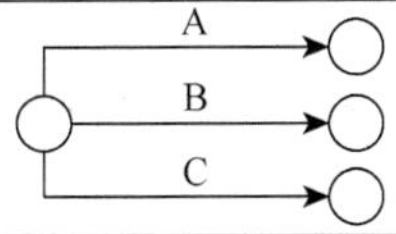	A、B、C三项工作为平行施工方式
3	A、B、C三项工作同时结束	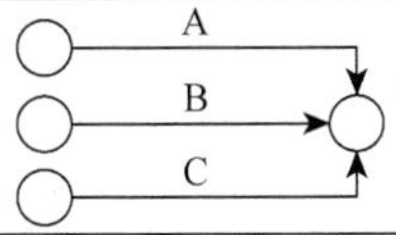	A、B、C三项工作为平行施工方式
4	A、B、C三项工作，A结束后，B、C才能开始	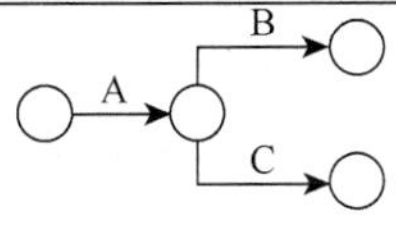	A制约B、C的开始，B、C依赖A的结束，B、C为平行施工
5	A、B、C三项工作，A、B结束后，C才能开始	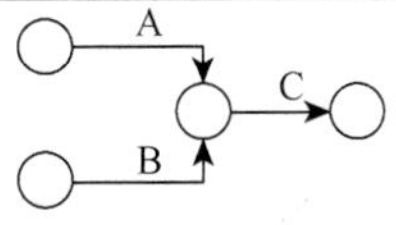	A、B为平行施工，A、B制约C的开始，C依赖A、B的结束
6	A、B、C、D四项工作，A、B结束后，C、D才能开始	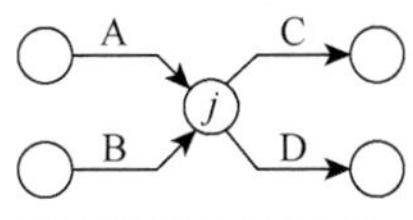	引出节点j正确地表达了A、B、C、D之间的关系
7	A、B、C、D四项工作，A完成后，C才能开始，A、B完成后，D才能开始	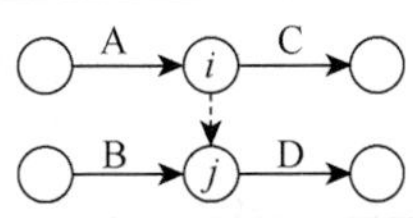	引出虚工作i--▶j，正确地表达它们之间的逻辑关系
8	A、B、C、D、E五项工作，A、B完成后，D才能开始，B、C完成后，E才能开始	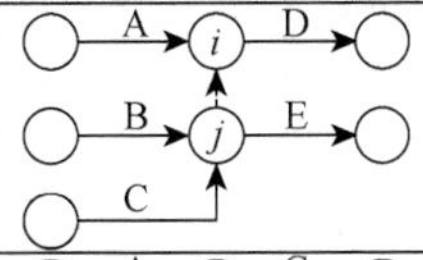	引出虚工作j--▶i，正确地表达它们之间的逻辑关系
9	A、B、C、D、E五项工作，A、B完成后，C才能开始，B、D完成后，E才能开始	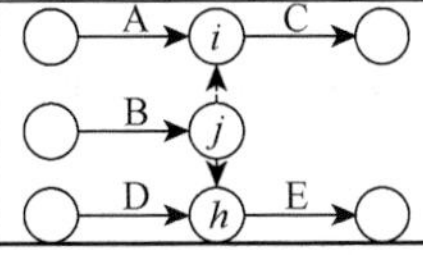	引出虚工作j--▶i、j--▶h，正确地表达它们之间的逻辑关系

图 3-9　工作之间逻辑关系的网络图表示方法

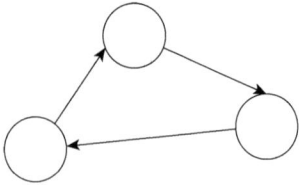

图 3-10 循环回路

②不允许出现循环回路，即不能从某一个节点出发顺着箭线的方向又回到该节点，如图 3-10 所示。

③严禁出现带双向箭头或无箭头的连线。在网络图中，箭头所指的方向就是工作进展的方向。因此，一条箭线只能有一个箭头，如图 3-11 所示。

④严禁出现无箭头节点或无箭尾节点的箭线。箭头节点和箭尾节点代表一项工作的开始和结束时间，如图 3-12 所示。

⑤尽量避免箭线交叉。当箭线交叉不可避免时，可采用过桥法（暗桥法）或指向法，如图 3-13 所示。

⑥在双代号网络图中，起始节点应只有一个；在不考虑分期完成任务的网络图中，终止节点也只能有一个；其他所有节点均应是中间节点。

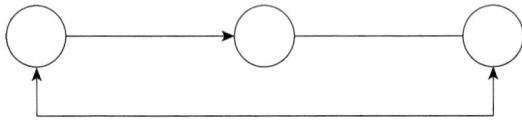

图 3-11 双向箭头箭线和无箭头箭线的错误画法

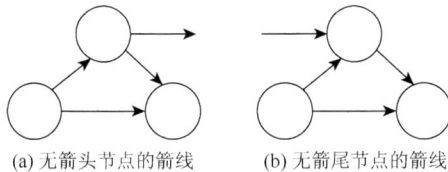

(a) 无箭头节点的箭线　　(b) 无箭尾节点的箭线

图 3-12 无箭头点的箭线和无箭尾节点的箭线的错误画法

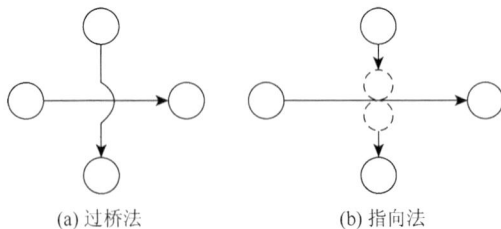

(a) 过桥法　　(b) 指向法

图 3-13 交叉线的画法

⑦关于箭线的画法。箭线形状。箭线可采用直线或折线画法，避免采用圆弧线。当网络图的某些节点有多条内向箭线或多条外向箭线时，在不违反"一项工作应只有唯一的一条箭线和相应的节点"规则的前提下，可使用母线法绘图，如图 3-14 所示。

箭线长短。在非时间坐标网络图中，箭线的长短与工作持续时间无关，而主要考虑网络图的图面布置；在时间坐标网络图中，箭线的长短应与工作持续时间相对应，如图 3-15 所示。

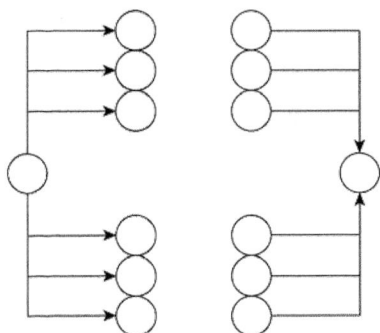

图 3-14　箭线的母线画法

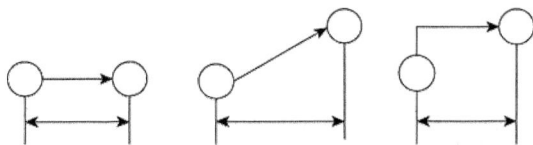

图 3-15　时间坐标网络图中箭线长短与持续时间的对应关系

箭线方向。通常，网络图从左向右的方向标志着项目进展的方向，该方向称为正向；反之则为反向。因此，箭线的方向应符合尽量从左向右表示项目进展，避免出现反向箭线。

⑧关于节点编号。双代号网络图中的所有节点都必须编号且不能出现重复编号；箭尾节点的编号应小于箭头节点的编号；可采用连续编号或非连续编号的方式，而非连续编号的方式有利于网络计划的修改和调整。

（2）网络图的绘制步骤。

用网络计划方法编制进度计划的第一步是绘制网络图。通常是先画一个初步网络图，在此基础进行优化和调整，最终得到正式的网络计划图。绘制初步网络图一般按以下步骤进行。

①项目分解。根据计划要求将项目分解为各项独立的工作（活动），宏观控制的网络计划，可以分解得粗一些；具体实施的网络计划，可以分解得细一些。一般，项目分解和工艺、方法的选定是密切相关的。

②工作关系分析。工作关系确定各项工作之间的逻辑关系，一般根据已确定的项目实施方法、工艺、环境条件以及其他因素，对项目进行分析，通过比较、优化等方法确定合理的逻辑关系。工作分析的结果是明确各项工作的紧前和紧后的关系，形成项目工作列表。

③估计工作的基本参数。在网络图中，工作的基本参数包括工作持续时间和资源需要量。一般，应对每项工作估计两个持续时间，即工作的正常持续时间和最短持续时间。正常持续时间是指在正常条件下，完成该工作所需要的时间；最短持续时间是指通过采取特殊措施，如增加资源的投入等，完成该工作所用的最短时间。

④绘制初步网络图。将项目所包含的各项工作及其关系用网络图表示出来。

2）网络计划时间参数计算及关键路线

绘制网络图是为了对项目进度进行安排，并综合考虑资源和成本因素，对项目计划进行优化。因此，必须首先计算网络计划时间参数，这是网络计划实施、优化、调整的基础。

（1）网络计划时间参数的组成。

网络计划时间参数可归纳为三类。

①节点参数，包括节点最早时间和节点最迟时间。

节点时间参数在网络图上的表示方法如图 3-16 所示。

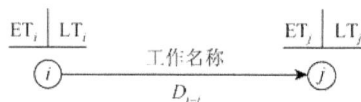

图 3-16　节点时间参数在网络图上的表示方法

节点最早时间——ET，表示该节点所有后续工作最早可能开始的时刻，它限制其前导工作最早可能结束的时间。

$$ET_j = \max\left\{ET_i + D_{i-j}\right\}$$

节点最迟时间——LT，表示该节点所有前导工作最迟必须结束的时间，它也限制其后续工作的开始。

$$LT_i = \min\left\{LT_j - D_{i-j}\right\}$$

②工作参数，包括基本参数、最早时间、最迟时间和时差。

工作时间参数在网络图上的表示方法如图 3-17 所示。

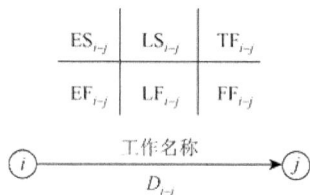

图 3-17　工作时间参数在网络图上的表示方法

工作最早开始时间（ES）和工作最早完成时间（EF）：

$$ES_{i-j} = ET_i$$

$$EF_{i-j} = ES_{i-j} + D_{i-j}$$

工作最迟开始时间（LS）和工作最迟完成时间（LF）：

$$LF_{i-j} = LT_j$$

$$LS_{i-j} = LF_{i-j} - D_{i-j}$$

工作总时差（TF）是指在不影响后续工作按照最迟必须开始时间开工的前提下，允许该工作推迟其最早可能开始时间或延长其持续时间的幅度。

$$TF_{i-j} = LT_j - ET_i - D_{i-j} = LT_j - EF_{i-j} = LF_{i-j} - EF_{i-j}$$

$$= (LF_{i-j} - D_{i-j}) - (EF_{i-j} - D_{i-j})$$

$$= LS_{i-j} - ES_{i-j}$$

工作自由时差（FF）是指在不影响后续工作按照最早可能开始时间开工的前提下，

允许该工作推迟其最早可能开始时间或延长其持续时间的幅度。

$$FF_{i-j} = ET_j - ET_i - D_{i-j} = ET_j - (ET_i + D_{i-j}) = ET_j - EF_{i-j}$$

③路线参数，包括计算工期和计划工期。

（2）关键工作及关键路线的确定。

①关键工作的确定。

关键工作是网络计划中总时差最小的工作。若按计算工期（T_c）计算网络参数，则关键工作的总时差为 0。若按计划工期（T_p）计算网络参数，则

$T_p=T_c$ 时，关键工作的总时差为 0；

$T_p>T_c$ 时，关键工作的总时差最小，但大于 0；

$T_p<T_c$ 时，关键工作的总时差最小，但小于 0。

②关键路线的确定。

根据关键工作确定关键路线。首先确定关键工作，由关键工作所组成的路线就是关键路线。

根据自由时差确定关键路线。关键工作的自由时差一定最小，但自由时差最小的工作不一定是关键工作。若从起始节点开始，沿着箭头的方向到终止节点为止，所有工作的自由时差都最小，则该路线是关键路线，否则就是非关键路线。

例 3-1　某网络计划的有关资料如表 3-4 所示，试绘制双代号网络图，并计算各项工作的时间参数，判定关键线路。

表 3-4　某网络计划的有关资料

工作	A	B	C	D	E	F	G	H	I	J
持续时间	2	3	5	2	3	3	2	3	6	2
紧前工作	—	A	A	B	B	D	F	E、F	C、E、F	G、H

解：假设，$ET_1 = 0$

　　　　　　$LT_9 = ET_9$

计算过程如图 3-18 所示。

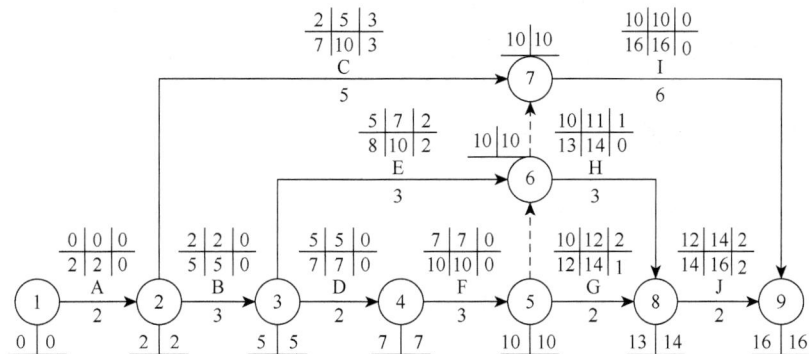

图 3-18　网络参数计算

关键线路：

$$①→②→③→④→⑤→⑥→⑦→⑨$$

4. 单代号网络图

网络图根据活动和事项的发生次序来描述项目的执行情况。一个活动就是一项工作任务。单代号网络图（activity on node，AON）用节点表示一个活动和相关事件，如图 3-19 所示，图中的活动是"最终安装"，其相关事件是从该活动从开始到结束所经历的时间。在单代号网络图中，箭尾节点表示的工作是箭头节点的紧前工作；反之，箭头节点所表示的工作是箭尾节点的紧后工作。单代号网络图所表示的逻辑关系易于理解，绘制不易出错。

图 3-19　一项活动的单代号网络图表示法

网络计划时间参数计算及关键路线如下。

单代号网络计划的特点是以节点表示工作，节点的编号即工作的代号，箭线表示工作之间的逻辑关系。因此，单代号网络计划的时间参数只包括两部分：工作参数与路线参数。

1）工作参数

单代号网络计划的工作参数所包括的内容与双代号网络计划完全相同，其概念也完全一致，所不同的是表示符号不一样，单代号网络计划工作参数的内容及表达符号如下。

工作 i 的持续时间，用 D_i 表示；

工作 i 的最早开始时间，用 ES_i 表示；

工作 i 的最早完成时间，用 EF_i 表示；

工作 i 的最迟开始时间，用 LS_i 表示；

工作 i 的最迟完成时间，用 LF_i 表示；

工作 i 的总时差，用 TF_i 表示；

工作 i 的自由时差，用 FF_i 表示。

（1）工作最早时间的计算。

工作 i 的最早开始时间 ES_i 应从网络计划的起始节点开始，顺着箭线的方向依次逐项计算。起始节点的最早开始时间，若无规定，则其值应等于 0，即

$$ES_1=0$$

当 i 工作只有一项紧前工作时：

$$ES_i=ES_h+D_h$$

式中，ES_h 为工作 i 的紧前工作 h 的最早开始时间；D_h 为工作 i 的紧前工作 h 的持续时间。

当 i 工作有多项紧前工作时：

$$ES_i=\max\{ES_h+D_h\}$$

工作 i 的最早完成时间：

$$EF_i=ES_i+D_i$$

（2）工作最迟时间的计算。

工作 i 的最迟完成时间 LF_i 应从网络计划的终止节点开始，逆着箭线的方向依次逐项计算。终止节点所代表的工作 n 的最迟完成时间 LF_n 应根据网络计划的计算工期 T_c 或计划工期 T_p 计算，即

$$LF_n=T_p（或\ T_c）$$

式中，T_p 的确定与双代号网络计划相同；计算工期 $T_c=\max\{EF_n\}$；EF_n 为网络终止节点所代表工作 n 的最早完成时间。

当工作 i 只有一项紧后工作时：

$$LF_i=LF_j-D_j$$

式中，LF_j 为工作 i 的紧后工作 j 的最迟完成时间；D_j 为工作 i 的紧后工作 j 的持续时间。

当工作 i 有多项紧后工作时：

$$LF_i=\min\{LF_j-D_j\}$$

工作最迟开始时间：

$$LS_i=LF_i-D_i$$

（3）工作时差的计算。

工作总时差：

$$TF_i=LS_i-ES_i\ 或者\ TF_i=LF_i-EF_i$$

工作自由时差：

$$FF_i=\min\{ES_j-EF_i\}\ 或者\ FF_i=\min\{ES_j-ES_i-D_i\}$$

式中，ES_j 为工作 i 的紧后工作 j 的最早开始时间。

2）路线参数

单代号网络计划的计算工期的确定，前面已叙述，在此不再重复。

与双代号网络不同的是，单代号网络用时间间隔 $LAG_{i,j}$ 表示相邻两项工作之间的时间关系。时间间隔是指相邻两项工作之间，后项工作 j 的最早开始时间与前项工作 i 的最早完成时间之差，其计算公式为

$$LAG_{i,j}=ES_j-EF_i$$

终止节点与其前项工作的时间间隔为

$$LAG_{i,n}=T_p(或\ T_c)-EF_i$$

式中，n 为终止节点，或是虚拟的终止节点。

例 3-2　表 3-5 是某项目工作列表，根据该表编制单代号网络计划。

表 3-5　项目工作列表

序号	工作名称	工作代号	紧后工作	持续时间/天
1	项目策划	A	B、C、D	5
2	材料购置	B	D	8
3	组织准备	C	D、E	15
4	项目实施	D	E	15
5	项目结束	E		10

（1）根据项目工作列表，绘制单代号网络图（图 3-20）。

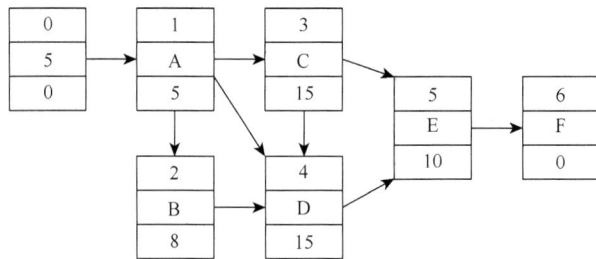

图 3-20　项目单代号网络图

（2）计算网络时间参数。

①计算工作时间。网络的起始节点是虚设的，其节点编号为 0，持续时间、最早开始时间、最早完成时间均为 0。据此可以从左向右计算各节点或工作的最早时间、最迟时间和时差等工作时间参数，其结果如表 3-6 所示。

表 3-6　网络图中的工作时间计算　（单位：天）

工作	持续时间	最早时间		最迟时间		时差		说明
		开始	结束	开始	结束	总时差	自由时差	
S	0	0	0	0	0	0	0	
A	5	0	5	0	5	0	0	关键事件
B	8	5	13	12	20	7	7	7
C	15	5	20	5	20	0	0	关键事件
D	15	20	35	20	35	0	0	关键事件
E	10	35	45	35	45	0	0	关键事件
F	0	45	45	45	45	0	0	

②计算相邻工作的间隔时间，如表 3-7 所示。

表 3-7　相邻工作的间隔时间　（单位：天）

相邻工作	间隔时间符号	间隔时间
A-B	$LAG_{1,2}$	0
A-C	$LAG_{1,3}$	0
A-D	$LAG_{1,4}$	15
B-D	$LAG_{2,4}$	7
C-D	$LAG_{3,4}$	0
C-E	$LAG_{3,5}$	15
D-E	$LAG_{4,5}$	0

（3）确定关键工作和关键路线。本案例中，总时差为 0 的工作是关键工作，即 A、C、D、E、F 是关键工作；根据关键工作可知关键路线是 0—1—3—4—5—6。

5. 网络计划优化

上述网络图所描述的项目计划仅是一个初始方案，这种方案可能存在某些问题，如在时间方面，可能会出现计算工期超出要求工期；在资源方面，可能出现供不应求或不平衡的情况；或在时间和资源方面的潜力未能得到最佳的发挥。因此，要使项目进度计划如期实现，并使项目工期短、质量优、资源消耗少、成本低，就必须用最优化原理调整原网络计划，这就是网络计划的优化问题。

网络计划优化是在满足既定的约束条件下，按某一目标，通过不断调整，寻找最优网络计划方案的过程。网络计划优化包括工期优化、资源优化及费用优化三方面。

1）网络计划的工期优化

工期优化也称为时间优化，其目的是当网络计划计算工期不能满足要求工期时，通过不断压缩关键路线上的关键工作的持续时间等措施，达到缩短工期、满足要求工期的目的。

（1）缩短工期的方法。

①强制缩短法。通过采取措施使网络计划中的某些关键工作的持续时间缩短，达到缩短工期的目的的一种方法。强制缩短法的一个核心问题就是选择哪些工作压缩其持续时间来达到缩短工期的目的。

②调整工作关系。根据项目各项工作关系的特点，将某些串联的关键工作调整为平行作业或交替作业。

③关键路线的转移。利用非关键工作的时差，用其中的部分资源加强关键工作，以缩短关键工作的持续时间，使工期缩短。采用这一措施，关键路线可能会不断地发生转移。

（2）选择调整对象（工作）考虑的主要因素。

①缩短持续时间对质量影响不大的工作。

②有充足备用资源的工作。

③缩短持续时间所需增加的资源量最少的工作。

④缩短持续时间所需增加的费用最少的工作。

（3）工期优化的步骤。

①计算并确定初始网络计划的计算工期、关键路线及关键工作。

②按要求工期计算应缩短的时间。

③确定各关键工作能缩短的持续时间。

④根据上述因素选择关键工作压缩其持续时间，并重新计算网络计划的计算工期。

⑤若计算工期仍超过要求工期，则重复以上步骤，直到满足工期要求或工期已不能再缩短。

⑥当所有关键工作的持续时间都已达到其能缩短的极限而工期仍不能满足要求时，应对计划的原技术、组织方案等进行调整或对要求工期的合理性进行重新审定。

2）网络计划的资源优化

任何一个项目都需要消耗一定的资源才能完成，而在一定时间内，由于某些客观因素的影响，能够提供的各种资源的数量往往是有限的，这就存在一个如何合理利用这些有限资源的问题。对于一个项目来说，如果安排得不合理，就可能在计划工期内的某些时段出现资源需求的"高峰",而在另一时段内则可能出现资源需求的"低谷"。在"高峰"期,如果计划的某些时段内资源需求量超出最大可供应量,就会造成"供不应求",导致工期延误;而当出现资源需求低谷时,就可能造成资源的大量积压;这种资源消耗的不均衡,必然会影响项目目标的实现。网络计划的资源优化,就是力求解决这种资源的供需矛盾,实现资源的均衡利用。

资源优化通常有两个目标:其一是对于一个确定的网络计划,当可供使用的资源有限时,如何合理安排各项工作的进展,使得完成计划的总工期最短,即"资源有限,工期最短"的目标;其二是对于一个确定的网络计划,当总工期一定时,如何合理安排各项工作,使得在整个计划期内所需要的资源比较均衡,即"工期一定,资源均衡"的目标。

(1)"资源有限,工期最短"的优化。

"资源有限,工期最短",是指通过优化,使单位时间内资源的最大需求量小于资源限量,而为此需延长的工期最少,使"工期最短"。

"资源有限,工期最短"的优化,必须在网络计划编制后进行,并且这种优化不能改变各工作之间的先后顺序关系,因而使用数学方法求解的问题变得复杂。目前,解决这类问题的计算方法往往只能得到一个较优的方案,难以得到最优方案。

"资源有限,工期最短"的优化应逐步对各"时间单位"进行资源检查,当出现第 t 个时间单位资源需用量 R_t 大于资源限量 R_q 时,就要进行计划调整。资源调整时,应对资源冲突的各项工作的开始和结束时间进行新的安排。其选择标准是"工期延长时间最短"。

"资源有限,工期最短"的优化的一般步骤如下。

①计算网络计划每"时间单位"的资源需用量。

②从计划开始之日起,逐个检查每个时间单位资源需用量是否超出资源限量。若在整个工期内每个"时间单位"均能满足资源限量要求,则可行优化方案即编制完成。否则必须进行计划调整。

③分析超过资源限量的时段,即"时间单位"资源需用量大于资源限量的时间区段,确定新的安排顺序。

④若最早完成时间最小值和最迟开始时间值或最大值同属一个工作,则应找出最早完成时间为次小、最迟开始时间为次大的工作,分别组成两个顺序方案,再从中选取较小者进行调整。

⑤绘制调整后的网络计划,重复上述步骤,直到满足要求。

(2)"工期固定,资源均衡"的优化。

工期固定,是指严格要求项目在规定(国家颁布的工期定额、甲乙双方签订的合同工期或上级机关下达)的工期指标范围内完成。资源均衡问题是在可用资源数量充足并保持工期不变的前提下,通过调整部分非关键工作进度的方法,使资源的需求量随着时间的变化趋于平稳的过程。随着情况的不同,资源本身的性质不同,资源平衡的目标亦有区别。但就一般情况而言,理想的资源计划安排应是平行于时间坐标轴的一条直线,即使资源需求量保持不变。

实际上,资源计划安排难以达到理想状态,但可以通过调整工作的时间参数使资源需求量在理想情况的上下范围内波动。常用的资源均衡方法是一种启发式方法,即削峰填谷法，也称为削高峰法。

削峰填谷法的基本步骤如下。

①计算网络计划每时间单位资源需要量。

②确定削峰目标，其数值等于每时间单位资源需要量的最大值减去一个单位量。

③确定高峰时段的最后时间点及相关工作的最早开始时间和总时差。

④计算有关工作的时间差值。

⑤若峰值不能再减少，即求得均衡优化方案；否则，重复以上过程。

3）网络计划的费用优化

一个项目由许多必须完成的工作或工序所组成，而每项工作或工序都有着各自的实施方案、资源和持续时间，并且不同的实施方案、资源使用和持续时间之间存在着一定的内在联系。因此，可以根据这些因素和实际条件，实现一个项目可组合成若干实现方式。在一定范围内，项目费用随着不同实现方式的变化而变化。网络计划费用优化，就是应用网络计划方法，在一定的约束条件下，综合考虑费用与时间之间的相互关系，以求费用与时间的最佳组合，达到费用低、时间短的优化目的。因此，网络计划费用优化的核心是在时间与费用之间寻求一个最佳的平衡点。

（1）项目时间与费用间的关系。一般来说，项目费用包括直接费用和间接费用两部分。直接费用包括材料费、人工费、设备购置及使用费等。通常情况下，直接费用随工期的缩短而增加，但工期不正常延长时，其费用也会增加。间接费用包括项目实施、组织管理等工作所需要的费用。间接费用与项目工期大致成正比关系，如图 3-21 所示。

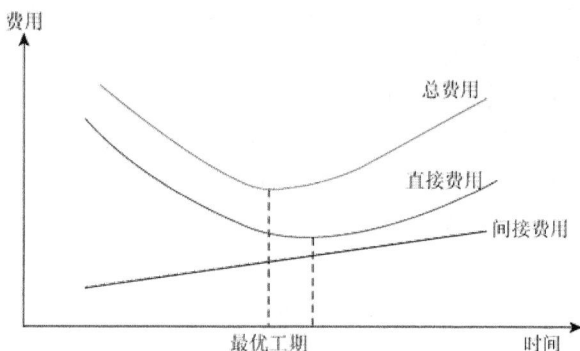

图 3-21 项目时间与费用间的关系

由图 3-21 可见，项目总费用曲线由直接费用曲线和间接费用曲线叠加而成，曲线的最低点就是项目费用与时间的最佳组合点，表示在合适的工期下项目总费用最低。

项目费用与时间的关系由工作的费用与其持续时间的关系所决定。关于工作的费用与持续时间的关系，前面已经叙述，在此不再重复。

（2）费用优化方法。费用优化的目的就是使项目的总费用最低，其优化过程应考虑以下几个问题。

①在规定工期的条件下，确定项目的最低费用。

②若需要缩短工期，则考虑如何使增加的费用最小。

③若要求以最低费用完成整个项目计划，则如何确定其最佳工期。

④若增加一定数量的费用，则可使工期缩短多少。

进行费用优化，应首先求出不同工期情况下最低直接费用，然后考虑相应的间接费用的影响和工期变化带来的其他损益，包括效益增量和资金的时间价值等，最后通过叠加求出项目总费用。

（3）费用优化的步骤。

①按工作正常持续时间确定关键工作和关键路线。

②计算网络计划中各项工作的费用率。

③按功率最低的原则选择优化对象。

④考虑不改变关键工作性质并在其能够缩短的范围之内等原则，确定能够缩短的时间并按该时间进行优化。

⑤计算相应的费用增加值。

⑥考虑工期变化带来的间接费用及其他损益，在此基础上计算项目总费用。

⑦重复上述步骤③~⑥，直到总费用最低。

3.2.6　计划评审技术

计划评审技术是一种双代号非确定型网络分析方法。在计划评审技术中，工作的持续时间事先不能完全确定，这种网络计划方法适用于不可预知因素较多的、从未做过的新的项目和复杂的项目。

计划评审技术网络的画法与关键路线法网络画法相同，它与一般的关键路线法网络的区别主要在于工作的时间估计与分析。

1）活动历时、均值与方差的估算

三种时间估计值即对工作持续时间 t 作出 t_o、t_m、t_p 三个估计值。其理论依据是将 t 视为一个连续型的随机变量。假定某个工作所有可能的历时都可以用如图 3-22 所示的统计分布来表示。然后估算人员据此对工作作出三个时间的估计。

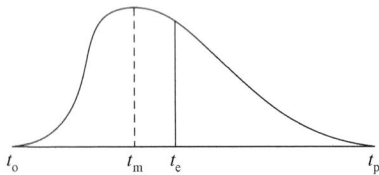

图 3-22　一项活动所有可能时间的统计分布

（1）乐观时间（optimistic time，t_o）是指在任何事情都进行得很顺利、没有遇到任何困难的情况下，完成某项工作所需的时间。

（2）最可能时间（most likely time，t_m）是指在正常情况下完成某工作最经常出现的时间。如果某项工作已经做过很多遍，最经常发生的实际工期就可以作为最可能时间。

（3）悲观时间（pessimistic time，t_p）是指某工作在最不利的情况下（如遇到不常见的或未预见到的困难）能够完成的时间。

当估计一项工作的持续时间、建立三个时间估计时，最可能时间必须大于或等于乐观时间，悲观时间必须大于或等于最可能时间。

这个分布的平均值，也称为"期望时间" t_e，可以用下面的公式计算得

$$t_e = \frac{t_o + 4t_m + t_p}{6}$$

这个计算是对 β 分布的真实平均值的一个估算。之所以用 β 分布是因为它比普遍的正态分布更灵活，且能更准确地反映实际的时间和成本结果。

还可以估算出此分布的标准偏差 σ 为

$$\sigma = \frac{t_p - t_o}{6}$$

在这种情况下，6 不是一个加权平均数，而是假定一个分布范围包括 6 个标准差（6σ）。这个假定是很重要的，它是指当工时估算人员进行工时的三个时间估计时，该工时落在范围 $t_o \sim t_p$ 的信心是 99%，99%意味着"几乎不在范围以外"，这实际上是一种比较极端的预测，实际情况中，这会极大地低估与活动历时相关的不确定性。修正这一结果很简单，若 t_o 和 t_p 是按 95%水平作出的，则这样的水平不能够包括 6σ，这时使用下面的公式可得

$$\sigma = \frac{t_p - t_o}{3.3}$$

若 t_o 和 t_p 是按 90%水平作出的，则为

$$\sigma = \frac{t_p - t_o}{2.6}$$

在网络计划中，由于给出三个假定按 β 分布的估计时间，允许在工作工期估计中存在不确定因素，所以为每项工作估计三个工期是一项随机的（stochastic）或概率统计（probabilistic）的技术。仅用一个时间估计的技术称为确定性（deterministic）技术。既然已假定每项工作的三个时间估计的分布符合 β 分布，就可以计算在要求完工时间之前完成项目的概率。

当采用三个时间估计时，网络图中关键路径上所有工作的时间估计加起来可以得到一个总概率分布。由概率理论中的中心极限定理可知，这个总概率分布不是一个 β 分布，而是正态概率分布（normal probability distribution），概率曲线是以其平均值为对称轴的钟形曲线。进一步来讲，这个总概率分布的期望工期等于构成总分布的各项工作期望工期之和，而且其方差（variance）等于构成总分布的各项工作工期的方差之和。

2）有关参数计算举例

（1）工作工期的估计。每项工作的工期估计是从该工作开始到完成所经历的全部时间。对于那些在工作工期估计中存在高度不确定因素的项目，可以给每项工作三个估计时间。

假定一项工作的乐观时间为 1 周，最可能时间为 5 周，悲观时间为 15 周，这项工作的期望工期为

$$t_e = \frac{1 + 4 \times 5 + 15}{6} = 6 \ （周）$$

其 β 分布如图 3-23 所示。

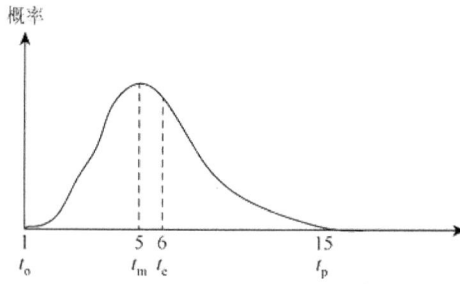

图 3-23 β 分布 1

假定另一工作的乐观时间为 10 周，最可能时间为 15 周，悲观时间为 20 周，这项工作的期望工期为

$$t_e = \frac{10 + 4 \times 15 + 20}{6} = 15 \quad (周)$$

其 β 分布如图 3-24 所示。巧合的是，这正好与最可能时间估计相同。

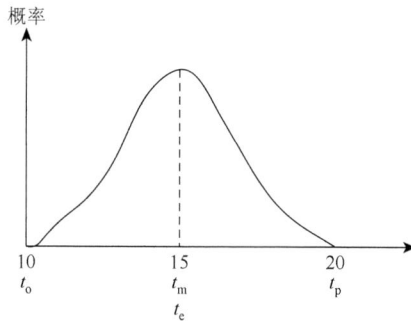

图 3-24 β 分布 2

图中曲线的峰值代表了每项工作各自的最可能时间。期望工期（t_e）把 β 分布曲线下的总面积分成相等的两部分，50% 的面积在 t_e 的左边，50% 的面积在 t_e 的右边，因此，工作实际执行时间多于和少于期望工期的概率均为 0.5，即工作工期超出 t_e 的概率为 0.5，少于 t_e 的概率也为 0.5。例如，在图 3-23 中，曲线下 50% 的面积在 6 周的左边，50% 的面积在 6 周的右边，即工作实际执行时间多于 6 周的概率为 0.5，少于 6 周的概率也为 0.5。

（2）工作方差的估计。标准差是衡量分布离散程度的尺度。对于正态分布（图 3-25），期望值两边一个标准差的范围内，曲线下面积约占总面积的 68%；两个标准差范围内，曲线下面积约占总面积的 95%；三个标准差范围内，曲线下面积约占总面积的 99%。

图 3-26 给出了两个正态分布。由于左边的概率分布比右边的概率分布更宽，所以，其分布就有较大的标准差。然而，对于任何两个正态分布，在其平均值两侧的一个标准差范围内部包含了各自总面积的 68%。

3）计划评审技术网络举例

下面通过一个例子来说明计划评审技术网络中的各种相关知识。以加深对计划评审技术网络处理问题方法的理解。

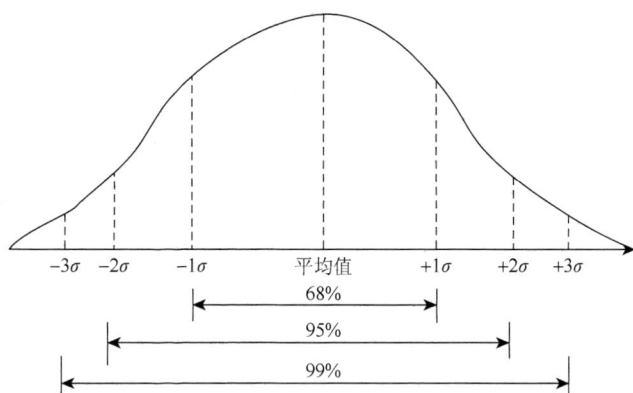

图 3-25　正态分布

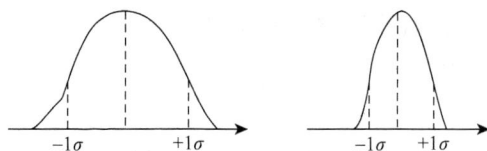

图 3-26　比较两个正态分布

表 3-8 为一组任务的前导活动和每个活动的乐观、最可能和悲观历时，预计时间和活动历时方差。例如，计算活动 a 的 t_e 如下：

$$t_e = \frac{t_o + 4t_m + t_p}{6} = (6 + 4 \times 10 + 14)/6 = 60/6 = 10$$

a 的方差为 $\mathrm{Var} = [(t_p - t_o)/6]^2 = (8/6)^2 = 1.33^2 = 1.78$

表 3-8　具有不确定历时的项目活动举例　　　　　（单位：天）

活动	前导活动	乐观 t_o	常规 t_m	悲观 t_p	t_e $t_o + 4t_m + t_p/6$	方差 $[(t_p - t_o)/6]^2$
a	—	6	10	14	10	1.78
b	a	10	12	14	12	0.44
c	b	7	12	17	12	2.78
d	b	6	6	6	6	0
e	b	10	14	18	14	1.78
f	c, d	4	10	10	9	1.00
g	d	5	10	15	10	2.78
h	e, g	4	7	10	7	1.00

与表 3-8 中数据相关的网络图如图 3-27 所示。

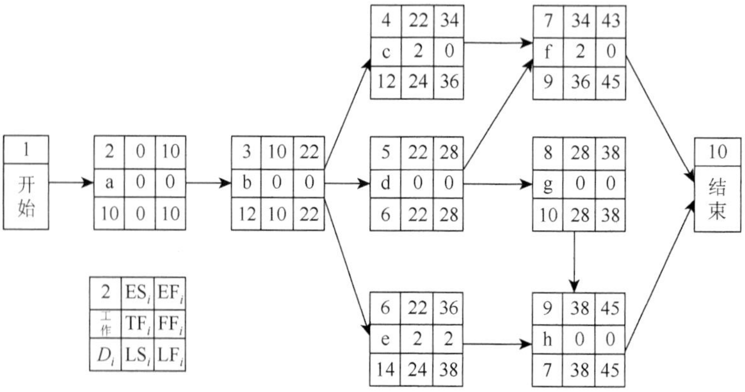

图 3-27　与表 3-8 中数据相关的网络图

可用每项活动的预计时间找出网络中的关键路径和关键时间。用正推法得出关键路径为 $a \to b \to d \to g \to h$，关键时间为 45 天。因为平均时间（$t_e$）可用于所有的活动，在 45 天之前和在 45 天之后完成项目的概率都为 50%。此外，对于关键路径，由于此时的工作历时是具有不确定性的，所以并不能肯定 $a \to b \to d \to g \to h$ 一定是关键路径。其他的路径，在项目实际执行时可能会变得更长。称 $a \to b \to d \to g \to h$ 为关键路径仅因为习惯上称具有最长的预计时间的路径为关键路径。只有在实际情况发生后才知道哪一条路径是实际的关键路径。

项目在 50 天或更少的时间内完成的概率是多少呢？这个问题需要用项目活动不同程度的不确定性的信息来回答。前面已经提到，所有工作的时间估计加起来可以得到一个总概率分布，且这个总的概率分布为正态分布，且这个正态分布的期望工期等于构成总分布的各项工作期望工期之和，而且其方差等于构成总分布的各项工作工期的方差之和。实际上这里有一个统计学上的假设就是这组活动在统计学上是独立的。这个独立性是指如果 a 是 b 的前导活动，a 提前或者延迟并不会影响 b 的历时，即 a 延迟，b 可能也延迟，但是并不会影响完成 b 所需要的时间。实际中也会遇到统计独立性假设不符合的情况，这就需要根据实际问题进行一些相应的处理。根据网络图找出关键路径 $a \to b \to d \to g \to h$ 后，由 $t_e = 45$，$\sigma_t = \sqrt{1.78 + 0.44 + 0.00 + 2.78 + 1.00} = \sqrt{6.00} = 2.45$ 就可以得到整个关键路径完成时间的总概率分布，图 3-28 为总概率分布曲线。

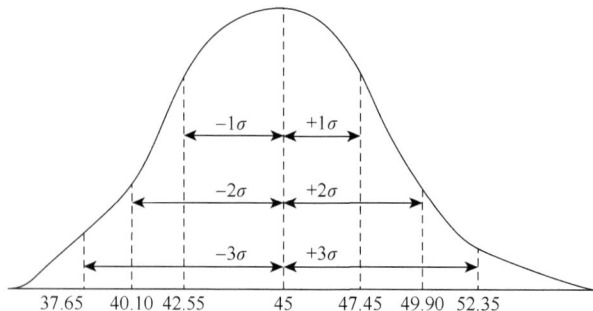

图 3-28　总概率分布曲线

现在根据图 3-28 总概率分布曲线及其标准差解释。

图 3-28 是一个正态曲线，由前面的分析可知，在 ±1σ 范围内，即在 42.55～47.45 天包含了总面积的 68%；在 ±2σ 范围内，即在 40.10～49.90 天包含了总面积的 95%；在 ±3σ 范围内，即在 37.65～52.35 天包含了总面积的 99%。概率分布可以解释如下。

（1）在 37.65～52.35 天完成项目的概率为 99%（0.99）。

（2）在 40.10～49.90 天完成项目的概率为 95%（0.95）。

（3）在 42.55～47.45 天完成项目的概率为 68%（0.68）。

那么现在要求出项目在 50 天内完成的概率，根据项目网络图给出的关键路径以及刚才所分析的正态分布理论的解释就可以方便求出。其计算公式为

$$Z = \frac{LF - t_e}{\sigma_t}$$

式中，LF 为项目的要求完工时间（最迟结束时间）；t_e 为项目最早期望结束时间（正态分布的均值）；σ_t 为沿最长（花费最多时间）路径完成项目各项工作的总分布的标准差。

根据 $t_e = 45$，LF $= 50$ 天，且 $\sigma_t = 2.45$，则 $Z = (50 - 45) / 2.45 = 2.04$。

在上面公式中，Z 是度量正态概率曲线上 t_e 和 LF 之间标准差的量值。这个 Z 值必须转化为 t_e 和 LF 之间正态曲线下的面积与正态曲线下总面积的比值。因为正态曲线下总面积为 1.0，所以在项目的要求完工时间之前完成项目的概率就等于曲线下 LF 以左的面积所占总面积的比例，如图 3-29 所示。

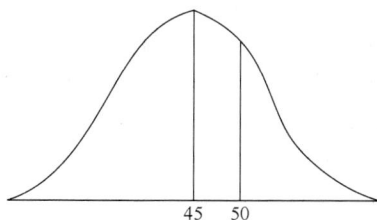

图 3-29　求解完成项目的概率的分布曲线

由上面对 Z 的计算，可通过查正态分布表得这条路径在 50 天或者更少的时间内完成项目的概率为 0.9793 或者大约为 97.93%。

3.2.7　关键链项目管理编制项目进度计划

关键链项目管理（critical chain project management，CCPM）方法是项目管理界一项较为新颖的管理方法，它由以色列物理学家、管理学家高德拉特提出。高德拉特出版了《关键链》一书，将约束理论（theory of constraints，TOC）应用于项目管理领域，提出了项目管理的一种新的管理方法。关键链项目管理方法强调在制定项目计划时考虑现实存在的资源约束，强调在项目执行过程中的动态管理，以及整个项目管理流程的持续改进。

约束理论在项目管理，尤其是项目进度管理上的应用，推动了关键链项目管理方法的产生。关键链项目管理方法自提出以来，引发各个行业的关注，在各行业也取得

了非常突出的成绩，被业内人士认为是项目管理领域自关键路径法和计划评审技术以后的最大理论成果和最重要的进展之一。国内外许多知名公司纷纷使用关键链法提高项目管理绩效，对项目的实践计划进行控制，据有关数据显示，美国通信设备制造商 Harris 公司通过应用关键链法成功将建设半导体工厂的时间从行业平均水平 46 个月缩短至 14 个月；以色列航空公司将飞机的平均维护时间从 3 个月降至 2 周；朗讯公司则将项目的平均工期缩短了 25%。

1）关键链的确定

关键链方法的核心是关键链。该方法认为制约项目周期的是关键链而非关键路径。关键链管理以关键路径法/计划评审技术为基础，采用 50%可能按时完成的时间作为单个活动工期的估计，并以此为基础建立网络图，根据活动间紧前逻辑关系和资源约束关系确定项目最长周期的活动序列，即关键链。

（1）对项目进行工作分解，建立工作节点网络图，网络图中每个工作节点都使用三元组属性（a/b/c）表示，其中 a 为理想工作条件下的工作执行时间估计，b 是该项工作需要的资源，c 是所需资源的数量。

（2）找出项目中的制约因素，即由一系列瓶颈组成的工序链，即项目的关键链。当使用关键路径法和计划评审技术网络计划方法时，将项目中的关键路径看作项目管理的基础，关键链方法与关键路径不同，不仅考虑项目中各任务逻辑关系，也充分考虑项目中现实存在的资源约束。如图 3-30 所示，在关键路径法中，任务 A、C、E、F 组成了项目的关键路径，但如果考虑资源限制，假设任务 D 和任务 E 需要同一种资源，而该资源一次只能投入执行一项作业，那么事实上任务 D 和任务 E 是不能同时进行的，综合考虑整个项目的情况，确定任务 E 的优先级高于 D，整个项目的网络图可以进行修改。因此，在考虑资源约束的情况下，项目的关键任务为 A、C、E、D、F，这五个任务就构成了项目的关键链。可见，是关键链而不是关键路径决定了项目在给定紧前关系和资源约束条件下完成项目所需的最短时间。高德拉特定义关键链是既考虑工作间的依赖关系又考虑资源间依赖关系的最长的工作序列。

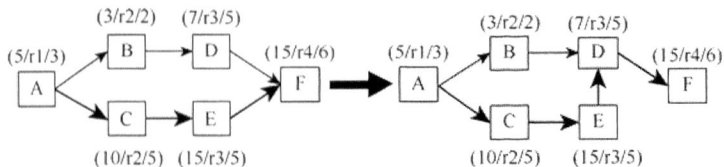

图 3-30　项目关键链确定图

（3）充分挖掘项目中约束活动的潜力，缩短关键链所需要的时间，对关键链不断进行提高，从而重新调整系统的关键链，因此将出现新的"约束"因素。利用关键链不断进行优化管理，不断调整系统的关键链，整个系统一直处于不断迭代优化的过程，直到得出较为理想的结果。

2）项目缓冲的设置

在项目执行过程中，由于项目组成员普遍存在风险规避心理，项目执行者提出的工作计划时间都远大于完成任务所需的实际时间，这可以看作在任务所需的平均时间上增加了一块"安全时间"。这样的处理方式具有两方面的效果，正面效果是提高了管理不确定因素的能力，负面效果则是延长了完成项目所需的时间。为了保证任务能够有较高的概率在计划时间内完成，关键链方法采取了一种方式，用任务所需的平均时间或者专家评测时间作为最终计划时间。但是，由于项目执行具有很大的不确定性，所以为了更好地控制管理项目的进度，在关键链末端添加安全时间，也就是项目的缓冲时间，关键链方法重新配置了关键路线法中分散存在的安全时间，这样的重新配置能够明显缩短项目所需的时间。根据有关数理统计研究，将每个活动的安全时间整合在整个项目的最后，相同概率下，只需要较短的时间就可以完成所有任务。

为保护关键链上的工作不影响整个项目的计划进度，关键链技术要求为关键链设置项目缓冲区；同时为了防止非关键链上的工作影响关键链上工作的进度，在非关键链与关键链的汇合处设置汇入缓冲。高德拉特提出以关键链上所有工作预测工作时间节省下来的安全时间作为缓冲区的大小，通过对缓冲区的监控来进行风险的控制和管理。

当前常用的缓冲设置方法有以下几种。

（1）均方差法。均方差方法是根据概率统计数学方法得到的，首先由 Donald Reinertsen 提出。他提出，一组串行过程被合并后，串行过程的不确定性会降低为总量的一部分。具体地说，对于串行活动，总的不确定性是各个不确定量平方和的平方根。

（2）任务链工期长度的 1/2 法。该方法缓冲长度取任务链工期 1/2。不确定性高的项目，比例可以比 1/2 高一些，不确定性小的项目，比例可以小一些。

（3）安全时间 1/2 法。安全时间 1/2 法也需要用两点分析法，缓冲长度等于每个任务的安全时间之和的一半。这种方法输入较麻烦，且在多数情况下计算结果和任务链长度 1/2 法差不多，唯一的优点是容易计算。

3）关键链管理方法的优点

关键链技术相比以前的一些管理方法，既考虑了工作间的逻辑关系约束，还考虑了工作间的资源冲突。关键链技术能够大幅提高项目的绩效。根据高德拉特的理论，关键链管理需要设置时间缓冲，通过设置缓冲，整个项目通过安排工作，每项工作没有保留富余时间，对每个项目成员都形成一个无形的压力，这样可以大幅提高工作效率。传统的估计时间，没有考虑项目负责人在实施项目过程中的心理因素。而关键链技术则考虑负责人、同事、上司三者心理因素，从而废除项目管理中因心理因素所导致的不良习惯，明显提高项目如期完成的可能性。从系统的角度思考问题，可减少因频繁修改计划时间表所导致的工程项目的失控。因为一个项目更多的是一个整体，而不能只看重局部。

3.2.8 可调控的进度计划方法

在特定行业或特定情况下，可以采用可调控的方法编制项目进度计划，包括反向阶段进度计划、敏捷管理、自动/手动与滚动计划进度。这些方法不是相互排斥的，在同一个项目中可以使用多种方法。

1）反向阶段进度计划

建筑行业使用的一种进度制定方法称为反向阶段进度计划或者倒排工序计划系统。反向阶段进度计划由最接近工作的人编制，他们从项目最终可交付成果开始，不断询问在可交付成果前应该做什么。通过定义每项活动，确定其顺序，进度计划制定者确信公司有资源可以按照暂定的进度计划完成各项活动。

使用该方法，团队应系统性地从项目结束到项目开始反省考虑。这有助于确保所有的项目可交付成果与活动列表都能完成，因为通过反向推导，很容易发现被遗漏的可交付成果与活动。

2）滚动计划

滚动计划背后的思想是随着项目详细计划的前一部分任务的完成，再制定项目后续部分的计划。这使得项目团队既能关注短期，又不忽略长期。这意味着项目团队需要随着可用信息逐步制定详细的计划。

3）敏捷项目计划

敏捷项目计划背后的基本思想是使工作人员、其他干系人都合作性地参与计划中；虽然在一开始就确定整个项目的范围可能比较困难，但是干系人的确希望在批准项目之前对总成本、进度、功能有大概了解；虽然不受控制的变更是不好的，但过于僵化的变更控制也往往意味着干系人有效的紧急需求不能得到满足。

3.3 项目资源计划

项目经理应具备两方面的能力来准确地调整项目资源。一方面是行为能力；另一方面是技术能力。大量的技术方法可以用来估算资源需求，制定人员配备管理计划，为各项活动分配一个或多个工人，及时发现某人在某处超负荷，运用有限的关键人员和其他资源压缩（加速）项目进度计划。

3.3.1 项目资源的分类

在项目管理中，对所使用的资源进行分类的方法很多，常见的有以下三种分类方法。

（1）根据会计学原理对项目所需要的资源进行分类：劳动力成本（人力资源）和材料成本及诸如分包、借款等其他"生产成本"。

（2）根据项目所需要的资源的可得性进行分类，主要可以分为以下三类资源。

①可以持续使用的资源，如固定的劳动力。

②消耗性的资源，如各种材料或计算机的机时。

③双重限制资源。资金的使用就是一个典型的双重限制资源，在项目的各个阶段的使用数量是有限制的，总体的使用量也是有限制的。

（3）根据项目进行中所需要的资源的特点进行分类。

①没有限制的资源。例如，没有经过培训的劳动力或者通用设备。

②非常昂贵或者在整个项目的工期内不可能完全得到的资源。例如，项目实施过程中，使用的特殊试验设备，每天只能进行 4 小时的工作；或者，某些技术专家同时负责很多个项目的技术工作。这些都是此类资源的典型代表。

3.3.2　资源在项目计划中的影响

资源是项目实施的基础，没有资源一切都是空谈。资源对项目的进度计划、费用计划等有直接的影响。因为项目的每一个活动、每一个工作都需要用到物质资源以及非物质资源。而项目中的各活动在资金、时间、人力等资源方面往往存在既共享又竞争的关系，在多项目并行实施过程之中，项目之间在资金、时间、人力资源方面也存在既共享又竞争的关系，资源配置的合理性直接影响各项目的进度和完工质量，关系着各项目成败。更具体一点说，当两个任务同时使用一种资源时，那就出现了冲突的情况，有时还会出现某一个任务资源超负荷的情况，这个时候就需要通过网络计划技术来调整资源的利用，适当合理分配资源的使用，如果无法调整就会出现项目延迟的情况。项目活动出现资源不够，或者项目推迟，又会影响项目的费用。

在最初制定项目进度计划的时候，通常都不去考虑资源在需要的时候是不是可用的。因此，如果忽视资源限制的影响就会产生严重问题。避免这一问题的第一步就是重新调整项目的进度计划，使所有的任务都与可用资源一致。然后，必须检查其他项目的资源需求，并解决存在的冲突。如果不这样做，缺乏资源的情况是不会不治而愈的。当没有时间修改原定进度计划时，它就会变成一块拦路石。

实际项目实施过程中，最好是做好资源的储备，很多情况下，项目进行过程中需要更多的资源，如果需要就要调整预算和进度表。但是，在一些项目中，时间并不富裕。在这样的情况下，项目经理必须确定项目的风险在哪里，并且有计划来保证备用资源。有时候需要资源随时备用。另一些时候，只要保证在需要时能够很快获得它们。

3.3.3　项目资源的均衡

资源平衡（资源均衡）是处理多约束综合挑战的过程。在项目生命周期中，需要实施一系列步骤进行资源平衡，从而使资源需求的影响降到最低。资源平衡要达到两个目标。

（1）确定资源需求并保证资源在合适的时间是可用的。

（2）编制进度计划时要求每个活动在不同的资源利用水平中尽可能平稳地变化。

资源平衡非常有用，因为它能帮助项目成员通过资源负载表、资源负载图来全面地了解项目各个活动的资源需求与应用情况。在实际的项目实施过程中，制定合理的资源需求计划会使得活动的衔接很顺畅，不会出现突然资源稀缺，而不得不停止项目去寻找资源。资源平衡的关键在于如何制定最优决策，即在合适的时间分配合适数据的资源到合适的任务。

因为资源管理是典型的多变量综合性问题，从数学上寻求最优解比较困难，而且在允许的时间内寻找所有方程的可行解也是不现实的，所以对资源平衡的可选方案做出决策时，分析资源平衡问题更常用的方法是平衡试探法（leveling heuristics），或者简单的经验规则。

确定资源配置的平衡试探法包括将资源应用如下。

（1）具有最少时差的活动。其决策规则是选择具有最小时差的活动进行资源优先排序。有人认为这种决策规则对于制定优先排序决策最有利，它可以在整个项目中产生最小的进度计划活动。

（2）具有最短历时的活动。任务按历时由小到大排序，资源也根据任务的优先级排序。

（3）具有最小活动标识编号的活动。试探法提出，当存在疑问时资源最好首先应用到较早开始的任务。

（4）具有最多后续任务的活动。选择后面有最多后续任务的活动并进行资源优先排序。

（5）需要最多资源的活动。通常将资源应用到需要最多支持的活动中，然后根据额外资源的可用性来分析剩余的任务。

下面以实例来分析资源平衡的过程。

1. 工期约束下的资源均衡

下面以表 3-9 的项目为例来深入说明资源均衡的过程。

表 3-9　项目举例

活动	紧前活动	持续时间/周	每周需要的工时	需要的总工时
A	—	8	16	128
B	—	6	8	48
C	A	12	6	72
D	A、B	10	4	40
E	—	10	10	100
F	C、D、E	6	18	108
G	F	8	14	112

根据 3.2 节的编制网络计划的内容，可以计算出每项活动的最早开始时间、最晚开始时间、最早结束时间、最晚结束时间和总时差，并且编制项目单代号网络图（图 3-31）。

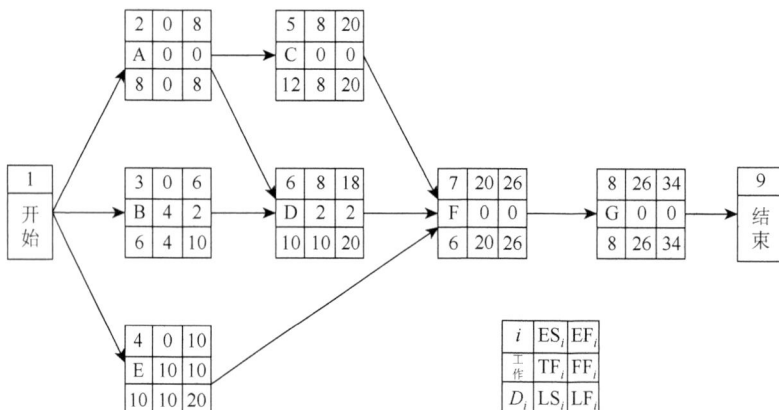

图 3-31　项目单代号网络图

根据图 3-31 就可以确定项目任务表（表 3-10）。

表 3-10 项目任务表 （单位：周）

活动	历时	最早开始时间	最早结束时间	最晚开始时间	最晚结束时间	总时差
A	8	0	8	0	8	—
B	6	0	6	4	10	4
C	12	8	20	8	20	—
D	10	8	18	10	20	2
E	10	0	10	10	20	10
F	6	20	26	20	26	—
G	8	26	34	26	34	—

表 3-10 确定了网络的关键路径为 A→C→F→G。在了解了这些项目信息的基础上，项目网络的资源平衡需要遵循一系列步骤，这些步骤将按照一定的顺序进行。

资源均衡的步骤如下。

1）编制资源负载表，确定活动的最晚结束时间

将图 3-31 的内容与活动需要的资源数相结合，绘制包括活动时差的网络资源负载表，如表 3-11 所示。

表 3-11 资源负载表 （单位：工时）

活动	1 2 3 4 5 6 7 8 9 10	11 12 13 14 15 16 17 18 19 20	21 22 23 24 25 26 27 28 29 30	31 32 33 34
A	16 16 16 16 16 16 16 16]			
B	8 8 8 8 8 8]			
C	6 6	6 6 6 6 6 6 6 6]		
D	4 4	4 4 4 4 4 4 4]		
E	10 10 10 10 10 10 10 10 10 10	]		
F			18 18 18 18 18 18]	
G			14 14 14 14	14 14 14 14]
合计	34 34 34 34 34 34 26 26 20 20	10 10 10 10 10 10 10 10 6 6	18 18 18 18 18 18 14 14 14 14	14 14 14 14

注：]=最晚结束时间

此时，项目甘特图如图 3-32 所示，资源负载图如图 3-33 所示。

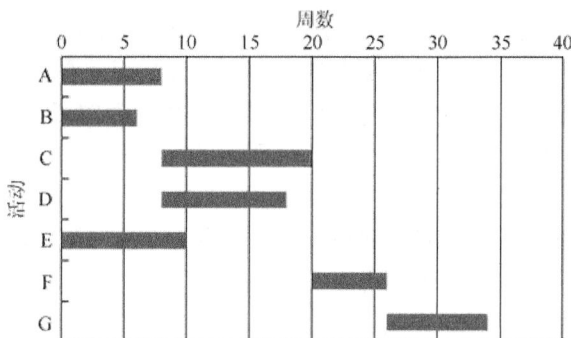

图 3-32 项目甘特图

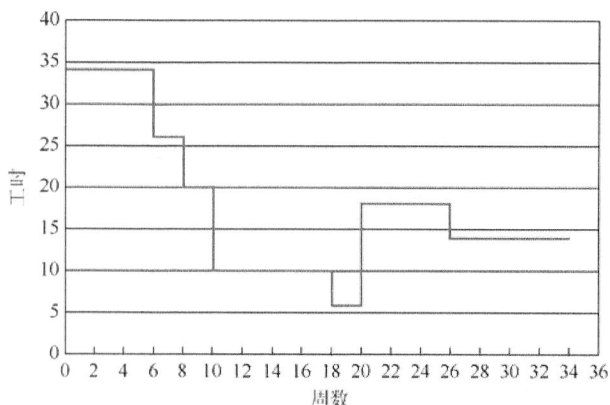

图 3-33　资源负载图

此时，资源负载表的信息非常全面，项目开始于第 1 周，活动的先后顺序根据网络图与甘特图可得。从表中可以看出每项活动每天所需要的资源。资源投入项目的时间（以工日为单位）在表的底部汇总，用来说明项目资源总需求的概况。同时，还可以看出，资源需求在开始的 6 周时间内达到了峰值，为 34 个工时。

编制资源负载表与资源负载图可以形象、有效地表示整个项目基准计划中预期资源需求。据此，就可以建立优化资源平衡的策略。

由于资源的平衡过程还需要一些额外的信息，如了解关键活动、有浮动时差的活动，据此，表 3-11 还将总时差与最晚结束时间应用到资源平衡表中，活动的最晚结束时间（包括时差）用"]"标出。所以，活动 B、D、E 显示了与各自时差相对应的最晚结束时间，而关键路径（A→C→F→G）上活动的最晚结束时间与其最早结束时间相同。

2）识别资源的过度分配

在完成资源平衡表并确定所有活动的最晚结束时间之后，实际的资源平衡过程就开始了，即检查项目资源负载表。这个步骤，需要在项目基准计划中寻找资源配置已经超过其最大可用资源水平的所有点。如表 3-11 所示，总的资源需求（最后一行的汇总）显示了该项目每周最大的需要量，如在第 1～6 周，进度计划中需要 34 个工时。项目经理需要考虑的问题是此时的资源分配情况是否可以接受？每天的资源负荷能否承受，或者说是否出现了问题，资源是否由于过度分配而变得不可用。例如，如果项目预算为每周 34 个工时，那么此时的资源负荷情况就是可以接受的。另外，如果资源被限制到某个数值，而该值小于项目资源负载表中出现的最大值，那么项目中过度分配问题必须予以处理和修正。当然最佳情况是，被分配的资源单位数小于或等于项目基准计划中资源配置的最大值。然而，如果给定时间和资源项目约束具体特性，就会更容易找到需要平衡的资源冲突。假设例子中的项目每周可用的工时最多为 24，而已经确定在进度计划中第 1～6 周项目需要 34 个工时，这就意味着资源在这一周被过度分配。发现资源过度分配后，就可以进行资源平衡过程的下一步了，即修正进度计划并消除资源冲突。

3）平衡资源负载表

在确定项目基准计划存在资源过度分配的情况后，迭代过程就可以开始了，在该过程中，会重新配置资源负载表以消除资源冲突点。在资源平衡过程中需要注意的最重要的一点是，在开始重新拟定资源进度计划并消除资源冲突时，一般会产生连锁效应。在完成项目资源平衡的必要步骤后，连锁效应将变得非常明显。

　　阶段一：在表 3-11 中检查冲突点，即在第 1～6 周，任务中共需要 34 个工时。任务 A、B、E 都被安排在这几周，分别需要 16、8、10 个工时。因此，资源平衡的第一个阶段需要识别相关活动，并决定哪一项活动是需要调整的候选对象。那么，哪一项活动应该被调整呢？通过前面提到的优先排序试探法，首先要检查活动，了解哪些是关键活动和哪些活动有浮动时差。从编制网络的过程中可知，活动 A 在关键路径上。因此如果可能，就应避免重新配置这个任务，因为对其历时的任何调整将相应地影响整个项目的基准进度计划。所以，排除活动 A 后，剩下的调整对象就是活动 B 或活动 E。

　　阶段二：第二个阶段选择要重新配置的活动。虽然活动 B 和活动 E 都有浮动时差，但活动 B 只有 4 周的时差，而活动 E 有 10 周的时差。根据经验规则，保持活动 B 不变，因为它有较少的浮动时差。可以选择调整活动 E 的进度计划。表 3-12 显示了对初始资源负载表进行第一次调整后的结果。1～6 周活动 E 分配的 10 个工时被取消，即活动 E 推迟 6 周开工。调整后的资源负载表显示 1～6 周不存在资源冲突，基准计划中 1～6 周现需 24 个工时。正好满足项目每周可用的工时最多为 24 的约束，如表 3-12 所示。

表 3-12　资源平衡表　　　　　（单位：工时）

活动	1 2 3 4 5 6 7 8 9 10	11 12 13 14 15 16 17 18 19 20	21 22 23 24 25 26 27 28 29 30	31 32 33 34
A	16 16 16 16 16 16 16 16]			
B	8　8　8　8　8　8　　　　　]			
C	6　6	6　6　6　6　6　6　6　6　6　6]		
D	4　4	4　4　4　4　4　4　4　4　　　]		
E	10 10 10 10	10 10 10 10 10 10　　　　]		
F			18 18 18 18 18 18]	
G			14 14 14 14	14 14 14 14]
合计	24 24 24 24 24 26 26 20 20	20 20 20 20 20 20 10 10 6　6	18 18 18 18 18 14 14 14 14	14 14 14 14

　　阶段三：在作出调整从而缓解资源冲突后，需重新检查资源表的其他部分并寻找新的资源冲突点。这时发现第 7 和第 8 两周仍然存在资源冲突，因此，必须重新经历第二阶段的过程并消除最新的资源冲突。调整的候选对象为项目中 7～8 周进行的所有任务，包括活动 A 和 E。显然，活动 A 明显地被排除了（位于关键路径上），因为它没有时差。对于 E 具有更进一步向后推迟的潜力，所以可以考虑将活动 E 安排在活动 A 完成之后再开始，即活动 E 继续延迟 2 周。如表 3-13 所示，资源平衡表底部的资源合计显示出所有活动的资源分配都保证了每天小于或等于 24 个工时的阈值水平，从而完成了任务。该例中，可以在不延长项目的基准计划，也无须增加额外资源的前提下，进一步对项目资源进行平衡。实质上，例中的资源平衡既不与资源约束相冲突，也不与时间约束相冲突。

表 3-13 资源平衡表   （单位：工时）

活动	1 2 3 4 5 6 7 8 9 10	11 12 13 14 15 16 17 18 19 20	21 22 23 24 25 26 27 28 29 30	31 32 33 34
A	16 16 16 16 16 16 16 16]			
B	8 8 8 8 8 8]			
C	6 6	6 6 6 6 6 6 6 6 6]		
D	4 4	4 4 4 4 4 4 4]		
E	10 10	10 10 10 10 10 10 10]		
F			18 18 18 18 18 18]	
G			14 14 14 14	14 14 14 14]
合计	24 24 24 24 24 24 16 16 20 20	20 20 20 20 20 20 20 6 6	18 18 18 18 18 14 14 14 14	14 14 14 14

从表 3-13 可以看出，资源的最大需求量是每周 24 个工时，发生在第 1～6 周；最小的资源需求量为每周 6 个工时。该项目中，资源需求的变化范围减少至 24−6=18 个工时。在该项目中，在不延长整个工期的情况下，为了使资源需求的变化最小化，最大限度地达到资源的均衡使用，还可以进一步利用总时差来进行资源的平衡。可以将 E 继续推迟 2 周来完成，然后将活动 B 再延迟 4 周来完成，如表 3-14 所示。

表 3-14 资源平衡表   （单位：工时）

活动	1 2 3 4 5 6 7 8 9 10	11 12 13 14 15 16 17 18 19 20	21 22 23 24 25 26 27 28 29 30	31 32 33 34
A	16 16 16 16 16 16 16 16]			
B	8 8 8 8 8 8]			
C	6 6	6 6 6 6 6 6 6 6 6]		
D	4 4	4 4 4 4 4 4 4]		
E		10 10 10 10 10 10 10 10 10 10]		
F			18 18 18 18 18 18]	
G			14 14 14 14	14 14 14 14]
合计	16 16 16 16 24 24 24 18 18	20 20 20 20 20 20 20 16 16	18 18 18 18 18 14 14 14 14	14 14 14 14

从表 3-14 可以看出，此时资源需求的最大值仍为每周 24 个工时，但是，最小的资源需求量变为每周 14 个工时，因此，该项目资源需求的变动范围减少至 24−14=10 个工时。此时项目的甘特图与资源负载图如图 3-34 和图 3-35 所示。

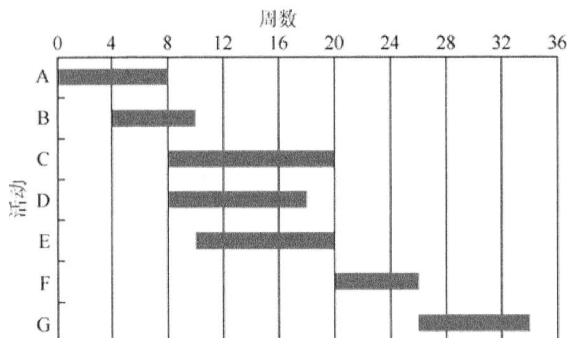

图 3-34 项目甘特图

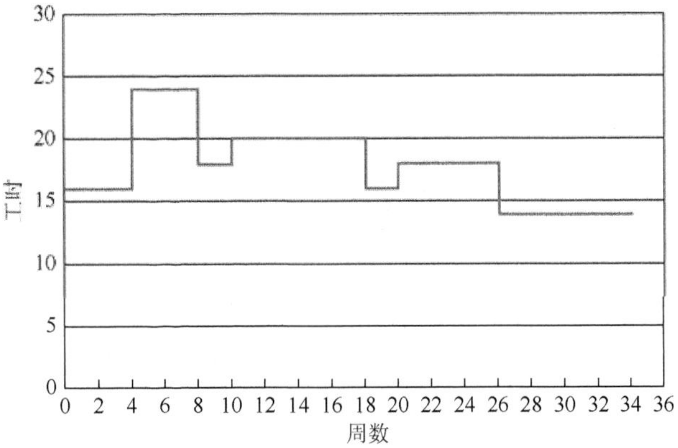

图 3-35　项目资源负载图

2. 资源约束下的资源均衡

当安排进度时，往往根据经验确定资源需求情况，并假设资源是可获取的。实际上，很多项目都受到来自资源的约束条件的制约，其直接结果是可能导致活动的延期完成或者中断，从而使项目原有的计划无法按期实现。因为在项目进行的一个或者多个阶段上，发生资源的需求超过了实际可以利用的资源的现象，同时，该项目非关键活动的时差又不足以解决上述问题。所以，应用这种方法可能导致项目完工时间的延长。

资源约束进度安排方法是在各种可得资源的数量不变的情况下制定最短进度计划的一种方法。在几个活动同时需要同一有限资源的情况下，拥有最小时差的活动将拥有资源配置的优先权；如果资源还有闲置，就再优先分配给时差最小的活动，以此类推。当其他活动也需要这种资源，而该资源已经全部分给较高优先权的活动时，低优先权的活动就得推迟了。

仍以前面的表 3-11 项目为例，假设该项目在更严格的资源约束中进行，每周资源约束为 18 个工时，而不是 24 个工时，那么项目经理就需要重新配置资源负载表，并且要保持与资源约束的基本原则不相冲突。表 3-15 列出了在本例中进行资源平衡决策过程的一系列步骤，为了保证与资源负载限制不相冲突，可能会要求对初始进度计划进行必要的推迟。

表 3-15　资源平衡决策步骤

步骤	行动
1	在活动 A、B 中选择被调整的活动时，排除 A（关键活动），为活动 A 分配资源，将 A 添加至资源表中，由此延迟 B
2	在第 9 周首先为 B 分配资源。B 有 4 周的时差，调整后延迟了 8 周，故活动 B 实质延迟了 4 周
3	比较 C、D 与 E，首先为 C 分配资源（关键活动），将 C 添加至资源表中，由此延迟 D 与 E，在第 9 周再为 C 分配资源
4	比较 D 与 E，D 有更少的时差，而 D 必须在 B 的后面，因此首先在第 15 周为 D 分配资源，D 有 2 周的时差，调整后延迟了 6 周，故实质延迟了 4 周

续表

步骤	行动
5	为 E 分配资源，由于资源的约束，E 只能在第 21 周为其分配资源，E 有 10 周的时差，调整后延迟了 21 周，故活动 E 实质延迟了 11 周
6	为 F 分配资源，F 必须在 E 后面，因此，在第 31 周为 F 分配资源，F（关键活动）调整后延迟了 10 周
7	为 G 分配资源，G 必须在 F 后面，因此在第 37 周为 G 分配资源，G（关键活动）调整后延迟了 10 周。整个项目第 1 周开始，第 44 周结束，整个项目延迟了 44−34=10 周

表 3-16 描述了按照表 3-15 的步骤进行资源平衡后的结果。从资源平衡的过程可以看出，当项目的资源约束为每周 18 个工时时，项目的关键工序有 A、C、F、G。因此首先 A 工序开始分配资源，因为活动 A 占用了 18 个工时中的 16 个工时，所以，活动 B 只能在活动 A 完成之后再开始。活动 B 的紧后活动是活动 D，这种逻辑关系导致了活动 D、F 以及 G 的延期完成。项目工期延长到 44 周。此时项目的甘特图与资源负载图如图 3-36 和图 3-37 所示。

表 3-16　资源平衡表　　　　　　　　（单位：工时）

总时差	活动	1 2 3 4 5 6 7 8 9 10	11 12 13 14 15 16 17 18 19 20	21 22 23 24 25 26 27 28 29 30
0	A	[16 16 16 16 16 16 16 16		
−4	B	[　　　8 8	8 8 8 8	
0	C	[6 6	6 6 6 6 6 6 6 6	
−4	D	[	4 4 4 4 4 4	4 4 4 4
−11	E	[		10 10 10 1010 10 10 10 10 10
	F			[
	G			[
	合计	16 1616 16 16 16 16 16 14 14	14 14 14 14 10 10 10 10 10 10	14 14 14 14 10 10 10 10 10 10

总时差	活动	31 32 33 34 35 36 37 38 39 40	41 42 43 44
	A		
	B		
	C		
	D		
	E		
−10	F	18 18 18 18 18 18	
−10	G	14 14 14 14	14 14 14 14
	合计	18 18 18 18 18 18 14 14 14 14	14 14 14 14

注：[=最迟开始时间

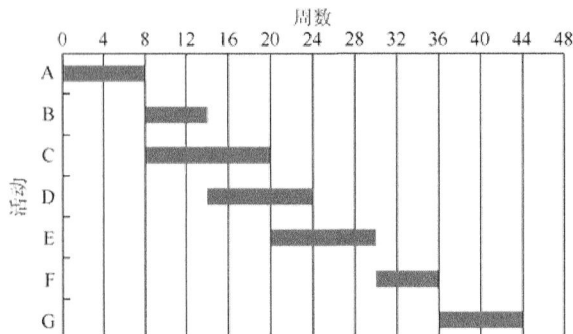

图 3-36　项目甘特图

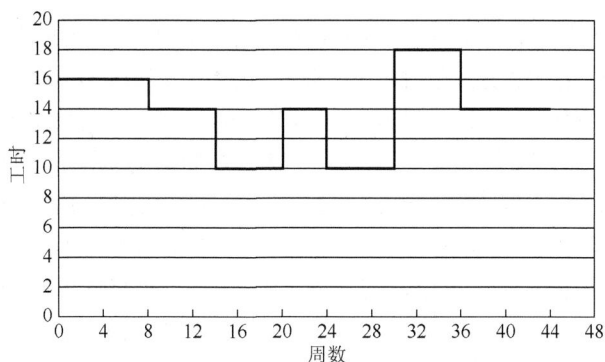

图 3-37　项目资源负载图

3.4　工程案例分析

某信息系统集成公司在某小型炼油企业有成功实施制造执行系统（manufacturing execution system，MES）的经验，其针对炼油企业的 MES1.0 软件深受用户好评。

公司去年承接了 A 公司的制造执行系统项目实施，A 公司是一家大型石化公司，有下属分厂 10 多家，包括炼油厂、橡胶厂、烯烃厂、塑料厂、腈纶厂和储运厂等，以炼油厂为石油炼制龙头，其他分厂提供半成品和生产原料，业务流程复杂。钱经理为公司的项目经理，全面负责管理这个项目，这是他第一次管理大型项目。

A 公司信息中心的夏经理作为甲方项目经理负责实施配合。由于项目涉及分厂较多，所以从各分厂抽调了生产调度人员、计划统计人员、计量人员、信息人员中的技术骨干，组成各分厂的项目小组，钱经理带领的乙方项目组成员均为制造执行系统业务顾问，资深顾问安排到了业务最复杂的炼油厂，其他顾问水平参差不齐，分别安排到了其他分厂。公司的软件开发部设在总部，项目实施顾问均在 A 公司提供的现场（某宾馆）集中办公，钱经理负责 A 公司与公司总部之间的沟通，从总体上管理项目。

项目在 8 月初启动，钱经理按原 MES1.0 版本时的实施经验制定了项目开发计划，收集各分厂用户需求，组建了制造执行系统测试服务器环境等。初期较为顺利，但后来发生了一系列的问题，由于原 MES1.0 版本软件仅适用于单纯的炼油业务，而现在的化工业务在软件系统中并没有合适的模型，A 公司规模很大，炼油厂的许多业务并不是直线式的，而是一种网状关系，所以 MES 软件的炼油装置模型也需要修改，而在钱经理的项目计划中，并没有炼油模型的修改计划，因此业务需求分析占用了很多时间，钱经理将这些需求提交给软件开发部抓紧开发，而与此同时，甲方的部分业务人员，如统计和信息人员却显得无事可做，许多时间消耗在上网或打游戏上，或通过远程桌面处理自己原单位的一些日常工作事务。

当软件开发部将软件开发完成时，已经进入 12 月，项目进度已经远落后于钱经理当初的计划，钱经理要求各分厂小组由顾问牵头分别对自己负责的模块进行测试，同时安排各小组中信息人员进行报表开发，制造执行系统试运行的原计划安排在 12 月底，拟 1 月中旬正式上线，信息人员认为，以现在的可用时间开发这么多报表，肯定完不成，统计人员发现制造执行系统根本不能满足业务的需要。

项目的进展进入混乱状态，各分厂的项目小组内也有不同的声音，有抱怨系统运行慢的，运行一个查询页面居然要 3 分钟时间，也有用户反映在一些录入页面中找不到提交按钮，造成资料不能保存的，一些顾问迫于压力尝试修改系统，但竟然造成了用户的数据丢失，引起用户很大不满，甚至一些成员开始嘲笑乙方顾问的水平，进而开始怀疑制造执行系统能否正常运转起来。根据实际情况，钱经理在用户同意的情况下，将系统的投用时间重新设在 1 月底。为了完成这个目标，钱经理要求各项目小组从 12 月中旬开始，每周六、周日和晚上必须加班。元旦期间，项目小组中的一些甲方成员并没有来加班，甚至有一个假日的中午，所在的宾馆居然没有提供足够的午餐，乙方项目小组中开始有人跳槽离去……

钱经理受到公司总部的批评，钱经理认为，即使他能准确估算出每个任务所需的时间，也无法确定项目的总工期，以项目现在的状态，到 1 月底根本完不成。2 月底也没有把握，具体什么时间完成，钱经理感觉遥遥无期。

从时间角度看待项目失败的原因主要如下。

（1）钱经理缺少管理大型项目的经验；制定的进度计划存在问题。

（2）钱经理对某些活动的历时估算有问题，如需求分析和软件开发所需要的时间。

（3）钱经理提交给开发人员的业务需求可能存在问题。

（4）乙方项目组内部缺少沟通。

（5）甲乙双方没有明确的分工。

（6）甲方项目经理可能没有发挥对甲方成员的管理作用。

（7）没有变更控制系统或规范的变更控制流程，没有使用配置管理系统。

（8）对项目的每个阶段可能没有明确的划分，也没有相应标准来评审，就进入下一阶段。

（9）缺少一个从总体上控制项目的项目经理或其他监控措施。

（10）甲乙双方沟通不足。甲乙双方应该确立一个共同目标。

（11）在赶工时，加班过度降低了工作效率。

（12）活动资源估算上有问题，在人力资源使用的安排上，没有充分发挥资源的作用。

（13）缺少激励措施，没有考虑人员的流动风险。

（14）缺少对进度监控的机制，没有使用网络图等工具，没有确定各项任务间的依赖关系，对各项任务的先后顺序安排可能出现了错误。

通过原因分析，钱经理对工作方式进行了以下调整。

（1）钱经理、夏经理和项目组一起，重新修订一个合理的进度计划。

（2）重新核实各活动的历时估算，包括已经发生过的，记录错误原因。

（3）重新和用户一起梳理业务需求，确保理解的一致性。

（4）加强乙方项目组内部沟通交流。

（5）对甲乙双方进行明确的分工，分清职责。

（6）甲方项目经理行使管理甲方成员的权力。

（7）制定规范的变更控制流程，在项目中使用配置管理系统。

（8）明确划分项目的每个阶段，制定评审标准。

（9）增加一个从总体上控制项目的项目经理，或制定一些监控措施。

（10）加强甲乙项目组之间的沟通。

（11）合理赶工，如果需要，可以缩小范围，先保证核心工作的实现。

（12）建立人力资源日历，充分发挥资源的作用。

（13）制定积极的绩效考核制度，减少人员的流动风险。

（14）重新梳理各活动间的依赖关系，确保网络图能反映真实的情况；加强对进度的监控。

复习思考题

1. 项目各项工作的持续时间是如何确定的？它们与资源、费用、质量的关系是什么？

2. 网络图在项目计划中的作用是什么？其构成要素有哪些？

3. 简述双代号网络计划与单代号网络计划的区别。

案例分析

某银行信息系统工程项目，包含若干子项目。此工程项目通过公开招标方式确定承建单位，希赛信息技术有限公司（CSAI）经过激烈竞标争夺，赢得工程合同。合同约定，工程项目的开发周期预算为 36 周。

由于银行对于应用软件质量要求很高，希赛信息技术有限公司也非常重视工程质量，所以安排资深的高级工程师张工全面负责项目实施。在工程正式开工之前，张工针对应用软件开发制定了详细的开发计划，定制应用软件的开发周期为 36 周。

张工安排给测试组进行测试的时间非常充足，测试周期占整个软件系统开发周期的40%，约 14.5 周。在软件系统测试的过程中，张工安排了详细的测试跟踪计划，统计每周所发现的软件系统故障数量，以及所解决的软件故障。根据每周测试的结果分析，软件系统故障随时间的推移呈明显的下降趋势，第 1 周发现约 100 个故障，第 2 周发现约 90个故障，第 3 周发现 50 个故障，第 10 周发现 2 个故障，第 11 周发现 1 个故障，第 12周发现 1 个故障。于是张总工断言软件系统可以在完成第 14 周测试之后顺利交付给用户，并进行项目验收。

问题：

1. 张工的软件开发计划中是否存在问题？为什么？

2. 张工根据对定制软件系统测试的跟踪统计分析结论，得出项目可于计划的测试期限结束后达到验收交付的要求，你认为可行吗，为什么？

第4章　项目采购规划

> **本章提要**：有些项目价值的重要部分来自不同的外部供应商，更有些组织甚至以活动协调人的身份存在，而其自身没有提供项目交付物的能力，因此项目采购规划对于项目的成功实践具有重要作用。本章主要介绍采购规划的内容及合同的类型。

> **引导案例**：某系统集成商 B 最近正在争取某钢铁公司 A 的办公网络迁移到外地的项目。李某是系统集成商 B 负责捕捉项目机会的销售经理，鲍某是系统集成商 B 负责实施的项目经理。由于以往项目销售经理的过度承诺给后继的实施工作带来了很大困难，此次鲍某主动为该项目做售前支持。该办公网络迁移项目的工作包括钢铁公司 A 新办公楼的综合布线、局域网网络系统升级、机房建设、远程视频会议系统、生产现场的闭路监控系统等 5 个子系统。钢铁公司 A 对该项目的招标工作在 2016 年 8 月 4 日开始。该项目要求在 2016 年 12 月 29 日完成，否则将严重影响钢铁公司 A 的业务。

时间已到 2016 年 8 月 8 日，钢铁公司 A 希望系统集成商 B 能在 8 月 15 日前提交项目建议书。钢铁公司 A 对项目的进度非常关注，这是他们选择集成商的重要指标之一。根据经验、钢铁公司 A 的实际情况和现有的资源，鲍某组织制定了一个初步的项目计划，通过对该计划中项目进度的分析预测，鲍某认为按正常流程很难达到客户对进度的要求。拟订的合同中规定对进度的延误要处以罚款。但是销售经理李某则急于赢得合同，希望能在项目建议书中对客户做出明确的进度保证，首先赢得合同再说。鲍某和李某在对项目进度承诺的问题上产生了分歧，李某认为鲍某不帮助销售拿合同，鲍某认为李某乱承诺对以后的项目实施不负责任。本着支持销售的原则，鲍某采取了多种措施，组织制定了一个切实可行的进度计划，虽然其报价比竞争对手略高，但评标委员会认为该方案有保证，是可行的，于是系统集成商 B 中标。

4.1　概　　述

1. 项目采购

项目采购（project procurement）是指从项目组织外部获得物料、工程和服务的整个采办过程。项目采购的分类通常有以下两种。

1）按采购对象不同分类

项目采购按对象的不同可分为如下种类，如图 4-1 所示。

物料采购是指购买项目所需的各种机器、设备、仪器、仪表等物料，还包括与之相关的运输、安装、测试、维修等服务。

工程采购是指选择合格的承包单位来完成项目的施工任务，同时还包括与之相关的人员培训和维修等服务。

咨询服务采购是指聘请咨询公司或咨询专家来完成项目所需的各种服务，包括项

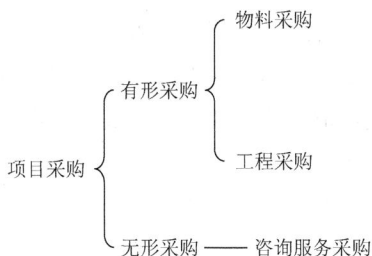

图 4-1　项目采购按对象的分类

目的可行性研究、项目的设计工作、项目管理、施工监理、技术支持和人员培训等服务。

2）按采购方式不同分类

项目采购按采购方式分为招标采购和非招标采购，具体分类如图 4-2 所示。

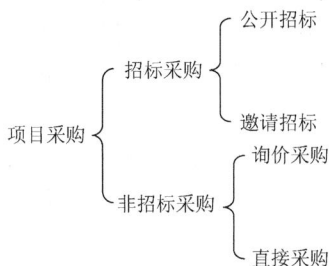

图 4-2　项目采购按采购方式分类

招标采购是由需求方提出招标条件和合同条件，然后许多投标商同时投标报价的采办过程。通过招标，需求方能够获得价格更为合理、条件更为优惠的货物或服务供应。招标采购又分为无限竞争的公开招标和有限竞争的邀请招标两类。非招标采购又可以分为询价采购、直接采购等。

公开招标是由招标单位通过报刊、广播、电视等媒体工具发布招标广告，凡对该招标项目感兴趣又符合投标条件的法人，都可以在规定的时间内向招标单位提交意向书，由招标单位进行资格审查，核准后投标商购买招标文件，进行投标。公开投标的方式可给一切合格的投标者平等的竞争机会，能够吸引众多的投标者，故称为无限竞争性招标。

有限竞争性招标又称为邀请招标或选择招标。有限竞争性招标是由招标单位根据自己积累的资料，或由权威的咨询机构提供信息，选择一些合格单位发出邀请，应邀单位（必须有 3 家以上）在规定时间内向招标单位提交投标意向书，购买招标文件进行投标。这种方式的优点是应邀投标者在技术水平、经济实力、信誉等方面具有优势，基本上能保证招标项目顺利完成。其缺点是在邀请时如带有感情色彩，就会使一些更具竞争力的投标商失去机会。对受客观条件限制和不易形成竞争的项目还可以采用协商议标的方式。

询价采购，即比价方式，一般习惯称为"货比三家"。它适用于项目采购时即可直接取得现货的采购，或价值较小、属于标准规格产品的采购。询价采购是根据来自几家投标商（至少 3 家）所提供的报价，然后将各个报价进行比较的一种采购方式，其目的是确保价格具有竞争性。

　　直接采购是指在特定的采购环境下，不进行竞争而直接签订合同的采购方法，它主要适用于不能或不便进行竞争性招标或竞争性招标无优势的情况。例如，有些货物或服务具有专卖性质从而只能从一家制造商或承包商获得，或在重新招标时没有其他承包商愿意投标等。

　　本章所指的采购，与企业一般意义上的商品采购有所不同。它假设卖方在项目组织的外部，并从采购（买方—卖方）关系中买方的角度出发考虑问题，即站在项目组织的角度进行讨论。

2. 项目采购管理的含义

　　项目采购管理（project procurement management）是指为达到项目的目标，而从项目组织的外部获取物料、工程和服务所进行的管理活动。

　　项目采购管理是保证项目成功实施的关键活动，如果采购的物料、工程和服务没有达到项目规定的标准，必然会降低项目的质量，影响项目的成本、进度和质量等目标的实现，导致整个项目的失败。项目采购管理的总目标是以最低的成本及时地为项目提供其所需的物料、工程和服务。项目采购管理是项目管理的重要组成部分，因为任何项目的实施都要大量投入，包括人力、原材料、设备等资源，一般来说，项目的采购支出约占项目资源总额的 50%以上。如果采购这一工作环节出现失误，不但会影响项目的顺利进行，甚至还可能导致项目的失败。

　　项目采购管理由一系列具体的管理工作过程组成，如图 4-3 所示。

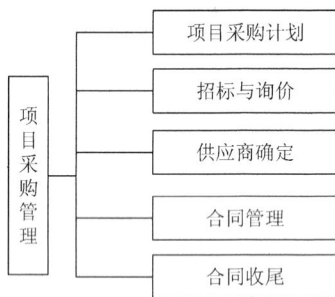

图 4-3　管理工作过程

4.2　编制采购管理计划

　　项目管理知识体系过程中的编制采购管理计划（procurement management plan）是"记录项目采购决策、明确方法、识别潜在供应商的过程"，它识别出可以通过购买外部供应商的产品或服务而满足的项目需求，确定采购内容、时间和方式。在一些项目上，服务或原材料的一部分可能来自另一家公司；在其他的项目上，绝大部分或全部的工作可能由外部的公司实施。不管为了项目的部分还是全部，客户公司需要制定采购计划。应该和考虑项目的需要一样，考虑母公司的需要，因为对母公司来说，为现在的项目购买而不是租借产品并接着再租给将来的项目，可能更好。

　　为了有效地规划原材料和服务的采购，项目团队通常要完成大部分的项目计划以便它们了解项目真正需要什么。至少，项目团队需要项目范围说明（project scope statement），即"对项目范围、主要可交付成果、假设和约束条件的描述"。一旦识别了需求，项目经理应该能确定是否去买、买什么和买多少。

4.2.1　计划的输出

计划最基本的输出是采购管理计划，即"描述项目团队如何从组织外部获得产品和服务的项目管理计划的组成部分"。采购管理计划包括使用合同类型的指导、风险管理问题以及如何选择潜在供应商。这个计划将通过获得完成项目所必需的原材料和服务的所有活动，来指导客户公司的投入。另一个重要的输出是采购工作说明（procurement statement of work），"详细说明采购内容，让潜在卖方判断他们是否能够提供所需产品、服务或结果"。这个文件将确保承包人和客户公司以同样清晰的方式理解要求的工作，例如，提供规格、期望的数量、质量水平、绩效数据、工作要求和其他要求等信息。

4.2.2　自制或购买决策

项目采购可以从买方—卖方接口的视角来思考。这个接口存在于项目供应链的所有层次，以及项目组织的内部和外部交易之间。依据应用的地方，卖方可以称为供应商、供应商的供应商或承包商。依据买方在项目采购循环中的位置，买方可以称为客户、服务需要方或购买方。卖方在合同生命周期中首先作为投标人，然后是签订合同的供应商。

对项目需要的任一产品或服务，在采购规划阶段，项目团队确定哪个项目需求最好通过购买来自外部供应商的产品和服务来满足，哪个项目需求可以在项目实施阶段由项目团队完成。从外部供应商处购买来满足项目需求是已经为大家所接受的做法。例如，很多公司趋向于外包它们的信息技术需求、会计工作、法律职能、物流等。

1. 自制与购买

这个自制或购买决策绝不是没有价值的。实际上，这涉及错综复杂的问题，如项目组织的竞争力分析和需求分析。项目组织也需要从时间、成本和绩效控制的角度评估外包的优势和劣势。这种分析还应包括直接成本和间接成本，以便在平等比较的基础上做出最后的决策。项目评估可选择的供应商并提供与购买替代品有关的现行、准确和完全的数据。表 4-1 列出了做出自制或购买决策时的多种考虑。

表 4-1　自制或购买的原因

自制	购买
1. 较低的生产成本	1. 使项目团队有时间去处理其他重要的活动
2. 对质量和时间的更多控制	2. 利用专业供应商的能力
3. 缺乏合适的供应商	3. 采购的灵活性
4. 获得一个定制项目	4. 管理或技术资源不充分
5. 利用项目团队的专家和时间	5. 能力不足
6. 保护专利设计或知识	6. 需求量小

通过识别它们的主要优势并在原有基础上建立优势，大部分公司开始进行战略外包分析。一家公司的竞争优势常定义为较低的成本、产品差异（更好的质量）和反应能力（更快地交付）。对项目团队来说，因顾客的希望和当时项目取得的进展不同，这些方面的重要程度不同。项目时间成本分析常有助于产生有关制定有效的采购决策的独到见解。例如，关注成本最小化，但不必要接受最快的交付，可以将非关键活动外包。然而，在项目的不同阶段，非关键任务会变成关键任务，这就凸显了时间的重要性。在项目实施的不同阶段，类似的因素可能对自制或购买决策产生不同的影响。尽管自制或购买调查常以成本分析开始，各种定性因素常比成本分析产生更深远的影响。由于各种项目活动的动态性和不确定性，一项彻底的调查无疑是复杂的。

2. 外包问题

虽然外包很受欢迎，但是存在一些潜在的问题。对于项目目标来说，有一些问题比较重要。失去对项目活动完成时间的控制；缺乏对外包活动的成本控制；逐渐丧失某些特定活动的专业技能；失去项目重点并且产生潜在利益冲突；复杂业务相互作用使管理无效；当使用第三方时丧失机密并出现双重外包。

采购有助于实现如更高的产品质量、更短的从订货到交货的时间和更低的成本等好处。因为约束条件、重要资源的可获得性和特定的项目需求，项目采购策略会与公司采购策略不同。在做出自制或购买决策后，项目团队转入项目外包的下一阶段：选择合适的供应商和商讨合同。

如果做出购买决策，则采购计划的输出包括选择供应商的文档和标准。当有多个供应商可供选择时，应该确定选择标准，如所有者总成本和风险。

做出购买决策后，客户公司要努力创造环境。潜在承包商公司有能力和动机提出有用、完整的建议书，这些建议书易于评估，而且易于确定哪个最符合客户公司的需求。客户公司通常使用采购文件（procurement documents），即"用于招投标和提议活动，包括买方的招标邀请书、谈判邀请书、信息需求书、询价书、征求建议书和卖方答复的文件"。

项目采购人员需要了解不同类型建议书的区别，以便使用正确的类型。

信息需求建议书（request For information，RFI）："买方要求潜在卖方提供关于产品、服务或卖方能力的不同信息的一类采购文件。"信息需求建议书用于了解潜在卖方与产品或服务。

询价建议书（request For quotation，RFQ）："请求潜在卖方对通用或标准产品或服务进行报价的一类采购文件。"询价建议书用于比较标准产品或服务的不同供应商的价格。

征求建议书（request For proposal，RFP）："从产品或服务的潜在供应商征求建议的一类采购文件。"征求建议书用来比较非标准产品或服务的不同方法。

客户公司制定评估标准来定义如何对建议进行评估和排序。有了这些文件，客户公司就可以做好实施采购的准备。

4.3 实 施 采 购

采购管理流程的第二步是实施采购（conduct procurements），即"获得卖方回复、选择卖方以及奖励合同的过程"。客户公司需要决定他们希望召集哪些潜在承包商公司，确保这些公司了解潜在项目。有时，公司会制定有资格的卖方名单，允许名单上的公司就新项目提出建议。还有的时候，他们进行广泛的宣传，希望引起新的承包商的注意。在这两种情况下，都会发送正式的招标邀请，希望有能力的公司为实施项目竞争。

1. 潜在供应商的来源

基于在早期采购阶段所要求事情的性质，项目团队一般通过建立健全的潜在供应商名单开始选择过程。常使用下列信息来源来识别这些潜在的供应商：供应商网址；供应商信息档案；供应商目录；行业杂志；电话号码簿；销售人员；贸易展销会；专业组织和会议。

2. 潜在供应商的信息

以下是发送给可能希望有资格参与新项目工作的潜在供应商的信息的例子。

KEG 正扩建它位于堪萨斯州威奇托的全球技术和呼叫中心。ACBD 建筑公司，该扩建项目的建筑单位，正要求所有分包商做资格预审。扩建项目是将一幢一层大楼从 50 万平方英尺（1 平方英尺=0.0929 平方米）扩建到 70 万平方英尺，再加一个 5 万平方英尺的地上停车场。新增部分的建筑结构是在钻孔桩基础上的钢筋框架，外部表层和现有结构类似，带有砖块和玻璃边缘。新增空间将用于新的员工咖啡厅、现场健身中心和托儿所。扩建中会升级现有呼叫中心大楼的安全和供热通风与空气调节（heating，ventilation and air conditioning，HVAC）系统。整个大楼的内部设施和现有结构类似。资格预审标准包括以下五点。

（1）以前有类似建筑的经验，有借鉴意义的以前类似规模和范围的项目的评价。

（2）对安全和安全的工作环境的承诺——基于过去的经验评估计算机病案系统（electronic medical record，EMR）、事故率和严重事故。

（3）对质量、进度和成本控制的承诺——有借鉴意义的过去的经验。

（4）可获得的资源——职业员工的数量和资质水平。

（5）当地和区域业务伙伴——首选 250 英里（1 英里=1609 米）内的公司。

一旦潜在的承包商提交了标书或建议书，客户公司应用既定的筛选标准来选择一个或多个有资格实施项目并且可以接受的卖方。在一些项目上，服务或原材料是商品，将部分或全部依靠价格进行决定。在其他项目上，客户基于生命周期成本选择承包商。也就是，在项目的整个有用的生命中，购买和使用项目的成本。在另一些项目上，价格是重要考虑因素中的一个。在更复杂的项目上，客户公司可能在技术、管理、财务或经验基础上更好地认定一家公司比另一家公司更有能力。在采购计划阶段形成的评估标准应该指导这项决策。例如，在新加坡的一项研究发现，当客户选择设计—建造承包商（该承包商同时管理项目的设计和建设，同时有其他的公司参与）时，应该考虑在表 4-2 中

列出的更多因素。

表 4-2 选择设计—建造承包商时要考虑的因素

任务绩效因素	环境绩效因素	财务	运营
一般心智能力	尽责的	低酬金	以前的关系
工作知识	主动的		正在进行中的关系
任务精通	社会技能		声望
工作经验	承诺		将来的关系

3. 评估潜在供应商时使用的方法

在形成广泛的潜在供应商名单后,项目团队需要分别评估每个潜在的供应商。方法和分析包括如下内容。

(1)供应商调查提供了供应商的充分信息以帮助项目团队在更进一步的考虑中做出包含或排除某个公司的决定。

(2)财务状况分析揭示了供应商是否能够令人满意地执行项目。

(3)雇用第三方评估,如 Duns 公司,来获得相关的信息。

(4)现场访问让项目团队得到关于公司技术能力、制造或配送能力以及管理目标的第一手信息。

(5)质量能力分析,检查潜在供应商的质量能力。

(6)交付能力分析,评估供应商按时交付所需产品或服务的能力,也要考虑替代方案。

上面给出的分析不应限制于潜在的一级供应商。在包含二级甚至三级供应商的情况下,项目团队还需要评估所有这些供应商。这些主动的筛选过程常产生少量信誉良好的供应商。如果组织有现有合格卖方的名单,这个名单将是新项目的基础。

4. 供应商选择

在一个或更多的潜在供应商通过评估过程后,必须开始选择过程。现在,项目团队邀请潜在的供应商提交标书或建议书。采购文件用来从不同的供应商处征求建议书。最普遍的采购文件是征求建议书。征求建议书是买方和供应商将来工作关系的基础。实际上,供应商准备的建议书常作为附录或证据成为供应商和零售商之间最终合同的一部分。征求建议书常包含下列内容。

(1)采购概述。

(2)供应商基本要求。

(3)技术要求。

(4)管理要求。

(5)价格资料。

(6)附录。

基本的供应商选择决定是典型的决策树问题,是在不确定条件下可选方案间的选择。其输出同时涉及价格和绩效，包括交付时间。在任何条件下，决策制定者都不希望以较高的价格交换供应保证。量化所有结果的困难增加了在关键决策中对正确判断的需求。

评估标准用来确定建议书的等级和其他供应商的特征。标准一般在征求建议书中提供，可以是客观或主观的。一般最重要的评估标准是价格，其他重要的评估标准包括供应商的技术能力、声望等。

评估潜在供应商应考虑的因素如下。

（1）补给订货到交货的时间：在发出订单到收到订单之间的订货到交货的时间，可以转换。

（2）准时性：影响订货到交货时间的变化。

（3）供应灵活性：供应商可以承受的、没有使其他绩效因素变坏的订单数量的变化量。

（4）交付频率/最小批量：影响公司每个补充订单批量的大小。

（5）供应质量：供应质量的恶化增加了公司可获得的部件供应的变化性。

（6）运入成本：使用供应商的全部成本包括将原材料从供应商处运入的成本。

（7）信息协调能力：影响公司匹配供给和需求的能力。

（8）设计协调能力。

（9）关税、税率和税金对一家有全球制造和供应基础的公司是非常重要的。

（10）供应商生存能力是供应商履行所做出的承诺的可能性。如果这个供应商提供难以发现替代品的关键任务产品，这个考虑是非常重要的。如果供应商有两个关键员工，则每个人都可以执行必需的工作，如果第一个工人被卡车撞伤，第二个工人有时被认为是"卡车保险"。

项目团队选择一个或更多的有资格和可接受的卖方。权重系统、自主评估、筛选系统、卖方分级系统、专家判断、建议书评估技术等许多工具和技术可以在卖方选择决策过程中使用。

选择供应商的目的是向每个被挑选的卖方签订一份合同。合同（contract）是"相互有约束力的协定，使卖方有义务提供特定的产品或服务而买方有义务为它付款"。合同是各方间的法律关系，可以在法庭系统中补救。项目组织在涉及项目所有者或顾客时会是一个卖方，在更普遍的采购环境中是一个买方。在许多项目管理范例中，项目经理必须知道如何形成和实施大范围的合同，并且和每位选择出来的卖方签订合同。合同的形式可以是简单的订购单，也可以是复杂的文件。合同文件的主要内容一般包括工作说明、进度基准、绩效有效期、角色和责任、定价、支付条款、交付地点、可靠性限制、奖励、惩罚。

4.4 合同类型

在自制或购买决策中，在计划规定购置品时，可以用不同类型的合同作为工具。就如何分担风险和如何实施项目来说，不同类型的合同是不同的。七个最常见的项目采购合同类型如表 4-3 所示。

表 4-3　项目采购合同类型风险分担

完全固定价格	卖方	成本完全已知
固定价格加奖励费	大部分在卖方	成本完全已知并且买方希望最大限度地提高某些方面的绩效
固定价格加经济价格调整	双方	项目持续期长，通货膨胀和商品价格波动
成本加奖励费	大部分在买方	成本不完全已知而且买方希望最大限度地降低某些方面的绩效
成本加回报费	大部分在买方	双方同意大部分费用基于买方对卖方绩效在已说明标准上的评价
成本加固定费	买方	成本不完全已知
人工费加原材料费	买方	单价已知，数量未知

1. 固定价格合同

固定价格合同（fixed-price contract）是"为完成一定范围的工作，约定支付固定金额的协议，不管完成工作的成本与努力如何"。最常见的固定价格合同包括完全固定价格、固定价格加奖励费和固定价格加经济价格调整。

（1）完全固定价格合同。完全固定价格（firm-fixed-price，FFP）合同是"固定价格合同的一种，在这种合同中买方支付给卖方合同确定的一定金额，而不管卖方的成本如何"。任何由于绩效不好而导致的成本增加都是卖方的责任，它承担完成工作的义务。完全固定价格合同的一种简单形式是以特定价格在确定日期交付的一个特定项目的采购订单，如以300元的价格在5月15日向位于埃尔姆大街3110号的工作地点交付一辆货车的覆盖料。

（2）固定价格加奖励费合同。固定价格加奖励费（fixed-price-incentive-fee，FPIF）合同是"买方支付给卖方通过合同确定的一定数额，如果卖方满足确定的绩效标准，可以获得额外数额奖励的一类合同"。一个例子是一份以125万美元的价格重建一座桥的合同，若卖方在计划日期9月15日前完成，每提前一天被额外奖励3000美元。买方希望这座桥尽早投入使用，而卖方希望获得较高的奖励费，因此双方都有早日完成项目的动力。绩效激励也可包括更好的质量、更有特色或买方希望最大化并乐意为之付款的其他方面。

（3）固定价格加经济价格调整合同。固定价格加经济价格调整（fixed-price-economic-price-adjustment，FP-EPA）合同是"固定价格合同的一种，允许由于通货膨胀、特定商品成本上升或下降等环境变化而对合同价格作出最终调整"。一个例子是承包商提供项目所需的所有砂砾获得40万美元，但是可以根据交付砂砾时的市场价格调整合同价格。

固定价格合同为买方带来的风险低，因为不管项目实际花费了卖方多少成本，买方不会支付多于固定价格的价款。所以，卖方承包固定价格项目必须进行准确和完全的成本估算，估算应包含充足的不可预见费用。当然，应避免标价过高，因为出价较低的承包商可能被选上。当卖方没有清楚地理解项目范围时，应该考虑另一种类型的合同作为替代。成本补偿合同降低了卖方的风险，增加了买方风险，它们更适合于难以估计项目成本的情况。

2. 成本补偿合同

成本补偿合同（cost-reimbursable contract）是"买方以卖方的实际成本加上一般代表

卖方利润的费用支付给卖方的一类合同"。常用的三类不同的成本补偿合同是成本加固定费合同、成本加回报费合同和成本加奖励费合同。

（1）成本加固定费合同。成本加固定费（cost-plus-fixed-fee，CPFF）合同是"成本补偿合同的一种，买方补偿给卖方允许成本（由合同确定的允许成本）加上固定数量的利润（酬金）"。一个例子是研究项目，补偿科学家在项目上花费的所有时间，额外支付 5000 美元，无论实际花费多长时间。

（2）成本加奖励费合同。成本加奖励费（cost-plus-award-fee，CPAF）合同是"成本补偿合同的一种，买方支付给卖方为完成工作发生的所有法定成本，再支付一定的奖励作为卖方的利润"。一个例子是开发承包项目，支付给承包商 300 万美元，再加上 21 万美元的奖励，客户组织的领导者可以根据客户满意度标准决定支付奖励的数量。

（3）成本加回报费合同。成本加回报费（cost-plus-incentive-fee，CPIF）合同是"成本补偿合同的一种，买方以卖方的允许成本（由合同确定的允许成本）补偿卖方，如果满足规定的绩效标准，卖方赚得定利润"。这些标准可以是进度、成本或绩效。进度标准的一个例子是建造大学集体宿舍的一份合同，要求不迟于 8 月 15 日完成以便为下一学期做好准备。成本标准的例子是经费紧张的买方可能要求另一个项目的全部成本以 150000 美元为目标。绩效标准的例子是汽车公司和一家供应商达成电池合同，供应商可以得到一辆每加仑 55 英里油耗的、3000 英镑的小轿车。在各个案例中，按合同要求，如果实际项目好于商定的目标，卖方收到奖金；如果实际项目不如商定的目标理想，卖方接受惩罚；如果满足绩效指标，买方和卖方都受益。

3. 人工费加原材料费合同

人工费加原材料费合同（time and material contract）是"一类同时包含成本补偿和固定价格合同的混合型合同安排"。在这类合同中，每人工小时的单位费率或每磅原材料的单位费率和固定价格合同一样在合同中被规定。然而，由于工作的数量没有确定，所以合同的价值可能如成本补偿合同那样增长。卖方仅在合同中就如何生产产品或服务要价。如果计划的生产时间被严重低估，就会造成问题。

当选择合适的合同类型时，外包项目活动的性质起到重要的作用。买方向卖方提出的要求，以及其他规划时应考虑的事项如市场竞争程度和风险程度，也会决定使用哪类合同。在选择合适的合同类型时通常考虑下列条款：成本和进度风险的总体水平；需求的类型和复杂性；价格竞争的程度；成本和价格分析；需求的急迫性；实现周期；承包商的责任；承包商的会计制度；分包的程度。

需要了解的重要因素之一是每类合同所包含的对卖方和买方的风险程度。每个合同类型都有附带的风险。当考虑不同的合同时，必须清楚谁承担大部分风险：买方还是卖方。在正常情况下，买方风险最大的是成本加固定费合同。对卖方风险最大的合同是完全固定价格合同。总的来说，买方和卖方会商讨合同的细节，这些细节提供了双方都能接受的风险和收益。

一项为大型项目投保的风险管理技术——打包迅速流行。打包或所有者控制的保险计划（owner controlled insurance program，OCIP）是覆盖所有项目参与者，包括所有者、所有承包商和分包商的单一保单。与传统的片面计划相比，一个所有者控制的保险计划可能会减少所有者全部项目成本的 1%～2%，其主要优点包括更广的覆盖范围、总额折扣，并且由于全面的损失控制计划，可以减少索赔。协议的类型和复杂性也使得法律专家、买方和合同专家的帮助成为必需。

❓ 复习思考题

1. 项目采购的分类方式有哪几种？
2. 项目组制定自制或购买决策时需要考虑哪些因素？
3. 合同的类型有哪些？

📊 案例分析

A 方，某印刷集团公司；B 方，某品牌计算机公司；C 方，某货运公司。A 方在报纸上看到 B 方发布的"某型号计算机推广月买一送一活动"广告：在推广月期间，每订购某型号计算机 1 台，均赠送价值 400 元喷墨打印机 1 台；不愿受赠者，返还现金 300 元。

经过电话协商，A 方向 B 方订购某型号计算机 100 台，B 方向 A 方赠送喷墨打印机 50 台，另外在设备款中减免 15000 元。双方以信件方式签订合同，约定在 A 方所在地交货，B 方负责托运，A 方支付运费。C 方作为承运人负责该批计算机设备的运输。

计算机设备到达 A 方所在地之后，经 B、C 方同意，A 方开箱检验，发现以下问题。

（1）少量计算机显示屏破损。

（2）随机预装的软件虽有软件著作权人出具的最终用户许可协议（end user licence agreement，EULA），且给出了有效的下载地址，但无原版的软件光盘，怀疑为盗版软件。

（3）B 方误按"买一送一"的配置发货，共发来计算机 100 台，喷墨打印机 100 台，发货单与所发货物相符，但与合同不符。

为此，A 方发传真通知 B 方，并要求 B 方：

（1）更换或修好破损的计算机显示器。

（2）提供随机预装软件的原版光碟。

但 A 方并未将多收 50 台喷墨打印机的事宜通知 B 方。收到 A 方传真之后，B 方回电称：

（1）A 方、C 方均未就计算机设备包装问题作特殊要求，公司采用了通用的计算机设备包装方式，C 方作为承运人应当对运输过程中计算机显示器的破损承担损害赔偿责任。待 C 方赔偿之后，公司再更换或修好破损的显示器。

（2）正版软件有多种形式，该型号计算机所配的代工生产（original equipment manufacturer，OEM）随机预装软件是"授权下载"的无光盘正版软件。

几个月后，B 方查账时发现多发了 50 台喷墨打印机，此时 A 方已将全部打印机开箱使用。B 方要求 A 方返还合同中减免的 15000 元设备款。

问题：

1. B 方应如何处理计算机显示器的破损问题？

2. 对 A 方多收 50 台喷墨打印机事宜未通知 B 方，你如何看待这个问题？

第5章　项目成本计划与质量计划

➢ **本章提要：** 项目成本计划主要包括成本估计与预算，项目质量计划主要包括质量政策、质量基准和质量保证等内容。项目成本与项目质量是紧密相连的。项目质量水平的提高会影响项目的成本，压缩项目成本有时会对项目的质量产生很大的影响，因此科学合理的成本计划与质量计划对项目的成功具有重要的意义。

➢ **引导案例：** SNET 是一家提供软交换设备的供应商。他与国内运营商 ACA 达成协议，准备在中国东部的一个城市试验应用新型软交换设备。ACA 是国内第一家准备采用软交换设备的运营商，因此在与 SNET 的协议中，ACA 提出，设备的不少功能处于开发之中，他们的需求还没有完全明确，并且将随着应用的增加才能不断提出。SNET 答应了运营商的条件，因为他们认为只有通过这种方式，才能最终赢得后续的合同。从 2001 年 3 月项目开始进行，ACA 不直接运作项目，而是通过当地的一家运营商，共同提供网络资源。根据协议规定，由 SNET 提供设备，验收合格后，ACA 再付款给 SNET。

项目即将完成时，SNET 向 ACA 提出建议，希望 ACA 采购最新版本的设备。运营商也倾向于采用最新的设备，但同时要求进行全面的测试。因此，付款的事情暂时搁置。正当系统进行测试时，几家竞争对手也向 ACA 提出了新设备的测试建议，ACA 决定再增加另外两家新的供应商进行测试。随着测试的进行，ACA 发现几种设备各有特色，功能不尽相同，而且无法兼容在一起。经过电信专家组的论证，认为采用现有技术还不成熟，会增加系统的风险，建议 ACA 暂缓采用这种新的技术。

9 月底，就在 SNET 和新加入的竞争伙伴正在做测试的时候，ACA 总部发了一个文件，要求暂停试验，项目中止。SNET 没有拿到任何付款。在这个项目中，SNET 损失惨重，投入了大量资金和时间却没拿到任何付款。

5.1　项目成本估算

项目经理需要了解成本的各种类型、成本估算的时间和精准度、用于成本估算的不同方法以及各种各样的成本估算问题。

5.1.1　成本类型

为了更好地理解成本，表 5-1 列出了各种类型的成本。

表 5-1　成本的比较

成本对比		成本对比	
固定成本	变动成本	内部成本	外部成本
直接成本	间接成本	租赁成本	购买成本
经常成本	非经常成本	人工成本	材料成本
定期成本	加急成本	估算成本	备用成本

1. 固定成本与变动成本

成本首先可以划分为固定成本和变动成本。固定成本是那些无论工作量如何变化都保持不变的成本。例如，项目需要购买一台计算机，那么不管如何使用它，买计算机花的钱是不会变的。变动成本是那些直接随工作量的变化而变化的成本。例如，要建一堵水泥墙，水泥的成本会随着墙体体积的变化而变化。为了明白固定成本和变动成本的重要性，项目经理将考虑固定成本和那些受波动而改变的变动成本。当项目经理知道项目的规模时，他将试图花费最低的成本完成项目。对于许多项目来说，项目经理可以选择执行哪些项目，这些选择反映出了高的固定成本和低的变动成本。例如，购买一台昂贵的机器，会带来较低的变动成本；也可以用更多人工操作的廉价机器，但是会产生较高的人工成本。这些选择都要求部分固定成本与部分变动成本。在理想情况下，成本曲线与预期项目工作量的关系如图 5-1 所示。它反映了预期项目规模下可能的最低总成本。不幸的是，当项目规模显著大于或者小于预期时，就会出现问题。如果项目规模稍小于预期，总成本就会下降得少；如果项目规模稍大于预期，成本就会上升得相当多。因此，在考虑固定成本与变动成本决策时，重要的是了解项目的规模。

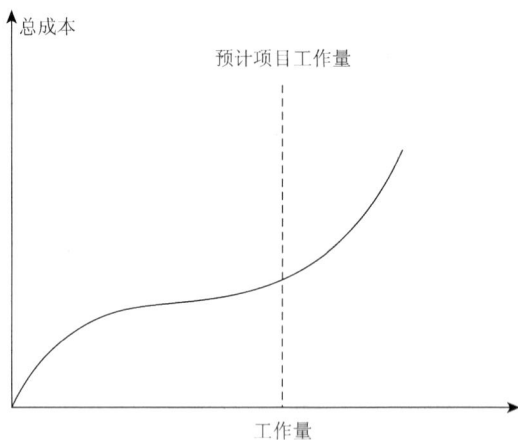

图 5-1　成本曲线与预期项目工作量的关系

2. 直接成本与间接成本

直接成本是指那些由于该项目而发生的成本，通常分为直接人工成本和其他直接成本。例如，直接人工包括专为项目雇佣的工人和当项目完成时解散或转入新项目的工人。其他直接成本包括原材料、差旅费、咨询费、转包费、购买费和工期时间。

间接成本是指那些为维持组织正常运行所必需的但与特定项目没有直接关系的成本。例如，公司管理人员的工资、公司建筑的成本、福利、保险和文书补助都是间接成本。它们被分配到所有项目和能获得利益的其他工作上。由于工程量清单成本估算方法的出现，分配间接成本的方法近年来有了发展，这将在成本估算问题部分进一步介绍。表 5-2 列出了工作包中的直接成本与间接成本。

表 5-2　工作包中的直接成本与间接成本

项目：应付账款改进系统	工作包：安装模块	
描述：安装应付账款改进系统与相关硬件	可交付成果：安装并运行应付账款模块	
成本类型	数量	总金额/美元
直接人工		
程序员	120 小时，75 美元/小时	9000
系统分析员	40 小时，100 美元/小时	4000
系统设计者	20 小时，120 美元/小时	2400
其他直接成本		
硬件		20000
软件		8400
咨询服务		12000
直接管理费用（0.6×DL）		9240
合计		65040

3. 经常成本与非经常成本

第三类成本对比是经常成本与非经常成本。经常成本指在项目中不断重复发生的成本，就像编写代码和砌砖。非经常成本指在项目中只发生一次的成本，如制定设计方案，一旦得到批准就会用于指导项目团队。非经常成本一般发生于项目的规划阶段和收尾阶段，而经常成本发生于项目的实施阶段。

4. 定期成本与加急成本

第四类成本对比是定期成本与加急成本。定期成本是按正常工作时间和购买协议完成项目进度而发生的成本。加急成本是当因工人加班或供应商提前交货额外付费使项目加速而发生的费用。这两种成本的对比表明了在估算成本时了解进度压力与资源需求的重要性。

5. 其他成本分类

接下来的几类成本对比几乎不需要过多解释。它们有助于进行成本估算，也能作为清单记住可能忘记的内容。一种对比是当前组织的内部成本与外部成本。主要的外部成本，如设备，可以租赁或者购买。内部成本通常包括人工成本与材料成本。

估算成本与备用成本是另外一组对比。估算（estimate）是"量化评估可能的数量，一般来说不精确"。备用（reserve）是"项目管理计划中用于降低成本或进度风险的储备，通常与管理储备、应急储备等一起提供关于拟降低风险的详细信息"。管理储备（management reserve）是"成本范围内的预算，被分配用于识别可接受的风险或者作出应急或减轻反应"。

与估算活动时间时存在不确定性一样，估算活动成本时同样存在不确定性。有些活动容易精确地估算，而其他不熟悉的活动有许多不确定性，成本估算就比较困难，如果保守估算每项不确定的活动，项目的总成本估算可能太高而不能被批准。为了克服这个问题，要鼓励项目经理进行更大胆的估算。这就意味着一些活动将超过或低于他们的估算。项目经理通常会增加应急储备应对超出他们预算的活动。

5.1.2　项目成本估算的常用方法

进度计划是从时间的角度对项目进行规划，而成本估算则是从费用的角度对项目进行规划。这里的费用应理解为一个抽象概念，它可以是工时、材料或人员等。

成本估算是对完成项目所需费用的估计和计划，是项目计划中的一个重要组成部分。要实行成本控制，首先要进行成本估算。理想的是，完成某项任务所需费用可根据历史标准估算。但对许多工业来说，由于项目和计划变化多端，把以前的活动与现实对比几乎是不可能的。费用的信息，不管是否根据历史标准，都只能将其作为一种估算。此外，在费时较长的大型项目中，还应考虑今后几年的职工工资结构是否会发生变化，今后几年原材料费用的上涨如何，经营基础以及管理费用在整个项目生命周期内会不会变化等问题。所以，成本估算显然在一个无法以高度可靠性预计的环境下进行。在项目管理过程中，为了使时间、费用和工作范围内的资源得到最佳利用，人们开发出了不少成本估算方法，以尽量得到较好的估算。这里简要介绍以下几种。

1. 经验估算法

经验估算法的本质是一种专家意见法，它依靠有专门知识和丰富经验的人对各种资源的费用进行估计。这种办法的好处是简单、快速。但是这种方法从本质上讲只是一种近似的猜测，其估算的准确性往往难以保证。经验估算法一般适用于项目概念阶段的成本估算，或者定义不明的新型项目的成本估算，这种项目没有先验的类似项目用以参考。

2. 类比估算法

类比估算法是依据过去类似项目对未来项目成本进行估算的一种方法。该方法可以用于项目任一级别的成本估算，既可以用于项目的全部成本的估算，也可以用于子项目成本的估算，还可以用于某一工作或任务成本的估算。类比估算法的基本前提是新项目与原有项目的相似性。通常，新旧项目的相似性越高，成本估算的准确性也越高。

类比估算中的不确定性归根结底是由技术人员和费用估算人员所作的主观评价引起的。在多数情况下，应首先由技术人员对新项目和原有项目的技术进行比较，发现其中的差异，再由费用估算人员对技术差异所导致的费用差异进行估算，建立技术差异的费用关系。最后，依据项目工期、规模、位置、复杂程度以及其他影响因素对初步估算的费用进行必要的调整。

即使当技术人员做出的所有决策都可以定量客观评价时，费用估算人员也还需要确定有关技术发现的费用影响。通常，这些费用影响是非常主观的，因而类比估算的不确定性还是非常大的。

类比估算法适用于项目的采办早期，此时还没有系统的实际费用数据，也没有相似系统的大型数据库，只有此种方法的估算更为准确。

以规模为类比对象进行费用估算的例子如图 5-2 所示。图中，横坐标代表项目规模，纵坐标代表各项费用因素，如材料成本、人工成本和运费等。图中的点根据过去类似项目的资料绘制而成，然后用回归的方法求出这些点的回归线，它体现了规模和成本之间的基本关系。这里的回归线可以是直线，但也有可能是曲线。

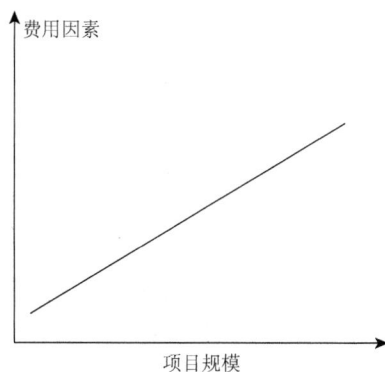

图 5-2　以规模为类比对象进行费用估算

值得注意的是，为考虑图中各点数据的可比性，对于不同年份的项目成本数据应以"基准年度"来进行折算，目的是消除通货膨胀的影响。画在图上的点应该是经过调整的数字。例如，以 1999 年为基准年，其他年份的数字都以 1999 年为准进行调整，然后才能描点画线。项目规模确定之后，从线上找出相应的点，但这个点是以 1999 年为基准的数字，还需要再调整到当年，才是估算出的成本数字。此外，如果项目周期较长，还应考虑今后几年可能发生的通货膨胀、材料涨价等因素。可见，类比估算法的前提是有过去类似项目的资料，而且这些资料应在同一基础上，具有可比性。

3. 参数估算法

参数估算法利用项目特性和项目费用之间的关系来估算待建项目的费用，这种估算可以是依据经验，但更多的是依赖数学模型。用于估算的模型可以是简单的，如商业住宅以居住空间的面积的金额估算；也可以是复杂的，如软件开发费用模型一般要用十几个参数，每个参数可能包括 5～6 个方面。

由于参数估算法建立了项目费用和项目特性之间的量化模型，所以其基础条件是必须要初步确定项目的性能参数。参数估算法可以很容易地适应在设计、性能和计划特性方面的更改，应用较为广泛，尤其是在频繁更改设计和需要进行快速成本估算时。

参数估算法的基础是建立一个有关性能与费用关系的数据库，以为两者关系模型的建立提供依据。

4. 基于工作分解结构的全面费用估算

基于工作分解结构的全面费用估算是利用工作分解结构方法，先把项目任务进行分解，直到可以确认的程度，如某种材料、某种设备、某一活动单元等，然后估算每个工作分解结构要素的费用，并由此确定整个项目的估算费用。采用这一方法的前提条件如下。

（1）对项目需求进行一个完整的界定。

（2）制定完成任务所必需的逻辑步骤。

（3）编制工作分解结构表。

项目需求的完整界定应包括工作报告书、规格书以及总进度表。工作报告书是指实施项目所需的各项工作的叙述性说明，它应确认必须达到的目标。如果有资金等限制，该信息也应包括在内。规格书是对工时、设备以及材料标价的根据。它应该能使项目人员和用户了解工时、设备以及材料估价的依据。总进度表应明确项目实施的主要阶段和分界点，其中应包括长期订货、原型试验、设计评审会议以及其他任何关键的决策点。如果可能，用来指导成本估算的总进度表应含有项目开始和结束的日期。

一旦项目需求被勾画出来，就应制定完成任务所必需的逻辑步骤。在现代大型复杂项目中，通常用网络图来表示。

工作分解结构表是项目工作分解的结果，它详细列出了项目所包含的工作以及各项工作所需要的资源。工作分解结构表和网络图一道形成了费用估算的基本依据。

基于工作分解结构的项目费用估算方法需要进行大量的计算，工作量较大，所以其估算工作本身也需要花费一定的时间和费用。但这种方法的准确度较高，用这种方法做出的费用估算结果还可以用来作为项目控制的依据。最高管理层则可以用这些报表来选择和批准项目、评定项目的优先性等。

5. 费用估算中的几个问题

1）估算的方向

项目估算的方向分为由上到下估算和由下到上估算两种。

由上到下估算一般在已完成的类似项目可作借鉴的情况下使用。首先，由上、中层管理人员估计整个项目的费用和各个分项目的费用，并将此结果传送给下一层管理人员，责成其对组成项目和子项目的任务和子任务的费用进行估算，并继续向下传送其结果，直到项目组最底层。使用此方法的好处是中、高层管理人员能够比较准确地掌握项目整体费用分配，从而使项目的费用能够合理地控制在比较有效的水平上，一定程度上避免了项目的费用风险。但此种方法特别需要建立好上下管理层畅通的沟通渠道，因为上层管理人员根据经验得出的费用估算结果，可能不能满足下层管理人员认为完成任务的需要，此时若不能适当地沟通，费用分配方案可能失去原有的作用而变成完成项目任务的阻碍，从而导致项目的失败。

自下而上的费用估算方法是指从项目的基层单位开始估算自己的费用，并逐级将估算结果加起来，最终形成项目的整个估算费用。以初步设备清单、试验方案和制造计划为基础，可以确定研制和生产硬件项目的费用。该种方法的好处是对于项目费用估算更加全面、科学。但是应防止在费用估算时的代理形成，即基层人员过高估计项目开支的行为，以及对项目总体费用难以把握的现象。

2）协调估算

无论是"自上而下"还是"自下而上"的费用估算，最终都要将其结果上报项目高层进行协调和审批。审批时应充分考虑通货膨胀、项目风险等因素影响，并对两种估算方式可能产生的偏差进行协调，最终确定项目高层和基层都可以接受的项目预算。

3）压缩成本

在项目预算时另一个值得注意的问题是压缩成本和费用与进度、质量交换的可能性。有时，由于竞争关系和资金不足，所以必须要对项目费用进行一定程度的压缩。有时，需要在成本、进度和质量之间寻找一种平衡。项目经理的任务就是要在项目各利益相关者之间发现各方都能接受的项目预算。

4）不可预见费

在项目费用估算中，应加入不可预见费用以抵消不确定性的影响。一般来说，项目的不确定性越高，不可预见费用就越多。通常，项目的不可预见费用占整个项目费用的5%～10%。不可预见费用的使用通常由公司经理直接掌握，未经批准项目经理不得擅自使用。

5.1.3　项目成本估算问题

无论用什么方法估算项目成本，都需要考虑几个问题。有些问题与所有项目相关，有些问题只属于特定项目。表 5-3 列出了这些问题。

表 5-3　项目成本估算问题

问题	问题
支持性细节	作业成本法
变化的原因	生命周期成本
供应商投标分析	资金时间价值
价值工程	国际汇率变动

1. 支持性细节

项目成本估算的支持性细节包括描述范围、估算方法、假设、约束条件以及可能出现的结果。项目范围在项目开始时最不明确，但会随着项目规划的进行逐渐明确。每个估算都应准确说明所涉及的范围，因此版本控制很重要。

估算方法包括类比估算、参数估算与自下而上估算。应该说明所采取的方法名称以及如何使用该方法。

进行估算时，用到了很多假设与约束条件。应该概括说明假设，因为来自两个不同背景的人会假设不同事情的发生。即使参与项目规划的每个人都假设同样的事情，它也可能不会发生。不正确的假设经常会给项目带来更多的工作和问题。当知道越来越多的细节时，项目经理就应该审查假设，以发现已经被证明是错误的假设。如果出现这种情况，项目经理应该调查对项目预算（速度、范围）产生的影响。在估算直接人工成本时可能出现的假设包括以下五种。

（1）支付给工人的普遍工资是每小时 14 美元。

（2）工人已经熟悉了在项目中使用的技术。

（3）无论有没有那么多的工作量，每周都支付工人 40 小时的工资。

（4）不允许加班。

（5）如果唯一的选择是加班，那么允许延迟项目进度。

约束因素也很重要，因为它们经常会决定开展项目工作的方法。约束因素包括只能录用室内工作人员、不提供额外的空间、不允许超过预算等。

可能的结果范围应该与项目成本估算同时说明。如果没有说明范围，人们可能锁定到第一个他们听到的数值上。如果实际的项目成本比数量级估算高出100%，项目经理最好能够清楚地说明范围，否则他可能会无休止地解释超出预算的原因。事实上，许多估算者控制数量级估算，是因为他们害怕会被限制。项目经理一方面想要尽早编制预算用以有效地管理自己的部门，另一方面又希望尽可能晚地提供预算估算数据（获得关于项目足够的信息之后），这就会产生一种紧张感。

2. 变化的原因

项目成本的变化受到许多因素的影响。在常规项目中，使用已经得到验证的技术，并拥有经验丰富的著名的项目团队，项目成本发生变化的原因相对较少，并且容易分类。在其他有不真实因素的项目中，项目成本存在着更多不确定性，而且无法判断其中一些不确定性的来源。统计人员把这些变化的原因按照正常和特殊进行了分类，如图5-3所示。

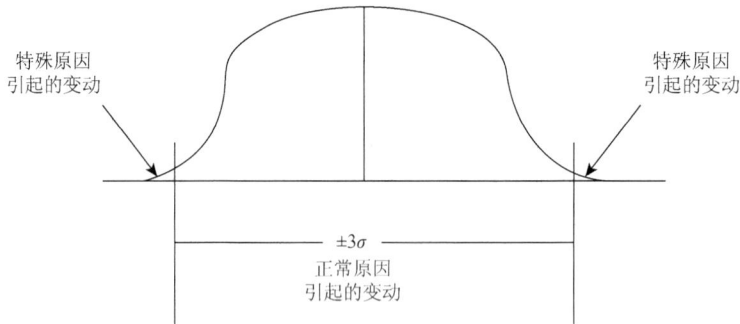

图5-3　正常与特殊的变动原因

所有的工作流程都可能发生变动。过程越常规化，由机器完成的工作就越多，变动就会越少。当项目有新的工作内容以及较高的人工参与程度时，变动的可能性就较大。正常的变化来自许多小的原因，它们都是工作进程中固有的。举例来说，程序员编写代码就受到每天电话、即时信息、其他人打扰的影响。另外，当不寻常的事件发生时，就会发生特殊原因的变动。例如，雷击可以导致功率大幅度增加，超过正常的保护装置，进而摧毁部分计算机。

3. 供应商投标分析

在一些项目中，大部分或全部的成本都是组织内部的。在其他项目中，相当一部分的预算是给供应商提供服务和供给用的。供应商投标分析是为了判断供应商的报价看起来是否合理。如果几个供应商竞标一项工作，可以认为最低的合理报价是公允的。然而，没有竞争时，就需要其他方法确保公允价格。在一些条款中，价格在市场上被确定并且登在人们可以查询到的网站或商业报纸上。对于专业化的服务和产品，通常需要和供应商进行协商，在没有其他方法时，如费用高的项目，项目经理可能需要建立"应该成本估算"，也就是说，尽量判断供应商要付出的成本，再加上一个合理的产品利润，来确定合理的供应商报价。

4. 价值工程

价值工程（value engineering）是"用来优化项目生命周期成本，节省时间，增加利润，提高质量，扩大市场份额，解决问题，更有效地利用资源的方法"。价值工程非常强大，它可以复核已选择的用于完成工作，实现项目可交付成果特征的所有方法。通常，干系人发现要生产出规格说明中的特征，花费的成本费用高于他们希望支付的金额。在一个更新旧教堂的项目中，礼仪委员会建议特殊的灯光控制只能用在特殊场合。总承包商建议简化控制按钮，保留所有的新灯，可以节约 10 万美元。虽然礼仪委员会感到失望，但是教堂委员会欣然同意。在一些行业中，价值工程很普遍，把单独的阶段并入后期的项目计划中以确保在这项工作进行的一段时间中减少项目成本（时间）和提高项目质量（可用性）。

5. 作业成本法

当估算成本时，项目经理需要了解的另一个问题是组织采用的会计核算系统。在历史上大多数的公司都使用职能基础的会计核算系统。在这些系统中，管理成本（间接成本）分配到成本池中，然后基于业务量分配到直接成本中。当直接成本占总成本的比例较大时，这种做法是合理的。在当前，间接成本构成总成本的很大一部分，因此有必要小心分配间接成本，来选择真正为企业贡献最大利润的项目，并且确保控制最高的成本。作业成本法是另外一种会计核算方法，通过不同类型的动因将间接成本分配至固定成本。成本动因有产品数量（通常，这是职能基础会计的会计核算系统的唯一方法）、运行的批次数量、产品种类数量以及使用设备数量。作业成本法要求更多的分配间接成本的方法，获得更加准确的成本信息。通过提供关于成本动因更多的具体信息，作业成本法有助于支持流程改进，并说明购买昂贵设备的合理性。项目经理需要了解在他们的组织成本中成本是如何分配的，这样才能准确估算要分配到项目中的间接成本的金额。

6. 生命周期成本

生命周期成本是项目经理估算项目成本时需要了解的另一个成本概念。许多项目的选择都取决于其在有效的生命周期内创造项目和使用项目结果的总成本，即生命周期成本。很多时候在有效的生命周期内创造项目产品所花费的成本越多，运行项目时的成本就越少，因此需要在制造成本和运行成本间做出这种权衡决策。现在越来越多地考虑环境问题，计算生命周期总成本时，项目经理也应该考虑有效的生命周期结束后的产品弃置费用。这可能需要在产品中设计更多的可回收零件（虽然成本更高）。

7. 资金时间价值与国际汇率变动

当考虑未来成本时，项目经理需要知道如何计算资金的时间价值。当前 1 美元的价值会超过 1 年后 1 美元的价值。将未来收入和成本流处的价值进行折现，有利于更好的项目决策。项目经理需要通过适当的因素折现未来资金。通常，公司财务部门应告知项目经理折现率，折现率取决于通货膨胀率加上资金成本，在国际项目中，还取决于国际汇率变动。

5.2 项目费用预算

费用预算是给每一项独立工作分配全部费用，以获得度量项目实际执行的费用基线的计划过程。费用预算的依据是费用估算、工作分解结构和进度计划等，其主要技术和方法与费用估算相同。与费用估算不同的是，费用预算是项目费用的正式计划，费用基线也将作为今后项目执行和监控的基本依据，如图 5-4 所示。

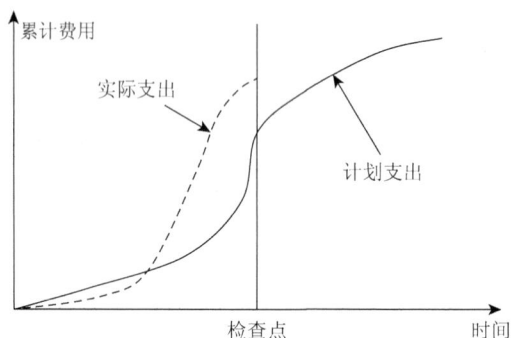

图 5-4　累计费用线示例

1. 费用预算的主要特征

（1）计划性。在项目计划过程中，项目首先被逐步分解为各项可执行的、独立的工作或任务，然后对每项独立的任务进行费用估算，最后根据费用估算和进度计划要求对各项工作或任务的费用进行批准、确认和汇总就可以形成项目的费用预算。可以说，费用预算是另一种形式的项目计划。

（2）约束性。预算又可以看成一种分配资源的计划，预算分配的结果可能并不能满足所涉及的管理人员的利益要求，而表现为一种约束，所涉及人员只能在这种约束的范围内行动。因此从某种程度上讲，预算既体现了公司的政策和倾向，又表达了对项目各项活动的重要性的认识和支持力度。合理的预算应尽可能"正确"地为相关活动确定必要的资源数量，即不过分慷慨，以避免浪费和管理松散；也不过于吝啬，以避免无法在既定的工期下确保质量。

（3）控制性。在项目执行过程中，预算可以作为一种执行标准而使用。因此，预算的制定一方面应体现项目对效率和效率的追求，强调管理者必须小心谨慎地控制资源的使用。另一方面，由于进行预算时不可能完全预计实际工作中所遇到的问题和环境的变化，所以对项目计划的偏离总是有可能出现，这就需要依据项目预算所提供的基准对项目的执行进行监控，及时发现偏离，并采取有效的措施修正偏离，确保项目目标的实现。

2. 费用预算的结果

费用预算的主要结果是获得项目费用预算表、费用负荷图和费用基线等。在费用预算表中，应列出项目所有工作或任务的名称、费用预算值、需要时间等（表 5-4）。而费用负荷曲线图是费用预算表的一种图形表达形式（图 5-5）。费用基线一般是指项目费用累计负荷曲线，它是项目费用预算的基准线，将作为度量和监控项目实施过程中费用支出的依据（图 5-6）。通常，费用基线随时间的关系是一个 S 型曲线。

表 5-4　某项目费用预算表　　　　　　　　　　（单位：工时）

工作名称	预算值	进度日程预算（项目日历表）										
		1	2	3	4	5	6	7	8	9	10	11
A	400	100	200	100								
B	400		50	100	150	100						
C	550		50	100	250	150						
D	450			100	100	150	100					
E	1100					100	300	300	200	200		
F	600								100	100	200	200
月计	3500	100	300	400	500	500	400	300	300	300	200	200
累计		100	400	800	1300	1800	2200	2500	2800	3100	3300	3500

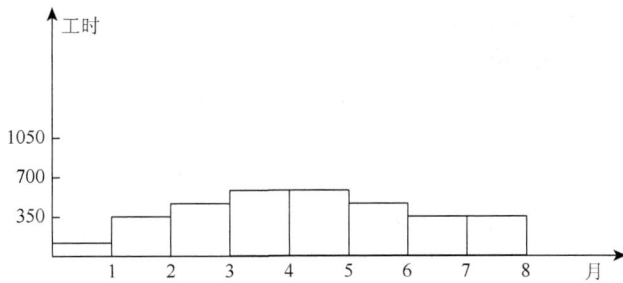

图 5-5　某项目费用负荷曲线图

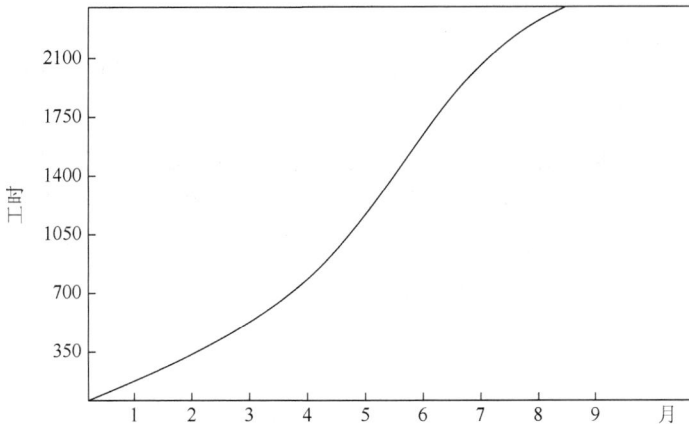

图 5-6　某项目费用累计负荷曲线（预算基准线）

5.3　项目质量计划

5.3.1　项目质量的核心概念

《项目管理知识体系指南》把项目质量简要定义为：一组固有的特性能够满足要求的程度。要完全理解质量的定义以及实现途径，需要理解由上述来源发展而来的 4 个现代质量的核心概念：干系人的满意度；过程管理；基于事实的管理；有效的执行。

1. 干系人的满意度

干系人的满意度包括干系人识别、使用结构化过程确定相关质量标准以及了解干系人最终质量目标。项目的外部干系人包括顾客、供应商、公众以及其他团体；内部干系人包括股东以及组织内担任职务的工作人员。

基于干系人的要求制定质量标准，制定项目相关质量标准的决策过程分为以下步骤。

（1）识别所有干系人。

（2）根据干系人的优先级将其排序。

（3）获悉具有优先权的干系人的要求。

（4）制定满足这些要求的标准。

（5）权衡取舍、做出决策。

干系人一般都积极参与质量标准的质量过程，他们会从自己的角度对质量管理过程进行判断，这样，他们评判的范围既包括工作过程的质量，又包括可交付成果的质量。当进行权衡取舍时，项目经理起促进作用，实际上要有干系人做出决策，此时提醒干系人考虑成本、进度、范围和质量的相对重要性，这些对确定合理的标准是很有价值的。

在获得干系人满意的问题上，有几句格言是很有价值的。第一句是一位老木匠的建议："多次测量才能保证一次切割准确无误。"也就是说精密的计划有助于减小偏差，进而削减成本，缩短工期，这些都可以使干系人更加满意。第二句格言是："达到要求并且超出预期。"正如合同所规定，项目必须达到干系人的具体要求，但是如果能向干系人展示优化的工作过程并进行良好的沟通，那么项目的可交付成果会超出预期使他们更满意。这里所说的达到要求与超出预期源自两个不同的出发点。项目管理能够在成本范围内按期完成项目，达到合同要求，而有效的项目管理，不仅要达到合同要求，而且要增加顾客的满意度。第三条格言是："明智的项目经理懂得开发顾客的潜能。"意思是顾客使用项目的可交付成果更好地完成工作，由此可能增加合作、培训、客户支持的机会进而增加项目的收益。敏捷项目管理的建议是经常（可能是每天）与业主和其他干系人进行沟通。这对任何项目都是一条好的建议。

2. 过程管理

过程（process）是"为完成"既定的产品、成果或服务所实施的一系列相互关联的活动。

1）SIPOC 模型

对项目进行深入了解的第一部分内容是明确由供应商经项目到顾客的所有工作的过程。完成上述内容的有效工具是供应商（supplier）—输入（input）—过程（process）—输出（output）—顾客（customer）模型，即 SIPOC 模型，如图 5-7 所示。

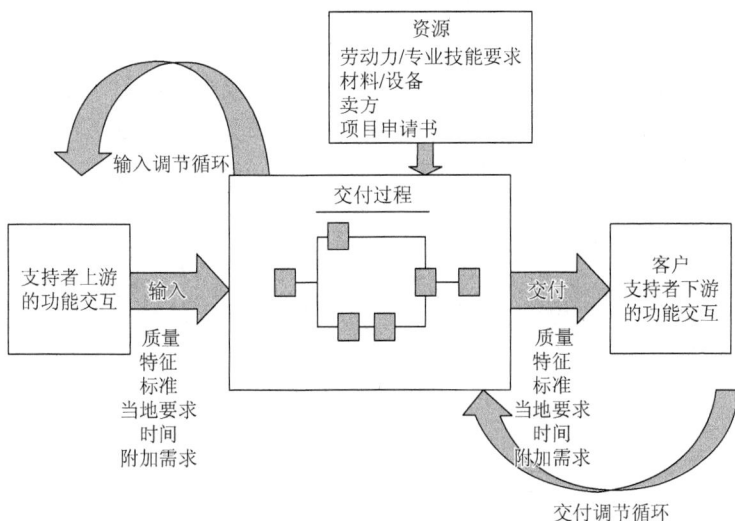

图 5-7　SIPOC 模型

在图 5-7 中，过程边界定义得非常清晰。这样可以有效防止取消过程中靠前或靠后的步骤所导致的范围蔓延。上述 SIPOC 模型也对向过程提供输入（供应商）、从过程中获得收益的关键干系人（客户）进行识别，而且显示出反馈循环，进而提供有用的信息。

从项目客户开始向前思考可以对 SIPOC 模型作出解释。例如，前面所述，项目经理识别出相关项目的全部客户以及他们期望的输出是很有价值的。此输出清单包含的期望通常过于广泛，需要做出优先化决策。此时项目经理及核心团队可以为创造这些输出成果界定必要的工作过程，进而识别出完成这些活动所需要的输入，最终确定供应商。

当供应商—顾客的观点明确后，下一步就要确定该过程是否能够创造项目的可交付成果。这个问题在项目章程的制定时就应该进行讨论，如对里程碑进度计划、风险、约束条件进行讨论，把可能存在的严重问题提出来。在部分小型项目中，这可能足以确定创造可交付成果所计划的方法是否可行；而在其他项目中，可能还需对进度、资源、风险进行更详细的分析。当考虑项目过程的可行性时，项目经理要明确项目运行的可能情况，并确保过程的方法足够有弹性应对可能发生的各种意外情况。

经验丰富的项目经理懂得，在过程中控制质量，要远优于检测时再发现问题。原因如下：第一，生产不合格产品，然后重新生产合格的输出产品造成严重的成本浪费；第二，任何返工都会加剧很多项目本来已很紧迫的工期压力；第三，即便是最优秀的检验员也不可能检测出全部问题，一些劣质品很可能流入顾客手中。

2）过程管理的第二部分是过程控制

控制（control）是"将实施结果与计划结果进行比较，分析偏差、估计趋势以便改进过程，评价可行的替代方案，并且根据需要采取适当的纠正措施的过程"。过程控制的目标是保证输出成果能够被正确预测。如果输出成果无法预测，或者预测结果不令人满意，项目经理就会进行过程管理的第三部分：过程改进。

　　3）过程改进的 PDCA 模型

　　过程改进，既可以用持续渐进的方式，也可以用突破性的方式。并不是所有的项目核心团队成员以及相关专家在任何时候都可以得出过程的改进方法。缓慢而稳定的改进是项目过程控制良好的基础，然而在一些情况下必须进行大幅度的改进，此时就需要突破性方式发挥其作用。无论期望的改进幅度大小，都可以使用模型使改进工作有章可循。改进模型，如 DMAIC，通常是以计划（plan）—实施（do）—检查（check）—行动（act）循环即 PDCA 循环为基础的，如图 5-8 所示。

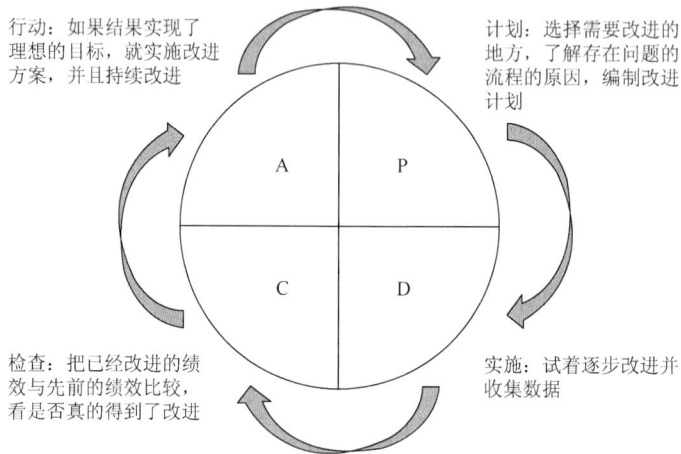

图 5-8　PDCA 循环

3. 基于事实的管理

　　基于事实进行决策是许多项目经理所面临的一个挑战。基于事实进行决策听上去是理所当然的事情，但实际上却很难做到，原因如下：个人观点的影响；难以判断信息收集的范围；通常项目运作过程中时间紧迫，项目经理必须迅速做出决策。

　　基于事实管理的四个方面也包括理解偏差、确定测度的范围、正确地使用数据以及适当地运用已知的信息。

　　（1）理解偏差。项目决策者要明确两种偏差的区别。常见原因（common cause）表现为在可预测的限制内由随机因素引起的，导致产品设计与制作方法的偏差。而特殊原因（special cause）为一种非流程固有、无法预见的外部因素引起的偏差。确定以下内容是重要的：项目出现偏差的时间，是否超出特定工作活动以及可交付成果的预期的范围（常见原因），是否有异常事件发生（特殊原因）。如果偏差源于常见原因，而结果仍然达不到预期标准，就需要对该系统进行变更，完成工作的方式。如果偏差是由特殊原因引起的，那么改进时只需对特殊原因进行变更而非整个系统。据很多质量倡议者估计，大部分偏差是由常见原因引起的，而很多项目经理却立即试图将其归咎于某个员工或某个问题（特殊原因）。当真正的原因出自系统的某部分时，问题是多方面复合而成的，但原因却被错误地归咎于某一点，这样，问题没有得到解决，却增加了员工对工作的恐惧感。基于事实的管理要求项目经理能够辨别偏差是由常见原因还是特殊原因所引起的，而后在此基础上采取适当的解决措施。

（2）确定测度的范围。项目经理要避免两个极端，一个极端是由于时间紧迫无暇对项目进行任何测度，另一个极端是测度很多方面以确保万无一失。经验丰富的项目经理会弄清楚有多少有用的数据可供收集以及如果没有这些数据应该什么时候采取行动。质量度量（quality metric）是项目或产品属性及测度的描述。测度包括项目属性，如按时在预算内完成，也包括产品属性，如缺陷频率。如果项目章程制定得很完善，那么其中应包括里程碑进度表，表中规定了每个里程碑的验收标准，这些都是很有价值的测度。历史的经验表明，项目哪方面运转得很好可以在以后继续保持，或者哪方面很糟今后要加以避免，这些都可以作为有价值的测度提供参考。项目经理与发起人应该就测度的范围、测度的时间以及测度的环境方面达成一致。很多项目发起人会因此非常繁忙，但是达成的协定越具体，收集的数据就越有价值。

（3）正确地使用数据。基于事实的管理第三方面内容是如何收集、处理以及存储这些已识别数据。数据是测度过程中收集的对事实的简要表述。一般来说，最接近现场的人是最有利的数据收集者，他们应尽力准确无误且及时地完成数据收集工作。项目团队使用组织现有的模板进行数据收集，也可以创建自己的数据收集表单，当该工作不止一人参与时，要保证一致性。数据收集完成后要对其进行分析，使用简易的工具得出数据所代表的状态和趋势可以获得大量的有用信息。大型复杂的项目以及使用六西格玛管理的精密项目通常会进行更加详细的统计分析，把这些未经过处理的数据转化为对决策有价值的信息。

（4）适当地使用已知信息。基于事实决策的最后一方面内容是如何使用上述得出的信息。信息由数据推导而来，并需要结合项目环境进行理解，项目沟通计划通常会阐明信息是如何传播的。即使在难度很大的情况下，最好的项目文化仍强调沟通的真实性和透明度。团队鼓励员工使用信息对观点和决策提出质疑，因为基于事实做出决策通常需要很大的勇气，同时需要具备一定的判断力，虽然基于事实的质疑是有价值的，但是如果质疑并非基于事实而是源于个人观点，会对项目造成不利的影响。

4. 有效的执行

项目质量的核心概念的第四部分也是最后一部分是有效的执行。有效执行的目标是在公司内各层级、各职位培养有能力且工作积极的员工。公司领导者通过发展组织文化来实现这个目标。而项目中要求项目发起人以及项目经理发展项目文化。组织文化包括拥有共同价值观的组织成员共同遵守的正式和非正式的规则。有效执行的项目文化如下：提倡项目经理允许并鼓励员工承担一定的风险，并且把风险事件视为学习的机会而非惩罚的预兆；对员工进行培训和辅导使他们愿意承担风险；项目经理应放弃部分决策权而允许组织中底层成员进行决策。有效执行的另一方面内容是培养专家以帮助组织内其他成员，例如，组织培训六西格玛黑带指导项目改进工程。

（1）对个性的认可。培养有工作能力且积极主动的员工最基本的出发点是把每个人都看成一个个体。高层领导者都应该提倡包容精神，懂得差异性并可以接受，这非常有利于项目的发展。

（2）用人之所长。杰出的项目经理不仅要组建一支优秀的团队，而且要使每个成员发挥自己的长处。每个人都有自己独特的才能，使个人取得进步并且实现自我价值的最好的机会就是善用他们独特的才能。当员工认为老板很赏识自己某方面的才能，而且创造机会使他能够从事最期望并且最擅长领域的工作时，他会发挥最高水平来完成工作。

（3）强调个人责任。有效执行要求每个人了解并承担自己的责任。大部分责任落在项目经理以及核心团队成员身上。但是相关专家负责他们特定的活动；职能部门经理是相关专家的技术主管，负责选择最优的工作方法；项目发起者与项目经理共同承担项目实施的责任；客户代表负责监控他们对项目经理所提出的要求所产生的影响。总之，每个人必须明确自己的责任，知道怎样做有利于总体目标的实现，而且保证正确地完成自己的工作并且对自己的决策承担结果。

（4）适当的协作。最后，适当的协作是实现有效执行的关键，这里的协作既包括组织内协作，也包括组织外协作。跨职能团队要完成大量的项目工作，当个人、团队以及组织的经验总结得较高时，跨职能团队才能达到最高的效率。鼓励项目内经验总结的有效方法是在项目里程碑完成或项目收尾时进行经验教训总结，这些总结是公开的，与其他团队共勉。把视角扩展到母公司以外有助于加快协作与学习。当然，一些东西不能共享，但有大量信息是可以分享的，团队可以在经验的互相交流中受益，这种外部分享的途径有召开会议、公司间职务调换或其他方式。一个需要有效执行才能成功的独特项目的经典案例就是老式飞机运输。

全球航运公司（GSC）由个人成立，将 1942 年的旧飞机以 100 万美元的价格销售，从辛辛那提运到澳大利亚。由于旧飞机易碎，需要制定运输计划，以达到既经济又避免损坏的目的。

他们面临的一个挑战是仅使用公司的人员、设备与资源来处理整个项目，另一个挑战是要设计出一个运输这件不寻常货物的定制解决方案。

全球航运公司的组织文化是鼓励交叉培训，部门间合作，风险承担和用最小成本创造性地解决问题，因为旧飞机很大又易碎，一个策略是将飞机拆卸，用集装箱海运运输。该项目被分解为五个部分：举起、拆卸、打包、装载、运输。

为举起整个飞机，不得不安排设备、许可证与护卫队，用平板货车将旧飞机完整地拖离机场，沿着一个主干道运到仓库，为了满足标准海运货柜的要求，必须在美国联邦航空管理局（Federal Aviation Administration，FAA）的监管下拆卸旧飞机，并满足美国联邦航空管理局的监管要求。为了避免损害，每个部件都要单独包装。要检测不同类型的布料和泡沫，选择合适的，避免划伤旧飞机。由于高度的限制，仓库管理人员需要设计并建造出定制的轮床，将旧飞机滚入集装箱中，得到保护。打包好之后，每一部分都要进行装载，放入集装箱中，避免运输途中的损害。然后就开始运输旧飞机。进行拆卸、文档编制和打包过程，应该使得新的所有者能够重新组装，将旧飞机用于航展。

项目成功首先源于承担项目的勇气，创造性、有效利用公司资源的能力与意料之外的事件发生时调整计划的能力。结果既成功完成项目，满足所有美国联邦航空管理局标准，又超出干系人预期，开发出一套能够重新组装的运输流程。

5. 核心概念总结

项目质量核心概念小结，如表 5-5 所示。

表 5-5　项目质量核心概念小结

概念	具体指导
干系人的满意度	识别所有内外部干系人 将干系人按照优先级排序 获悉具有优先权的干系人的要求 制定满足这些要求的标准 权衡取舍，做出决策 认识将对工作过程和可交付成果进行质量判断的干系人 多次测量保证结果精确（计划并检查计划）满足需求并超出预期 开发客户潜能
过程管理	学习 SIPOC 模型流程 设计质量流程远好于仅发现错误 保证项目过程的可用性和灵活性 控制项目过程使其按照一定的轨道运行 使用基于 PDCA 概念的模型改进质量
基于事实的管理	理解偏差的一般原因和特殊原因间的差别 选择部分关键且容易定义的部分进行测量 仔细收集数据并用适当的项目分析工具将其转变为有用的信息 在制定项目决策时，主张基于真实、透明并充分发挥能力的沟通
有效的执行	在公司各层级各部门培养工作能力强且积极努力的员工 培养勇于承担风险的项目文化 对个性的认可 尽可能使每个人做自己喜欢的工作，尽可能做到用人之长 确保每个人明确并接受自己的责任 尽可能广泛地分享知识、经验或其他信息

5.3.2　编制质量管理计划

质量管理计划（quality management plan）是"项目管理计划中描述如何实施组织质量政策的组成部分"。因此，本节的逻辑起点是了解质量政策的定义，以及它如何规范项目经理及其团队的活动。本节的其余部分对项目质量管理计划的组成与过程改进计划进行讨论。

1. 质量政策

为指导公司的质量工作，组织的高层管理者通常会写一个简要说明作为质量政策。该政策反映了高层管理者的质量实现原则，以及他们希望通过好的质量所取得的效益。项目经理通常首先考虑使用总公司的质量政策，如果该政策不适用，或者该项目属于组织间合作关系的项目，项目经理可能需要合并或补充质量政策，但是项目的质量政策绝不能违背总公司和主要客户的质量政策意向。

一项通过互联网进行的关于 2013 年 25 家公司质量政策的调查显示，各公司质量政策差异很大。有的不超过 20 个字，而有的则不止 200 字，内容、格式也大不相同。项目经理惯用术语的出现频率如表 5-6 所示。

表 5-6　惯用术语的出现频率

术语	政策频率	术语	政策频率
顾客	92	满足标准/法律	36
改进过程	84	可持续性/可靠性/可依赖性	36
产品	72	时间/反应	16
满足需求	68	供应商	16
服务	64	安全	16
价值/成本	56	超出要求	12
员工	44	测量	12
最好/优秀/高质量	44	声誉	12
承诺/领导	40		

　　调查中发现很多有趣的现象。首先，绝大部分政策都提及顾客，绝大多数公司在政策中声称顾客是他们存在的理由。其次，多数质量政策包括改进过程。许多公司提到达到合同的要求，但是极少有提到超过客户预期的，这意味着对于多数公司，质量的衡量标准是能否达到要求，而不是超出预期。大部分质量政策都提到产品和服务——这里应该提醒项目经理，服务和信息常常伴随产品来满足客户的需求。大部分公司也明确指出质量政策应包含客户价值与成本控制。

　　此外涉及员工、优秀、承诺、满足标准与可持续性/可靠性/可依赖性。最后列出了出现频率在 10%～20%的其他术语。这并不意味着决策者认为这些术语不重要，只是相对于前面提到的术语重要性差一些。请记住，质量政策一般都很简洁，只包括几个关键性思想，因为它们的目的是确定方向，而不是计划细节。除了质量政策，大多数项目质量管理计划还阐述了项目将使用的质量标准以及如何实施这些标准。质量管理计划可能还描述了用于评价项目的质量基准以及质量保证和控制的方法。

　　2. 质量管理计划

　　质量管理计划是整体项目管理计划的一部分。在小型简单的项目中，质量计划与其他计划同时进行，而且被无缝融入项目计划中。在大型复杂或非寻常的项目中，质量计划单独进行管理，它虽然是整体项目计划的一部分，但是作为一份单独的文档出现。

　　项目质量管理计划应该描述如何识别下列内容：项目整体质量目标；关键项目可支付成果及每项的评价标准；从顾客角度看可支付成果的完成与正确性标准；质量控制活动；关键项目工作流程以及审查标准；干系人对项目流程的期望；质量保证活动；质量角色与职责；质量工具。

　　3. 质量基准

　　项目工作应该通过范围说明书或工作分解结构进行明确界定。为原材料及其他输入、工作活动、文件以及项目的可交付成果选择适当的质量标准。这些标准可能是行业规范、客户的具体标准或政府的规章制度。项目经理最终负责选择适当的标准，以及在需要的情况下制定新的标准。但是项目经理通常从职能部门经理和相关专家那里获得一些信息用于制定关于工作方法的标准，并且获取客户信息用于制定文件和可交付成果的相关标准。

质量标准反映了各方经协商所确定的质量目标，可以包括用于严格界定测度范围、测度方法以及目标值的标准。

4. 过程改进计划

过程改进计划（process improvement plan）是"项目管理计划的子计划，详细说明了分析过程的步骤，以确定能够提高价值的活动"。过程改进在前面的过程管理核心概念中已经介绍过。

5. 质量保证

实施质量保证（perform quality assurance）是"审计质量要求和质量控制测量结果以确保采用适当的质量标准与运营定义的过程"。这是为使关键干系人确信胜任的员工正在用合理的工作方法实施项目工作而广泛进行的管理活动，它有利于产生优质的项目可交付成果和文件。质量保证是一种可以在提高质量的同时管理干系人关系的方法。

了解质量保证最好的途径是考虑它的两个主要方法：质量审计和过程分析。质量审计（quality audit）是"判断项目活动是否与组织和项目的政策、流程和程序一致的结构化的独立的过程"。用来确定正在使用什么方法（最好是质量基准确定的方法），这些方法是否有效。为了进行有效的质量审计，项目经理必须使员工明确，审计的真正目的是改进方法，而非惩罚个人。

过程分析（process analysis）是"根据过程改进计划的步骤识别所需的改进"。它可以通过套用改进模型来完成，如图 5-8 所示的 PDCA 循环模型。过程改进不但可以提高质量，还可以提高生产率。过程改进可以是随着时间的推移而进行的渐进性改进，也可以是短时间内计划并实施，产生巨大改变的突破性改进。

6. 质量控制

质量控制（quality control）是"监控并记录实施质量活动的结果，以评估绩效，推荐必要变更的过程"。这套详细的技术活动用于检测具体项目可交付成果是否符合相应的质量标准。质量控制一般包括对输入、活动以及可交付成果的检查，并包括一个工作绩效报告系统。质量控制的输出结果为变更请求，一般包括如下内容。

（1）预防措施（preventive actions）为"确保项目工作的未来绩效与项目管理计划一致的有意识的活动"。

（2）纠正措施（corrective actions）为"调整项目绩效与项目管理计划的有意识的活动"。

（3）缺陷维修（defect repair）为"修正不合格的产品或产品组成部分的有意识的活动"。

5.3.3　项目质量成本效益分析

在进行成本/收益分析时，项目经理需要考虑，如果某个项目达到了规定的质量标准，首先就减少了返工，这便意味着提高了生产效率、降低了成本以及提高了项目相关人员的满意度。质量、成本与利润这三者在一个项目中既有对立性又有统一性，解决这三者关系的关键是找到恰当的着力点。美国著名的质量管理专家朱兰有这么一句名言："提高经济效益的巨大潜力隐藏在产品的质量中。"

成本/收益法也称经济质量法，这种方法要求在制定项目质量计划时应该充分考虑完成项目质量的经济性。质量成本是指为保证和提高项目质量而预付的一切费用，以及未达到质量水平而造成的一切损失之和；美国质量管理专家朱兰将质量成本定义为："为保证和提高产品质量而支付的一切费用，以及因未得到既定质量水平而造成的一切损失之和。"项目效益是指项目的高效率、低成本，质量标准的满足以及项目干系人的满意度的提高；在ISO8402—1994中项目质量收益是指开展项目质量活动能够带来的全部好处（如减少返工、提高生产率、降低成本等）。质量为组织带来的效益表现为高质量产品和无误的高价格、高竞争力，有效的质量保证体系所带来的废品率减少，市场声誉和客户满意度的提升。

项目质量成本/收益方法的实质是通过运用质量成本与收益的比较分析去编制出能够保证项目质量收益超过质量成本的项目质量管理计划。任何一个项目的质量管理都需要开展两方面的工作，其一是项目质量的保障工作，这是防止有缺陷的项目产出物出现和形成的管理工作；其二是项目质量检验与质量恢复工作，这是通过检验发现质量问题，并采取各种方法恢复项目质量工作。项目质量收益则是通过努力降低上述两种质量成本而获得的收益。项目质量的成本/收益法就是合理安排和计划项目的这两种质量成本，使项目的质量总成本相对最低、而质量收益相对提高的一种项目质量计划的方法。

下面从经济学的角度分析质量效益以及确定质量水平，如图 5-9 所示。项目的质量对项目的收益和成本都会产生影响，即质量的持续改进在带来收益增加的同时，成本同样会增加。具体分析过程为：当质量等级改进为 Δq 时，质量效益会增加 ΔI，相应地，质量成本也会增加 ΔC。令 $\Delta\beta = \dfrac{\Delta I}{\Delta C}$，显然，当 $\Delta\beta > 1$ 时，质量改进是可取的；当 $\Delta\beta < 1$ 时，质量改进则是不可取的；当 $\Delta\beta = 1$ 时，如果这种质量改进是对社会有益的，就是可取的，否则就是不必要的。

5.3.4　项目质量目标的权衡分析

在进行项目的质量计划时，必须进行项目的质量策划，项目质量策划的首要任务是设定质量目标。项目质量目标是项目在质量方面追求的目的，可以分为总目标和各级具体目标。总目标就是项目拟达到的总体质量水平，项目质量具体目标可以分为横向目标与纵向目标，其中横向目标包括项目的性能性指标、可靠性指标、安全性指标、经济性指标、时间性指标和环境性指标，纵向目标是指项目各级管理者根据总体目标在各职能与各层次上建立起的相应质量目标，即总目标的组织任务分解。

因此质量目标的合理、科学确立就需要运用一些质量策划的方法，现介绍如下。

1. 质量成本分析

质量成本是全面质量管理活动的经济表现，是实现项目所规定的目标所需要的全部费用。质量成本是将质量投入与质量损失联系起来的一种考虑质量问题的方法，是传递质量信息的一种载体，也是实施质量管理的一种有效工具。质量成本一般可以分为五项：预防成本、鉴定成本、内部损失成本、外部损失成本和外部质量保证成本。

项目的质量与项目质量成本之间存在着密切的关系，一般说来项目的预防、鉴定、外部质量保证等费用越高，项目的质量水平就越高，假设预防和鉴定成本之和为 C_2；而项目的内部损失成本、外部损失成本则随着项目质量水平的降低而增加，假设内外部损失成本之和为 C_1，则 C_1 与 C_2 的和 C 构成了产品的质量总成本，如图 5-9 所示。

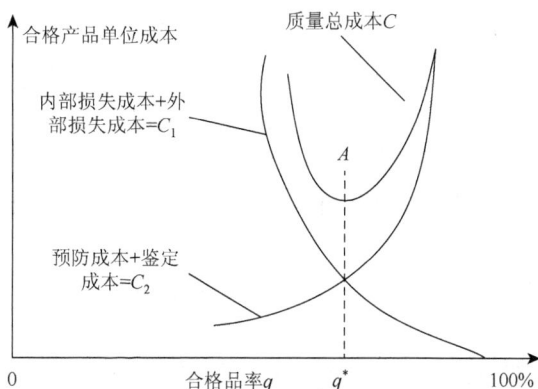

图 5-9　质量水平和质量成本的关系

根据上述分析有 $C(q) = C_1(q) + C_2(q)$，其中 $\dfrac{\mathrm{d}}{\mathrm{d}q} C_1(q) < 0$，$\dfrac{\mathrm{d}}{\mathrm{d}q} C_2(q) > 0$。目的是求出 $\min\limits_{q} C(q)$。由数学分析原理可知，$C(q)$ 的一阶导数等于零的点，就是 $C(q)$ 的极值点。令

$$\frac{\mathrm{d}}{\mathrm{d}q} C(q) = \frac{\mathrm{d}}{\mathrm{d}q} C_1(q) + \frac{\mathrm{d}}{\mathrm{d}q} C_2(q) = 0$$

可求出 q^*，即在点 q^* 有

$$-\frac{\mathrm{d}}{\mathrm{d}q} C_1(q^*) = \frac{\mathrm{d}}{\mathrm{d}q} C_2(q^*)$$

又由定性分析可知，预防与鉴定（检验）成本将随质量水平的提高而上升得越来越快；内外部质量损失成本将随质量水平的提高而下降得越来越慢，也就是说两者相对质量水平的二阶导数都大于零，即

$$\frac{\mathrm{d}^2}{\mathrm{d}q^2} C_1(q) > 0，\quad \frac{\mathrm{d}^2}{\mathrm{d}q^2} C_2(q) > 0$$

于是，总质量成本的二阶导数也大于零：

$$\frac{\mathrm{d}^2}{\mathrm{d}q^2} C(q) = \frac{\mathrm{d}^2}{\mathrm{d}q^2} C_1(q) + \frac{\mathrm{d}^2}{\mathrm{d}q^2} C_2(q) > 0$$

因此，根据数学分析原理可知，质量总成本在极值点 q^* 处得到最小值。进一步还可以证明，总质量成本 C 的最低点一定是 C_1 与 C_2 的相交点。

2. 质量标杆法

质量标杆法（benchmarking）是利用其他项目实际实施的或计划的质量结果或项目质量计划作为新项目的质量参照体系和比照目标，通过比较，进行项目质量策划或制定出新项目质量计划的方法。具体地说就是，根据实际的或计划中的项目实施情况与那些在项目执行组织内部或外部的其他项目或产品的相应特性进行比较，从而产生质量改进的思想，并提供检测项目绩效的标准。对产生最佳绩效的最优经营管理实践的探索，也就是以领先组织为标准或参照，通过搜集资料、分析、比较、跟踪学习等一系列的规范化的程序，改进绩效，赶上并超过竞争对手，成为市场中的领先者。

质量标杆法用于项目质量计划，就是以同类优秀项目为标准或参照，对其进行分析、比较、跟踪学习，不断改进本项目质量，力求超过同类优秀项目，使本项目质量成为同类最优。实施质量标杆法主要包括四个环节。

（1）收集信息。为了树立学习的标杆首先需要选择标杆，并收集反映标杆对象的过去、现在的状态信息和未来的发展趋势信息。

（2）分析信息、资料。对了解的信息、收集的资料要进行对比分析、研究，以确定问题的关键点。

（3）找出差距。将本项目与标杆进行比较，以确定存在的差距。

（4）制定对策。根据所存在的差距制定相应的对策。对策包括提高项目质量水平、改善项目特征、完善质量管理措施。

质量标杆法用于项目质量计划的制定过程，其基本思想就是利用其他项目实际的或计划的质量结果或项目质量计划作为新项目的质量参照体系和比照目标，通过对照比较最终制定出新项目质量计划的方法。这是项目质量计划中常用的一种十分有效的方法。这里所说的其他项目，既可以是项目组织自己以前完成的项目，也可以是其他组织以前完成的或者正在进行的项目。通常的做法是，以标杆项目的质量政策、质量标准与规范、质量管理计划、质量核检单、质量工作说明文件、质量改进记录和原始质量凭证等文件为蓝本，结合新项目的特点去指定出新项目的质量计划文件。使用这种方法时应充分注意"标杆项目"质量管理中实际发生的各种质量问题及教训，在指定新项目质量计划时要考虑采取相应的防范和应急措施，尽可能避免类似项目质量事故。

3. 流程图法

流程图是使用描述项目工作流程和项目流程各个环节之间相互联系的图表去编制项目质量计划的方法，通常由若干因素和箭线相连的一系列关系组成（图5-10）。项目流程有助于预测项目发生质量问题的环节，有助于分配项目质量管理的责任，有助于找出解决项目质量问题的措施等，因此项目流程图非常有助于编制项目质量计划。一般情况，人们利用此方法去分析和确定项目实施过程和项目质量形成的过程，然后编制项目的质量计划。

流程图既可以用于分析项目质量因素也可以用于编制项目质量计划。编制项目质量计划常使用到流程图主要包括项目的系统流程图、实施过程流程图、作业过程流程图等。这里主要介绍系统流程图、关联图和因果图三种类型。

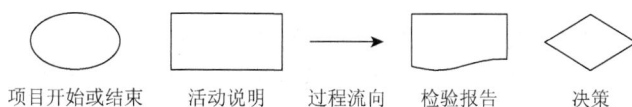

图 5-10　项目流程图符号表示

（1）系统流程图。系统流程图主要用于说明项目系统各要素之间存在的相关关系。利用系统流程图可以明确质量管理过程中各项活动、各环节之间关系，图 5-11 描述内部审核系统流程图。

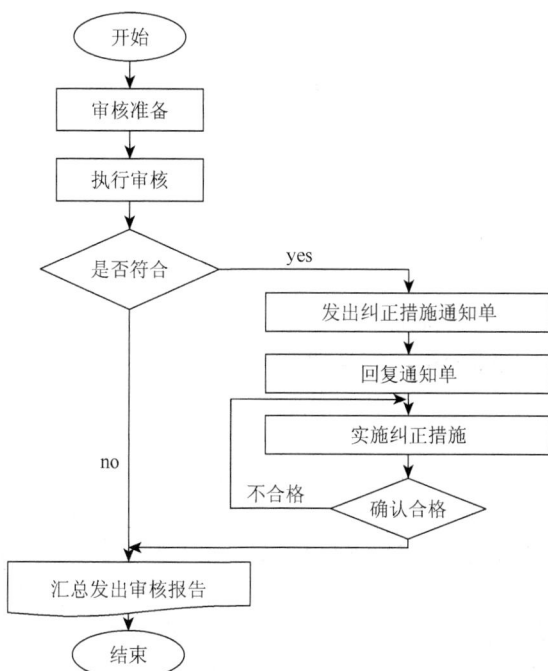

图 5-11　内部审核系统流程图

（2）关联图。主要用于分析和说明各种因素和原因如何导致或产生各种潜在的问题和后果，如图 5-12 所示。

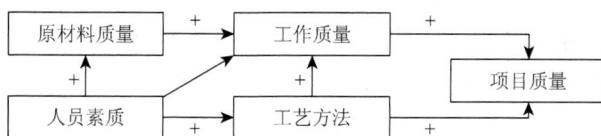

图 5-12　关联图

（3）鱼刺图。鱼刺图又称石川图或因果图，1953 年由日本东京大学石川馨第一次提出。石川馨和他的助手在研究活动中用这种方法分析影响质量问题的因素，由于因果图较为实用有效，所以在日本的企业得到了广泛的应用，很快又被世界上许多国家应用。

因果图是以结果为特征，以原因作为因素，在它们之间用箭头联系起来，表示因果关系的图形。因果图主要用于分析质量特征与影响质量特征的可能原因之间的因果关系，通过把握现状、分析原因、寻找措施来促进问题的解决。基本形式见图 5-13。

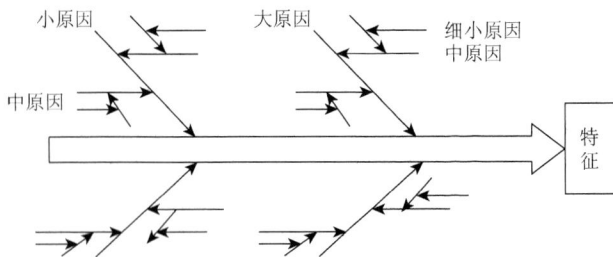

图 5-13　因果图形式

复习思考题

1. 项目成本的类型有哪些？
2. 项目成本估算的常用方法有哪些？
3. 项目费用预算的主要特征是什么？
4. 项目质量目标的权衡分析过程是什么？

案例分析

1990 年夏季的一个晚上，在深圳格兰云天酒店，英国 SBS 公司市场经理尼克斯与设计部经理克瑞斯就是否继续竞标深圳某合资公司 300 万美元的 2 台大型玻璃窑炉项目产生了激烈的争执。由于 SBS 是一个仅有 200 人的公司，深圳之行的目标是在 2 台大型炉和 4 台中型炉中争取到一项订单。在已接受了深圳某公司的 280 万美元的 4 台中型工业隧道窑炉的订货以后，克瑞斯坚持认为公司已经没有能力再接受另外 2 台大型玻璃窑炉的订单。而尼克斯则坚持利用有利时机，争取再拿到 2 台大型窑炉的订单。由于双方争持不下，所以决定电话请示英国 SBS 公司总部。

同样就 6 台工业窑炉的招标问题，深圳某合资公司的设备部长王林和副部长小泉一郎也争得面红耳赤，英国 SBS 公司在 4 台中型窑炉的低价位令王林产生了在 2 台大型窑炉的招标中再节省一笔可观的设备费用的想法。而小泉一郎根据自己 20 年的设备制造经验，坚持认为 SBS 公司没有能力在一年内制造出 6 台工业窑炉。由于双方争持不下，所以决定在谈判中视价格和交货期而定。

3 天以后，由于 SBS 公司比竞争的日本设备厂家的价格低 20 万美元，同时承诺 10 个月的交货期，SBS 公司再次中标并签订了供货合同，在格兰云天酒店双方举办了合同签字的庆贺酒会。

5 天以后，在进一步的技术交底中，尼克斯指出合资公司主任设计师铃木提供的设备图纸规格中没有炉顶至厂房顶部的排烟管道、炉子下部没有排水管道等 7 处遗漏，上述项目不在 SBS 公司的报价范围内，如制造需追加设计和制造费 20 万美元。

一个月以后，英国沃尔沃翰普顿市报纸以头版头条位置登出 SBS 公司在中国获得 580

第 5 章　项目成本计划与质量计划　119

万美元订单的消息。

6 个月后，王林携员赴英国监造设备，发现由于任务工作量巨大，SBS 公司不得不委托沃尔沃翰普顿市附近的大量小作坊对项目进行二次承包和三次承包。

10 个月以后，到货的 4 台中型窑炉由于包装不善，在海运中遇浪进水。炉壁间的岩棉隔热层需在工地进行炉体分解后更换，SBS 公司支付材料、工时费 20 万元人民币。11个月以后，在安装中发现，4 台中型炉的 480 个温度控制热电偶孔没有按照制造图纸加工，由于 480 个温度控制热电偶孔散布在炉层中间，所以支付安装队现场加工费 10 万元人民币。由于 SBS 公司现场工程师人手不足，所以临时雇佣工程师理查德负责 2 号大型窑炉安装。

12 个月以后，2 台大型炉进行试车验收，发现 2 号大型炉运载工件间歇蠕动，时有玻璃工件断裂发生。深圳合资公司拒绝验收 2 号大型窑炉。

18 个月以后，由于开工生产需要，2 号大型窑炉获得条件验收，SBS 公司负有继续努力解决运载工件间歇蠕动问题的责任。

24 个月以后，SBS 公司 3 次派安装工程师携解决方案来深圳工作未果，放弃努力。SBS 公司深圳项目经理皮特和现场安装部经理卫金斯被解职。

3 年以后，2 号大型窑炉由于运行轨道磨损严重，需更换轨道。王林利用停产 15 天时间雇佣安装队重新安装运行轨道，工件间歇蠕动问题消失。

10 年以后，尼克斯退休，小泉一郎退休，王林退休。克瑞斯升任 SBS 公司副总经理。克瑞斯获悉深圳合资公司扩建需再定制大型工业窑炉一台后携员赴深圳。在格兰云天酒店宴请老朋友王林，席间谈及深圳合资公司扩建一事，王林不无感慨地谈到："人生有些决策失误可以弥补，有些则不得不承受一生了。"翌日，克瑞斯携员"打道回府"。

问题：

这个项目的质量问题主要体现在哪些方面？

第6章 项目实施与控制管理

➤ **本章提要**：项目计划的实施就是将项目计划转变成行动，以已经制定的计划为基础，所进行的一系列活动或努力的过程。项目实施最终产生项目产品，是项目管理应用领域的一个关键环节。项目控制就是监测和测量项目实际进展，若发现实施过程偏离了计划，就要找出原因，采取行动，使项目回到计划的轨道上来。因此本章将学习以下内容：项目计划的实施与控制；项目进度计划的实施过程、项目进度监控类型、项目进度更新的基本方法和内容；项目费用控制的方法和技术；项目质量控制的特点；项目变更的概念和基本要求。

➤ **引导案例**：金博联信息技术有限公司（CIU）是某市一家大型股份制软件企业，公司研发人员达到200人，主要从事电子政务应用系统和金融信息系统等方向的研发。CIU公司具有较强的政府背景，公司副总经理兼技术总监张工原为该市政府信息中心总工程师，3年前创立了CIU公司。目前CIU公司正在进行该市某政府机关的办公自动化系统研发，系统主要由公文管理、档案管理、公共信息、会议管理、领导办公、电子邮件、个人办公、业务管理、事务预警系统管理等子系统组成。

CIU公司具有较好的技术和产品积累，经过5个月，整个系统于3个月前按进度计划开发完成，目前系统处于试运营阶段，运行情况良好。但是项目一直没有结项，项目中出现几个问题：①频繁的需求变更，由于客户属于机关单位，客户不断提出一些变更，项目组就要处理变更需求。②客户的工作效率低、节奏慢，很小的内部分歧也需要开会讨论。在项目实施过程中，严重单方面拖延实施进度，使项目不能按计划结项，造成项目延期。③客户同CIU公司关系特别密切，不能完全按照合同进展，对合同规定的阶段验收不予回应，这些问题需要公司老总出面才能协调，项目经理控制协调明显乏力。

项目经理李工原为该项目的系统分析师，主要负责系统技术架构和系统分析设计，开发后期由于原项目经理王工离职，被任命为新项目经理。

李工该如何解决这些问题？

6.1 项目实施与控制概述

6.1.1 项目实施过程

1. 项目计划的实施

（1）项目计划实施的定义。项目计划的主要职能就是用来指导项目实施工作。一个好的项目计划有助于产生好的产品和工作成果。项目计划的实施就是将项目计划转变成行动，以已经制定的计划为基础，所进行的一系列活动或努力的过程。项目实施最终产生项目产品，是项目管理应用领域的一个关键环节。

（2）项目计划实施的内容。项目计划实施的内容主要有执行项目计划，按照项目计划开展各项工作，并根据项目实施中所发生的实际情况，进一步明确项目计划所规定的任务范围；采取各种项目质量保证和监控措施，确保项目能够符合预定的质量标准；提高项目团队的工作效率和对项目进行高效管理的综合能力；采购与招标以及合同管理等。

2. 项目跟踪与报告

1）项目跟踪与报告的定义

项目跟踪与报告是指项目各级管理人员根据项目的规划和目标等，在项目实施的整个过程中对项目状态以及影响项目进展的内外部因素进行及时的、连续的、系统的记录和报告的系列活动过程。

项目跟踪与报告以收集信息为基础，它可以提高项目的透明度并降低项目风险。项目跟踪与报告的工作内容主要有两方面：一方面是对项目计划的执行情况进行监督；另一方面是对影响项目目标实现的内外部因素的变化情况和发展趋势进行分析和预测。

2）项目跟踪与报告系统的建立

项目建立跟踪与报告系统时，要考虑的问题有很多，主要有以下三个方面。

（1）项目跟踪与报告的对象。主要包括范围、变更、资源供给、关键假设、进度、项目团队工作时间及任务完成情况等。

（2）收集信息的范围。项目跟踪与报告所要收集的信息主要有投入活动的信息、采购活动的信息、实施活动的信息和项目产出信息等。

（3）项目跟踪与报告的过程。项目跟踪与报告包括四个基本过程：观察、测量、分析和报告。

6.1.2　项目控制

1. 项目控制原理

项目控制就是监视和测量项目实际进展，若发现实施过程偏离了计划，就要找出原因，采取行动，使项目回到计划的轨道上来。项目控制包括进度控制、费用控制、质量控制、变更控制、安全控制等方面。

项目控制的原理可以归纳为以下四点。

（1）动态控制原理。项目控制是一个动态过程，也是一个循环进行的过程。从项目开始，计划就进入了执行的轨迹。实际进度按计划进行时，实际符合计划，计划的实现就有保证；实际进度与进度计划不一致时，就产生了偏差，若不采取措施加以处理，工期目标就不能实现。所以，当产生偏差时，就应分析偏差的原因，采取措施，调整计划，使实际与计划在新的起点上重合，并尽量使项目按调整后的计划继续进行。但在新的因素干扰下，又有可能产生新的偏差，又需继续按上述方法进行控制。

（2）系统原理。项目是一个系统，项目管理是一项系统工程。项目控制实际是用系统的理论和方法解决系统问题。无论是控制对象，还是控制主体；无论是进度计划，还是控制活动都是一个完整的系统。因为进行项目控制，首先应编制项目的各种计划，包括进度计划、资源计划等，计划的对象由大到小，计划的内容从粗到细，形成了项目的计划系统；

项目涉及各个相关主体、各类不同人员，这就需要建立组织体系，形成一个完整的项目实施组织系统；为了保证项目执行，自上而下都应设有专门的职能部门或人员负责项目的检查、统计、分析、调整等工作，不同的人员负有不同的进度控制责任，分工协作，这样形成一个纵横相连的项目控制系统。

（3）信息原理。项目控制的过程也是一个信息传递和反馈的过程。信息是项目控制的依据。项目进度执行的信息从上到下传递到项目实施相关人员，以使计划得以贯彻落实；而项目实际执行信息则自下而上反馈到各有关部门和人员，以供分析并做出决策、调整。

（4）弹性原理。一般，影响项目的因素很多。这就要求在确定项目目标时应进行目标的风险分析，使计划具有一定的弹性。当进行项目控制时，可以利用这些弹性，缩短工作的持续时间，或改变工作之间的搭接关系，以使项目最终能实现预期的目标。

2. 项目控制类型

1）按控制方式分类

项目的控制方式包括前馈控制（事先控制）、过程控制（现场控制）和反馈控制（事后控制）。

前馈控制是在项目的启动和计划阶段，根据经验对项目实施过程中可能产生的偏差进行预测和估计，并采取相应的防范措施，尽可能地消除和缩小偏差。这是一种防患于未然的控制方法。

过程控制是在项目实施过程中进行现场监督和指导的控制。

反馈控制是在项目的阶段性工作或全部工作结束，或偏差发生之后再进行纠偏的控制。

2）按控制内容分类

项目控制是为了确保项目实施能满足项目的目标要求。对于项目可交付成果的目标描述一般都包括交付期、成本和质量这三项指标，因此项目控制的基本内容就包括进度控制、费用控制和质量控制三项内容，俗称三大控制。除此之外，在项目整个生命周期的控制过程中还涉及项目变更控制、项目安全控制等内容。

（1）进度控制。项目进行过程中，必须不断监控项目的进程以确保每项工作都能按进度计划进行。同时，必须不断掌握计划的实施状况，并将实际情况与计划进行对比分析，必要时应采取有效的对策，使项目按预定的进度目标进行，避免工期的拖延。这一过程称为进度控制。

（2）费用控制。费用控制就是要保证各项工作在它们各自的预算范围内进行。费用控制的基础是事先就对项目进行的费用预算。费用控制的基本方法是规定各部门定期上报其费用报告，再由控制部门对其进行费用审核，以保证各种支出的合法性，然后将已经发生的费用与预算相比较，分析其是否超支，并采取相应的措施加以弥补。

费用管理不能脱离技术管理和进度管理独立存在，相反要在成本、技术、进度三者之间作综合平衡。及时、准确的成本、进度和技术跟踪报告，是项目经费管理和费用控制的依据。

（3）质量控制。质量控制的目标是确保项目质量能满足有关方面所提出的质量要求。

质量控制的范围涉及项目质量形成全过程的各个环节。

在项目控制过程中，进度、费用和质量这三项控制指标通常是相互矛盾和冲突的。加快进度往往会导致成本上升和质量下降；降低成本会影响进度和质量；同样过于强调质量也会影响工期和成本。因此，在项目的进度、成本和质量的控制过程中，要进行权衡分析。

3．项目控制要素的权衡分析

1）权衡分析的步骤

对控制要素进行权衡分析的步骤通常为：首先理解和认识项目中存在的冲突，寻找和分析引起冲突的原因。冲突原因可能来自人的差错、不准确的预算、关键信息有误等；或来自不肯定问题或未想到问题，如项目领导关系的变化、资源分配的变化、市场变化等。其次展望项目的各个方面、各个层次的目标，分析项目的环境和形势。然后确定多个替代方案，分析和优选最佳方案。最后审批及修改项目计划。更新计划要报送业主和上级领导批准后方能实施。选择新的行动路线后，项目组要致力于实现新的项目目标，这需要更新项目详细计划，包括新进度、计划评审技术图、工作分解结构以及其他一些关键基准等。

2）图解分析法

图解分析法是一种常用的权衡分析法。应用图解分析法，首先要决定质量、进度和成本三要素中哪个要素必须保持不变，再对可变要素进行权衡分析。

当三要素中有一个固定不变时，另两个要素可建立相互间二维函数关系。

（1）质量不变前提下的权衡。图 6-1 给出的是当质量保持不变时，成本对进度的函数曲线。点 CT 代表目标成本和进度，但遗憾的是该任务已不可能在目标成本和进度内完成。如果只满足目标进度，完成任务将明显增加成本到 N 点，要减少成本的增加，可延长任务完成时间，这就是对成本和时间的权衡。M 点为增加成本的最低点。

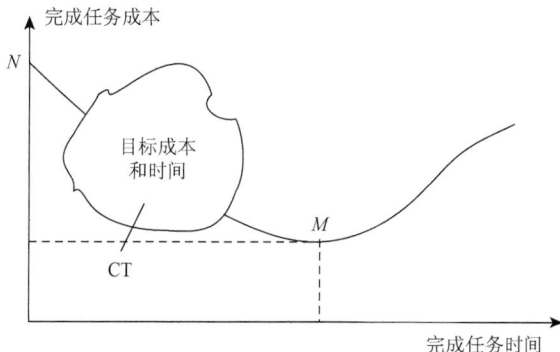

图 6-1 质量不变下的成本—时间权衡

当质量标准不变时，可以用下面四种方法建立进度/成本曲线。

①获得额外资源，追加项目预算，以解决成本突破预算的问题。

②重新定义项目工作范围，删减一部分工作量。

③改变资源分配、支持正在跟踪的关键线路活动。

④改变活动流程，这很可能导致对资源的重新计划和分配。

保持质量不变意味着公司决不能提供不符合合同或业主质量要求的产品或服务而牺牲公司的声誉这一最宝贵的资源。因此当进行质量不变情形下的权衡时，要考虑公司对业主的依赖程度、本项目在公司项目群中的优先程度及对公司未来业务的影响。

（2）成本不变情况下的权衡。图 6-2 给出的即成本不变时，质量对进度的函数关系曲线。A、B、C 三条曲线代表三种不同的技术路线。

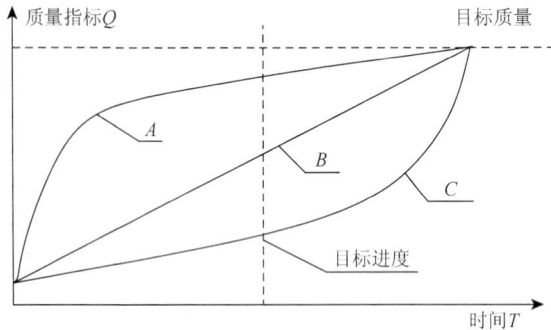

图 6-2　成本不变下的质量—时间权衡

三条曲线的斜率发展情况不一样，对曲线 A，$\Delta Q/\Delta A$ 开始最大，随着时间 T 的增大 $\Delta Q/\Delta T$ 逐渐减少，因此在开始时延长时间可获得较大的性能提高。而随着时间的延长，性能提高的程度越来越弱。目标进度是否坚持，取决于质量的达到水平，对于曲线 A，在目标进度点时质量水平已达到 90%左右。可以坚持目标进度而牺牲 10%的质量要求。对于路径 C，性能随时间延长而增加的趋势变化正好相反，必须延长时间。因为业主不可能接受不到 50%的原质量要求的项目产出。对路径 B，则取决于业主能接受的最低质量。

（3）时间固定时的权衡。图 6-3 是时间固定时，成本与质量的关系曲线，同样给出 A、B、C 三种情况。图 6-3 和图 6-2 相似，权衡方法也基本相同。

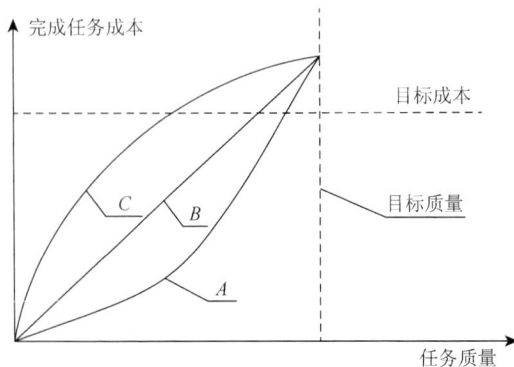

图 6-3　时间不变下的成本—质量权衡

3）三维图解分析法

三维图解分析法用于不存在某一要素固定不变的情况。这也是一种常见的情况。由于在三维立体空间坐标上建立曲线，复杂而又难以表示清楚，可将某一要素坐标等级化，或固定几个特殊点。以图 6-4 为例，可能有几种不同的路线实现进度和质量要求。成本 *C* 路线取决于合同责任者对风险的承受力。

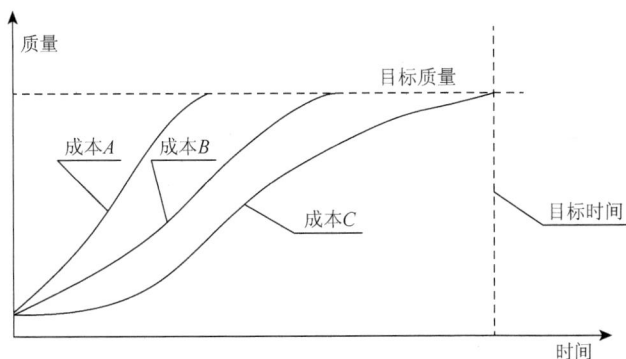

图 6-4　三维图解分析法的权衡

4. 控制循环（一个通用模型）

组织控制的通用模型包括四个组成部分，四个部分以持续循环的方式运作。这四个部分如下。

（1）设立目标。在确定项目范围前就要进行目标的设定，包括制定项目基准计划。项目基准计划是以准确的工作分解结构过程为依据的。工作分解结构确定了项目所有可交付的成果和工作包，以及负责每项任务的人员，并形成一个从最高层到基本任务层、子任务层的层级分明的图表。在网络图中，项目基准计划的确立表现为每项任务都被安排下去并且分配了资源和时间。

（2）衡量进展。高效的控制系统需要准确的衡量机制。项目经理必须拥有适当的机制使他们能够对进行中的各种项目活动的状况进行实时衡量。因此他们需要一套衡量系统，它能够尽可能快地提供信息，还要对衡量的对象进行清晰定义。许多机制能够对项目的一个或多个方面进行衡量，但最大的问题在于得到的信息是否真正有用。

（3）比较实际绩效与计划绩效。当了解了最初的基准计划和准确衡量进展的方法后，下一步是对两类信息进行比较。缺口分析（gap analysis）可作为衡量项目状况的基础。缺口分析代表了一种衡量过程，首先确立目标，然后衡量实际完成目标的程度。计划绩效与实际绩效的差距越小越好。如果发现两者存在明显的差异，该分析方法就会发出明确的警告信号。

（4）采取行动。一旦发现与项目计划存在巨大偏差时，就有必要采取某种形式的纠正措施去减少或消除偏差。采取纠正措施的过程一般是直接的。纠正措施可能较小，也可能会涉及重要的补救措施，纠正措施甚至可能包含撤销一个没有执行的项目。采取了纠正措施后，监控系统再次开始循环。

如图 6-5 所示，控制循环（control cycle）是一个不断循环的过程。在制定计划后，就开始衡量进展，将实际阶段与基准计划相比较。对任何一个重大的计划偏差都应该给予及时的回应，如重新制定计划、重新评估进程等。项目监控是一个从项目开始到结束的持续的循环过程，它包括目标设立、衡量、修正、改进和重新衡量。

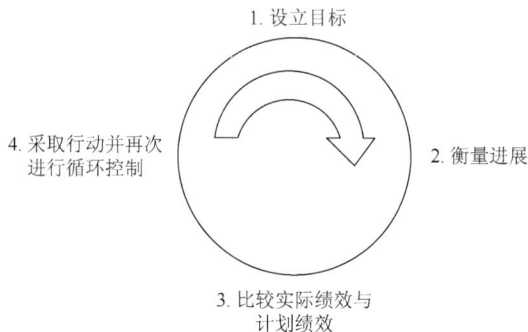

图 6-5 项目控制循环

6.2 项目进度控制

6.2.1 项目进度计划的实施

1. 项目实施环境

项目实施环境是指项目运行系统赖以生存和发展所处的内部和外部条件的总称。具体地说，项目实施环境就是包括项目实施周围的一切有关事物，如项目所需要的技术、资源、产品性质、购买者与竞争对手，还有项目的自然因素等。项目实施环境因素的存在，特别是它们的变化情况，对项目实施计划的制定、组织机构的设置、施工技术的选择、人员的配备、经营方向的确定等都将产生重要的影响。因此，要使项目实施卓有成效，必须做到项目与周围环境中的各种因素相互适应，密切配合。在制定项目实施计划时，既要考虑项目实施对外界环境提供的物力、财力、人力和技术等方面的要求，还要考虑项目外部社会成员对项目实施的需求与欲望。

2. 进度计划实施保障

项目进度受众多因素的制约，因此，必须采取一系列措施，以保证项目能满足进度要求。

1）进度计划的贯彻

计划实施的第一步是进度计划的贯彻，也是关键的一步。其工作内容如下。

（1）检查各类计划，形成严密的计划保证系统。为保证工期的实现，应编制各类计划。高层次的计划是低层次计划的编制依据；低层次计划是高层次计划的具体化；当贯彻执行这些计划时，应首先检查计划本身是否协调一致，计划目标是否层层分解、互相衔接。在此基础上，组成一个计划实施的保证体系，以任务书的形式下达给项目实施者，以保证实施。

（2）明确责任。项目经理、项目管理人员、项目作业人员，应按计划目标明确各自的责任、相互承担的经济责任、权限和利益。

（3）计划全面交底。进度计划的实施是项目团队全体成员的共同行动，要使相关人员都明确各项计划的目标、任务、实施方案和措施，使管理层和作业层协调一致，将计划变为项目人员的自觉行动。要做到这一点，就应在计划实施前进行计划交底工作。

2）调度工作

调度通过监督、协调、调度会议等方式实现。其主要任务是掌握项目计划实施情况，协调各方面关系，采取措施解决各种矛盾，加强薄弱环节，实现动态平衡，保证完成计划和实现进度目标。

3）抓关键工作

关键工作是项目实施的主要矛盾，应紧抓不懈。可采取以下措施。

（1）集中优势资源按时完成关键工作。

（2）专项承包。对关键工作可采用专项承包的方式，即定任务、定人员、定目标。

（3）采用新技术、新工艺，技术、工艺选择不当，就会严重影响工作进度。

（4）保证资源的及时供应。

（5）加强组织管理工作。根据项目特点，建立项目组织和各种责任制度，将进度计划指标的完成情况与部门、单位和个人的利益分配结合起来，做到责、权、利一体化。

（6）加强进度控制工作。进度控制贯穿于项目进展的全过程，是保证项目工期必不可少的环节。

6.2.2 项目进度监控

1. 进度监控

项目进度监控就是在项目实施过程中，收集反映项目进度实际状况的信息，对项目进展情况进行分析，掌握项目进展动态，对项目进展状态进行观测。

通常采用日常监控和定期监控的方法对项目进度进行监控，用项目进展报告的形式描述观测的结果。

（1）日常监控。随着项目的进展，要不断地监控进度计划中所包含的每一项工作的实际开始时间、实际完成时间、实际持续时间、目前状况等内容，并加以记录，以此作为进度控制的依据。

（2）定期监控。定期监控是指每隔一定时间对项目进度计划执行情况进行一次较为全面、系统的观测、检查。间隔的时间因项目的类型、规模、特点和对进度计划执行要求程度的不同而异。

2. 项目进展报告

项目进度监控的结果通过项目进展报告的形式向有关部门和人员报告。项目进展报告是记录观测检查的结果、项目进度现状和发展趋势等有关内容的书面形式报告。

（1）项目进展报告分类。项目进展报告根据报告的对象不同，一般分为项目概要级进度控制报告、项目管理级进度控制报告和业务管理级进度控制报告。项目概要级进度控制报告是以整个项目为对象说明进度计划执行情况的报告；项目管理级进度控制报告是以分项目为对象说明进度计划执行情况的报告；业务管理级进度控制报告是以某重点部位或重点问题为对象所编写的报告。

（2）项目进展报告的内容。项目进展报告的内容主要包括项目实施概况、管理概况、进度概要、项目实际进度及其说明、资源供应进度、项目近期趋势（从现在到下次报告期之间将可能发生的事件等内容）、项目费用发生情况、项目存在的困难与危机等。

（3）项目进展报告的形式。项目进展报告的形式可分为日常报告、例外报告和特别分析报告。

（4）项目进展报告的报告期。项目进展报告的报告期应根据项目的复杂程度和时间期限以及项目的监控方式等因素确定，一般可考虑与定期监控的间隔周期相一致。一般来说，报告期越短，及早发现问题并采取纠正措施的机会就越多。如果一个项目明显偏离了控制，就很难在不影响项目范围、预算、进度或质量的情况下实现项目目标。

6.2.3　项目进度更新

由于各种因素的影响，项目进度计划的变化是绝对的，不变是相对的。进度控制的核心问题就是能根据项目的实际进展情况，不断地进行进度计划的更新。可以说，项目进度计划的更新既是进度控制的起点，也是进度控制的终点。

1. 比较分析

将项目的实际进度与计划进度进行比较分析，以评判其对项目工期的影响，确定实际进度与计划不相符的原因，进而找出对策，这是进度控制的重要环节之一。进行比较分析的方法主要有以下五种。

1）甘特图比较法

甘特图比较法是将在项目进展中通过观测、检查、搜集到的信息，整理后直接用横道线与原计划的横道线并列标出，进行直观比较的方法。例如，将某钢筋混凝土基础工程的施工实际进度与计划进度比较，如表 6-1 所示。

表 6-1　某钢筋混凝土基础施工实际进度与计划进度比较表

工作编号	工作名称	工作时间/天	项目进度/天									
			1	2	3	4	5	6	7	8	9	10
1	挖土	3										
2	立模	3										
3	绑扎钢筋	4										
4	浇筑混凝土	5										
5	回填土	3										

检查日期

表 6-1 中细实线表示计划进度，粗实线表示实际进度。在第 5 天末检查时，挖土已按计划完成；立模比进度计划拖后 1 天；绑扎钢筋的实际进度与计划进度一致；浇筑混凝土工作尚未开始，比进度计划拖后 1 天。

通过上述比较，项目管理者就明确了实际进度与计划进度之间的偏差，为采取调整措施提出了明确任务。但是，这种方法仅适用于项目中各项工作都按均匀的速度进行的情况，即每项工作在单位时间内所完成的任务量是相等的。

2）实际进度前锋线比较法

根据前锋线与工作箭线交点的位置判断项目实际进度与计划进度偏差，如图 6-6 所示。实际进度前锋线可用于判断相关工作的进度状况，同时也可用于判断整个项目的进度状况。

（1）判断相关工作的进度状况。由实际进度前锋线图可以直接观察出工作的进展情况并进行判断，如图 6-6 所示。在第 7 天进行检查时，工作 2-5 和 3-6 比原计划拖后 1 天，工作 4-7 比原计划提前 1 天。

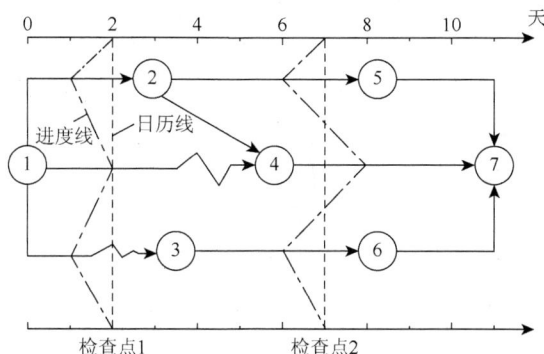

图 6-6　实际进度前锋线

（2）判断项目的进度状况。某工作的提前或拖后对项目工期产生的影响是项目管理人员最为关心的。根据实际进度前锋线可以判断该工作的状况对项目的影响。如果该工作是关键工作，则其提前或拖后将会对项目工期产生影响，如图 6-6 所示。工作 2-5 是关键工作，因此该工作拖后 1 天，将会使项目工期拖后 1 天；如果该工作是非关键工作，则应根据其总时差的大小，判断其提前或拖后对项目工期的影响。

3）S 型曲线比较法

S 型曲线比较法是以横坐标表达进度时间，纵坐标表示累计完成的任务量，绘制出一条按计划时间累计完成任务量的 S 型曲线，将项目的各检查时间实际完成的任务量与 S 型曲线进行实际进度与计划进度相比较的一种方法。

（1）S 型曲线绘制。S 型曲线反映了随时间进展累计完成任务量的变化情况，如图 6-7 所示。

S 型曲线的绘制步骤如下。

①计算每单位时间内计划完成的任务量 q_i。

②计算时刻 j 的计划累计完成的任务，即

$$Q_j = \sum_{i=1}^{j} q_i$$

式中，Q_j 为某时刻 j 计划累计完成的任务；q_i 为单位时间的计划完成任务量。

③按各规定时间的 Q_j 值，绘制 S 型曲线。

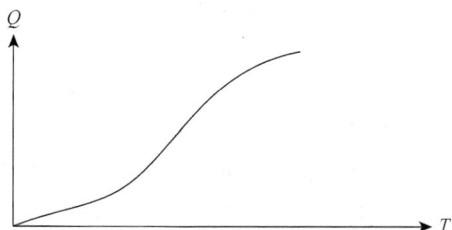

图 6-7　S 型曲线

（2）S 型曲线比较。S 型曲线比较法是在图上直观地进行项目实际进度与计划进度的比较。通常，在计划实施前绘制出计划 S 型曲线，在项目进行过程中，按规定时间将检查的实际完成情况，与计划 S 型曲线绘制在同一张图中，即可得出实际进度的 S 型曲线，如图 6-8 所示。比较两条 S 型曲线，即可得到相关信息。

项目实际进度与计划进度比较。当实际进展点落在计划 S 型曲线左侧时，表明实际进度超前；若在右侧，则表示拖后；若正好落在计划曲线上，则表明实际与计划一致。

项目实际进度与计划进度之间的偏差。如图 6-8 所示，ΔT_a 表示 T_a 时刻实际进度超前的时间；ΔT_b 表示 T_b 时刻实际进度拖后的时间。

项目实际完成任务量与计划任务量之间的偏差。如图 6-8 所示，ΔQ_a 表示 T_a 时刻超额完成的任务量；ΔQ_b 表示在 T_b 时刻少完成的任务量。

项目进度预测。如图 6-8 所示，项目后期若按原计划速度进行，则工期拖延预测值为 ΔT_c。

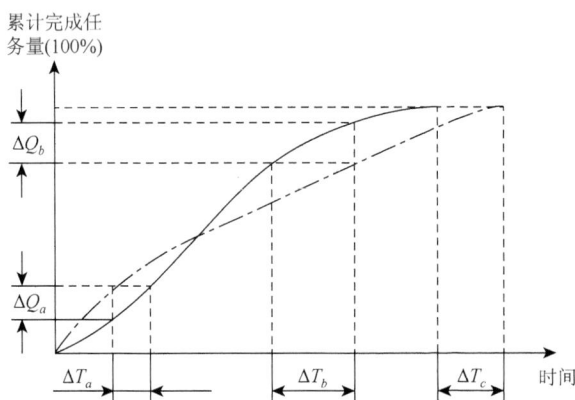

图 6-8　S 型曲线比较图

4）"香蕉"型曲线比较法

"香蕉"型曲线是两条 S 型曲线组合而成的闭合曲线。对于一个项目的网络计划，在理论上总是分为最早和最迟两种开始和完成时间。因此，任何一个项目的网络计划，都可以绘制出两条 S 型曲线，即以最早时间和最迟时间分别绘制出相应的 S 型曲线，前者称为 ES 曲线，后者称为 LS 曲线，如图 6-9 所示。"香蕉"型曲线的绘制方法与 S 型曲线相同。

在项目实施过程中，根据每次检查的各项工作实际完成的任务量，计算出不同时间实际完成任务量的百分比，并在"香蕉"型曲线的平面内绘出实际进度曲线，即可进行实际进度与计划进度的比较。

"香蕉"型曲线比较法主要进行如下两个方面的比较。

（1）时间一定，比较完成的任务量。当项目进展到 T_1 时，实际完成的累计任务量为 Q_1，若按最早时间计划，则应完成 Q_2，可见，实际比计划少完成：$\Delta Q_2 = Q_1 - Q_2 < 0$；若按最迟时间计划，则应完成 Q_0，实际比计划多完成：$\Delta Q_1 = Q_1 - Q_0 > 0$。

由此可以判断，实际进度在计划范围之内，不会影响项目工期。

（2）任务量一定，比较所需时间。当项目进展到 T_1 时，实际完成累计任务量 Q_1，若按最早时间计划，则应在 T_0 时完成同样任务量，因此，实际比计划拖延，其拖延的时间

是 $\Delta T_1 = T_1 - T_0 > 0$；若按最迟时间计划，则应在 T_2 时完成同样任务量，因此，实际比计划提前，其提前量是 $\Delta T_2 = T_1 - T_2 < 0$。

可以判断：实际进度未超出计划范围，进展正常。

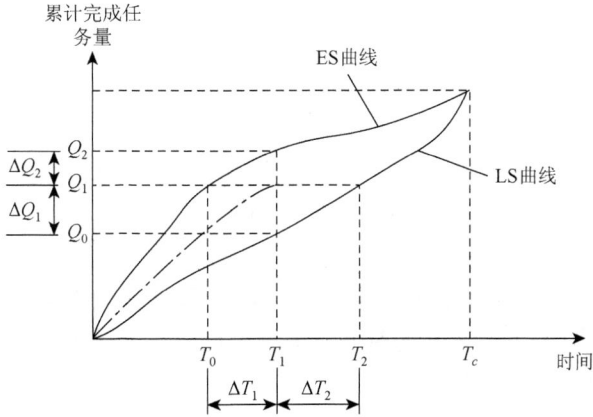

图 6-9　"香蕉"型曲线比较图

5）图上记录法

当采用非时标网络计划时，可直接在图上用文字或符号记录。例如，用点划线代表其实际进度并在网络图中标出，如图 6-10 所示；在箭线下方标出相应工作的实际持续时间，或在箭尾节点下方和箭头节点下方分别标出工作的实际开始和实际结束时间，如图 6-11 所示；在网络图的节点内涂上不同的颜色或用斜线表示相应工作已经完成，如图 6-12 所示。

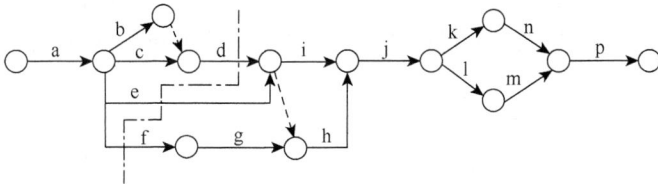

图 6-10　双代号网络实际进度的记录

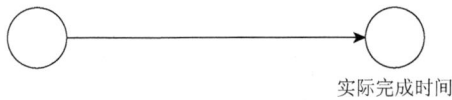

实际完成时间

图 6-11　实际工时记录

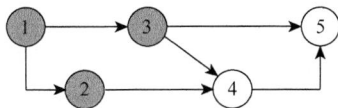

图 6-12　已完工作的记录

注：该图表示 1-2 工作和 1-3 工作已完成

若进度计划是横道图，则可在图中用不同的线条分别表示计划进度和实际进度。随着项目的完成，可绘制实际进度网络图，该图表达了各工作实际开工、完工时间，并将项目进度中出现的问题、影响因素等反映在图中。绘制实际进度网络图，可明显表达实际与计划不相符合的情况，有助于计划工作的总结和资料的积累。

2. 进度计划调整

项目进度计划的调整，一般有以下几种方法。

1）关键工作的调整

关键工作无机动时间，其中任一工作持续时间的缩短或延长都会对整个项目工期产生影响。因此，关键工作的调整是项目进度更新的重点。

（1）关键工作的实际进度较计划进度提前时的调整方法。若仅要求按计划工期执行，则可利用该机会降低资源强度及费用。实现的方法是选择后续关键工作中资源消耗量大或直接费用高的予以适当延长，延长的时间不应超过已完成的关键工作提前的时间；若要求缩短工期，则应将计划的未完成部分作为一个新的计划，重新计算与调整，按新的计划执行，并保证新的关键工作按新计算的时间完成。

（2）关键工作的实际进度较计划进度落后时的调整方法。为保证项目按期完成，就要缩短后续关键工作的持续时间。要在原计划的基础上，采取组织措施或技术措施缩短后续工作的持续时间以弥补时间损失，通常采用网络计划法进行调整。

2）改变某些工作的逻辑关系

若实际进度产生的偏差影响了总工期，则在工作之间的逻辑关系允许改变的条件下，改变关键线路和超过计划工期的非关键线路上有关工作之间的逻辑关系，达到缩短工期的目的。但这种调整应以不影响原定计划工期和其他工作之间的顺序为前提，调整的结果不能形成对原计划的否定。例如，可以将依次进行的工作变为平行或互相搭接的关系，以缩短工期。

3）重新编制计划

当采用其他方法仍不能奏效时，应根据工期要求，将剩余工作重新编制网络计划，使其满足工期要求。例如，某项目在实施过程中，由于地质条件的变化，造成已完工程的大面积塌方，耽误工期6个月。为保证该项目在计划工期内完成，在认真分析研究的基础上，重新编制网络计划，并按新的网络计划组织实施。

4）非关键工作的调整

当非关键线路上某些工作的持续时间延长，但不超过其时差范围时，不会影响项目工期，进度计划不必调整。为了更充分地利用资源，降低成本，必要时可对非关键工作的时差作适当调整，但不得超出总时差，且每次调整均需进行时间参数计算，以观察每次调整对计划的影响。

当非关键线路上某些工作的持续时间延长而超出总时差范围时，必然影响整个项目工期，关键线路就会转移。这时，其调整方法与关键线路的调整方法相同。

5）增减工作项目

若编制计划时考虑不周，或因某些因素需要增加或取消某些工作，则需重新调整网络计划，计算网络参数。增减工作项目只能改变局部的逻辑关系，而不应影响原计划总的逻辑关系。

6）资源优化

当供应满足不了需要时，应进行资源调整。资源调整的前提是保证工期不变或使工期更加合理。

6.3　项目费用控制

6.3.1　项目费用控制内容和依据

项目的费用控制就是在整个项目的实施过程中，定期地、经常性地收集项目的实际费用数据，进行费用的目标值和实际值的动态比较分析，并进行费用预测，如果发现偏差，则及时采取纠偏措施，包括经济、技术、合同、组织管理等综合措施，以使项目的成本目标尽可能好地实现。

1. 项目费用控制的内容

（1）对造成费用基准变化的因素施加影响，以保证这种变化向有利的方向发展。

（2）确定实际发生的费用是否已经出现偏差。

（3）当出现费用偏差时，分析偏差对项目未来进度的影响，并采用适当的管理措施。

费用控制还应包括寻找费用向正反两方面变化的原因，同时还必须考虑与其他控制过程相协调。例如，不合适的费用变更可能导致质量、进度方面的问题或者导致不可接受的项目风险。

2. 项目费用控制的依据

（1）费用基准计划。项目费用基准计划将项目的成本预算与进度预算联系起来，可以用来测量和监督成本的实际情况，也是进行项目成本控制最基础的依据。

（2）实施执行报告。实施执行报告通常包括项目各工作的所有费用支出，同时也是发现问题的最基本的依据。

3. 项目费用控制的作用

（1）变更申请。变更申请可以是请求增加预算或者是减少预算。

（2）有助于提高项目的成本管理水平。

（3）有助于项目团队发现更为有效的项目建设方法，从而可以降低项目的成本。

（4）有助于项目管理人员加强经济核算，提高经济效益。

6.3.2　挣得值分析法

挣得值分析法，简称挣得值法，或挣值法，是对项目进度和费用进行综合控制的一种有效方法。挣值法通过测量和计算已完成工作的预算费用与已完成工作的实际费用和计划工作的预算费用得到有关计划实施的进度和费用偏差，达到判断项目预算和进度计划执行情况的目的。因而它的独特之处在于以预算和费用来衡量项目的进度。挣值法取名正是因为这种分析方法中用到的一个关键数值——挣值（即已完成工作的预算费用，earned value），故得名。

1. 三个基本参数

（1）计划工作量的预算费用（budgeted cost for work scheduled，BCWS）。BCWS 是指项目实施过程中某阶段计划要求完成的工作量所需的预算费用。计算公式为

$$BCWS=计划工作量\times预算定额$$

BCWS 主要是反映进度计划应当完成的工作量，而不是反映应消耗的费用。

（2）已完成工作量的实际费用（actual cost for work performed，ACWP）。ACWP 是指项目实施过程中某阶段实际完成的工作量所消耗的费用。ACWP 主要反映项目执行的实际消耗指标。

（3）已完成工作量的预算成本（budgeted cost for work performed，BCWP）。BCWP 是指项目实施过程中某阶段实际完成的工作量按预算定额计算出来的费用，即挣得值。BCWP 的计算公式为

$$BCWP=已完成工作量\times预算定额$$

2. 四个评价指标

（1）费用偏差（cost variance，CV）。CV 是指检查期间 BCWP 与 ACWP 之间的差异，计算公式为

$$CV=BCWP-ACWP$$

当 CV<0 时，表示执行效果不佳，实际消耗人工（或费用）超过预算值，即超支。见图 6-13（a）。

当 CV>0 时，表示实际消耗人工（或费用）低于预算值，即有节余或效率高，见图 6-13（b）。

当 CV=0 时，表示实际消耗人工（或费用）等于预算值。

（2）进度偏差（schedule variance，SV）。SV 是指检查日期 BCWP 与 BCWS 之间的差异。其计算公式为

$$SV=BCWP-BCWS$$

当 SV>0 时，表示进度提前，见图 6-14（a）。

当 SV<0 时，表示进度延误，见图 6-14（b）。

当 SV=0 时，表示实际进度与计划进度一致。

（3）费用执行指标（cost performed index，CPI）。CPI 是指预算费用与实际费用值之比（或工时值之比）。计算公式为

$$CPI=BCWP/ACWP$$

当 CPI>1 时，表示低于预算，即实际费用低于预算费用。

当 CPI<1 时，表示超出预算，即实际费用高于预算费用。

当 CPI=1 时，表示实际费用与预算费用吻合。

（4）进度执行指标（schedul performed index，SPI）。SPI 是指项目挣得值与计划之比，即

$$SPI=BCWP/BCWS$$

当 SPI＞1 时，表示进度提前，即实际进度比计划进度快。

当 SPI＜1 时，表示进度延误，即实际进度比计划进度慢。

当 SPI=1 时，表示实际进度等于计划进度。

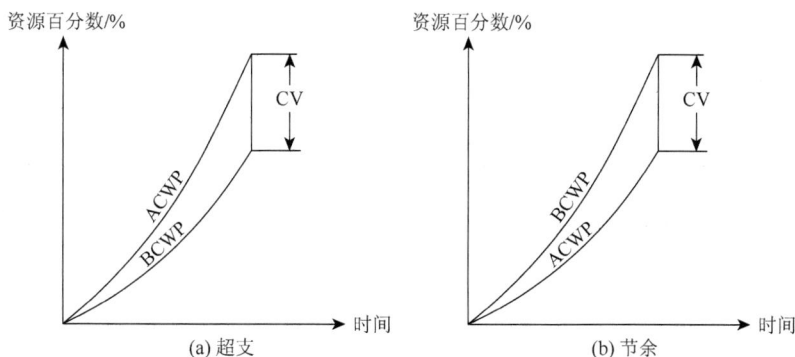

图 6-13　费用偏差示意图

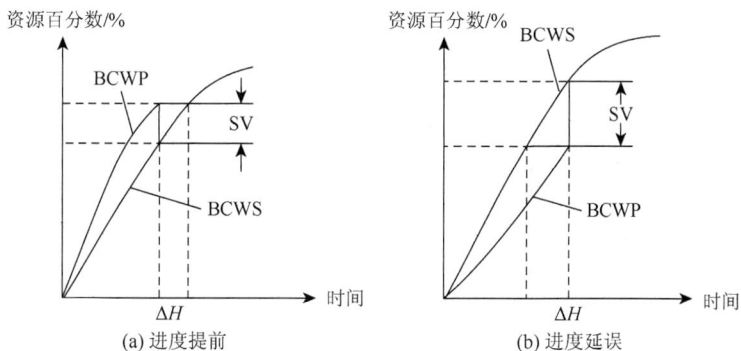

图 6-14　进度偏差示意图

例 6-1　某项目经理部在对某施工项目进行成本管理过程中，对各月的费用进行了统计，有关情况见表 6-2。

表 6-2　项目费用发生情况表

月份	计划完成工作预算费用/万元	已完工作量/%	实际发生费用/万元
1	200	100	190
2	280	105	290
3	310	90	290
4	470	100	470
5	620	50	300
6	430	110	440
7	600	40	240
8	290	50	130
9	300	80	220
10	260	120	300
11	210	90	180
12	180	100	170

问题：

1. 求出 12 个月的挣得值。

2. 求出 12 个月的 CV 和 SV。

3. 求出 12 个月的 CPI、SPI 并分析成本和进度情况。

解：计算结果如表 6-3 所示。

表 6-3　挣值计算表

月份	BCWS/万元	已完工作量/%	ACWP/万元	BCWP/万元
1	200	100	190	200
2	280	105	290	294
3	310	90	290	279
4	470	100	470	470
5	620	50	300	310
6	430	110	440	473
7	600	40	240	240
8	290	50	130	145
9	300	80	220	240
10	260	120	300	312
11	210	90	180	189
12	180	100	170	180
合计	4150		3220	3332

12 个月的 ACWP 为 3220 万元，BCWS 为 4150 万元。

费用偏差：CV=BCWP−ACWP=3332−3220=112（万元），CV 为正，说明费用节支。

进度偏差：SV=BCWP−BCWS=3332−4150=−818（万元），SV 为负，说明进度延误。

费用绩效指数：CPI=BCWP/ACWP=1.035，由于 CPI＞1，故费用节支。

进度绩效指数：SPI=BCWP/BCWS=0.803，由于 SPI＜1，故进度延误。

3. 评价曲线

挣值法评价曲线图如图 6-15 所示。图的横坐标表示时间，纵坐标则表示费用（以实物工程量、工时或金额表示）。图中 BCWS 按 S 型曲线路径不断增加，直至项目结束达到它的最大值。可见 BCWS 是一种 S 型曲线。ACWP 同样是进度的时间参数，随项目推进而不断增加，也是 S 型曲线。利用挣值法评价曲线可进行费用进度评价，如图 6-13 和图 6-14 所示。CV＜0，SV＜0，表示项目执行效果不佳，即费用超支，进度延误，应采取相应的补救措施。

图 6-15 给出了工程项目预算费用、实际费用、挣得值三条曲线的比较。在实际执行过程中，最理想的状态是 ACWP、BCWS、BCWP 三条曲线靠得很近、平稳上升，表示项目按预定计划目标前进。如果三条曲线离散度不断增加，则预示可能发生关系项目成败的

重大问题。

经过对比分析，若发现某一方面已经出现费用超支，或预计最终将会出现费用超支，则应对其作进一步原因分析。原因分析是费用责任分析和提出费用控制措施的基础，费用超支的原因是多方面的，有宏观因素，微观因素，内部原因，外部原因，其他技术、经济、管理、合同等方面的原因。

通常要压缩已经超支的费用，而不损害其他目标是十分困难的，一般只有给出的措施比原计划已选定的措施更为有利，或使工程范围减少，或生产效率提高，成本才能降低。

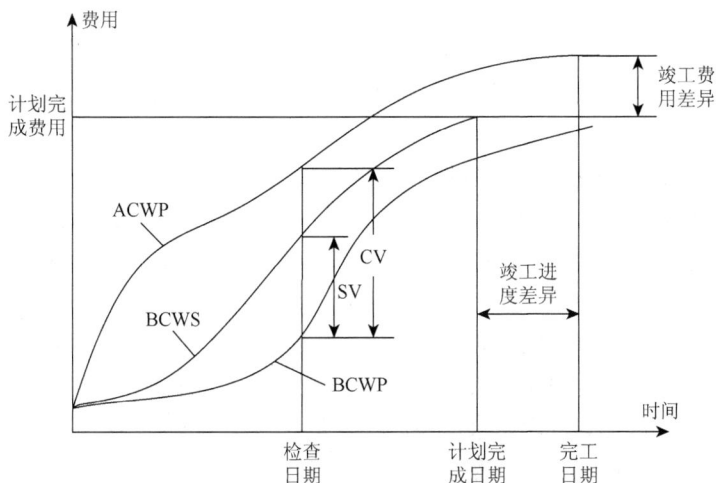

图 6-15　挣值评价曲线图

4. 预测项目完成时的费用

项目完成费用估计（estimate at completion，EAC）就是在项目目前的完成和实施情况下，估算最终完成项目所需的总费用。有以下三种情况。

（1）当目前的变化可以反映未来的变化时，EAC=实际支出+按照实施情况对剩余预算所作的修改，即

EAC=实际费用+（总预算成本–BCWP）×（ACWP/BCWP）或

EAC=总预算成本×（ACWP/BCWP）

（2）当过去的执行情况显示了所有的估计假设条件基本失效，或者由于条件的改变原有的假设不再适用的情况时，EAC=实际支出+对未来所有剩余工作的新的估计。

（3）现在的变化仅是一种特殊情况，当项目经理认为本来的实施不会发生类似的变化时，EAC=实际支出+剩余的预算。

5. 挣值管理步骤

（1）清楚地定义项目将要执行的每项活动或任务，包括所需的资源以及一份详细的预算。如前面所述，工作分解结构使得项目团队能够定义所有项目任务，更能为每一个任务分配相应的项目资源，包括设备和材料、成本以及人员。最后，伴随着任务的分解和资源的分配，就可以为每项任务制定预算数据或成本估算。

（2）制定活动和资源使用进度计划。这将确定在整个项目日历中整体预算分配给每项任务的百分比。在项目计划开发周期内，确定每月（或其他合适的时间期间）每项活动的预算。项目预算一旦制定就应与项目进度联系起来。确定分配的预算资金给项目任务是非常重要的。而在项目开发周期内，弄清什么时候使用这些资源也同样重要。

（3）建立一个阶段性预算以显示整个项目生命周期内的支出。总的（累计的）预算是项目的基准，也称为计划值（PV）。按实值计算，PV 仅意味着能够在项目的任一阶段确定累计的计划预算支出。PV，作为一个累计值，是将前面每一个时期内的计划预算成本相加。

（4）执行每项任务的实际成本总和等于已完成工作实际成本（AC）。同时也可以计算已完成工作的预算成本。这两个值是计算挣值（EV）的必要条件，也是控制过程的初始步骤。

（5）计算项目成本偏差和进度偏差。一旦收集到三个数据（PV、EV 和 AC），就可以计算偏差了。进度偏差（schedule variance，SV）由公式 SV=EV−PV 计算得出，即当时的挣值减去计划工作预算成本。预算或成本偏差的计算公式为 CV=EV−AC，即挣值减去已完成工作实际成本。

如图 6-16 所示的简单模型表示了挣值的三个主要部分（PV、EV 和 AC）。起初的基准数据，包括所有项目任务的进度和预算，图底部的左下角表示 PV。从最初计划值开始，任何进度偏离都可以通过 EV 表现出来。最后，挣值计算是基于对项目任务完成程度的评估，可以得出项目的 AC。那么，项目活动的预算和实际成本之间的差异就有了直接的联系。

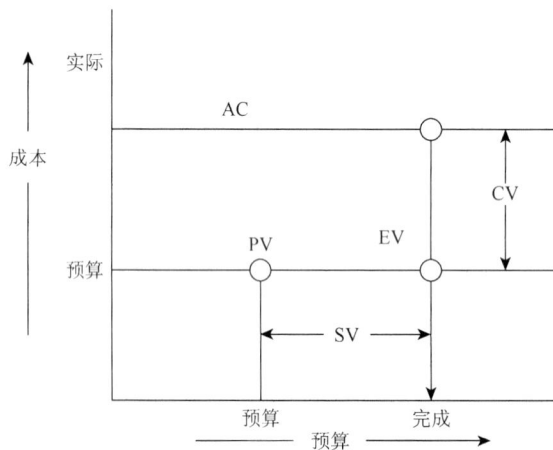

图 6-16　挣值里程碑

6. 有效使用挣值管理的注意事项

挣值管理还有其他一些指标，可以帮助了解正在进行中项目的"真实"状况，有效利用挣值管理的关键是要提供准确实时的项目信息，特别是工作包完成的百分比。这些信息在任何时候都是及时确定挣值的关键，通过建立一个可靠的报告系统，挣值的计算就能达到项目团队和经理想要的准确性。实际上，组织经常采用更简单的法则来确定完成的百分比。例如，下面的一些法则是确定完成百分比的普遍方法。

（1）0/100 法则——最简单也是最无效的原则。该法则规定，如果某项项目活动没有完成，那么它的完成百分比为 0，完成了则为 100%。这种法则在工作包历时很短的情况下应用最好，例如，1～2 天；在工作包历时长的情况下，它几乎不能提供实时的信息，所以没有用。对工作包来说，要求供应商供货或依靠外部干系人执行要求的步骤也是有意义的。例如，当供应商交付所需物品时，就可以认为一个工作包"完成"了。

（2）50/50 法则——在这种法则下，一项活动开始以后，认为工作已经完成了 50%，直到整个工作完成，才认为完成了 100%。与上面提到的 0/100 法则一样，它经常用于工作包历时非常短的情况。

（3）完成百分比法则——在完成百分比法则下，无论它们是基于四分法（25%、50%、75%、100%）、三分法（33%、67%、100%），还是其他方法，项目经理和团队成员已对一系列工作完成里程碑达成一致。这样，项目中每个进行的工作包的状况定期得到更新。新完成工作的百分比可能变化，也可能不变化。项目挣值管理根据这些新的信息进行更新。如上面所述，使用这种方法的关键在于客观地评价进行中活动的状况，它不是依据所花时间或预算，而是活动完成的实际百分比。

关于完成百分比法则，一个重要的问题主要体现在对计算任务百分比细节的争论上。挣值管理的批评者认为，除非有一个合理的完成梯度，并能被所有参与方接受和使用，否则通过挣值分析极有可能产生容易误解的信息。关于挣值管理，主要的批评是它过细的计算，这种计算非常危险而且不容易解释。例如，一个项目用 10%递增的方法计算完成百分比（如 10%、20%、30%等）。一个实际的问题是，在大多数项目中，基本上很难描绘出如 30%和 40%的区别，所以，过多的细化更有可能产生误导而不是使项目真实状况清晰可见。

但是，当项目团队对项目有一定程度的了解时，知道怎样描述进展过程，知道在哪里容易准确测量项目任务中已完成工作的总量，这样的担心也就没有必要了。例如，在一个简单的建筑项目中，如果提前了解项目中各个步骤并严格遵守，就可以进行高程度的细化。同样，在一个软件开发的项目中，项目任务包括写代码，高级程序员一般对完成任务需要的总代码行数有一个大致的了解。例如，总的代码约为 5000 行，当程序员完成 500 行时，把完成的量定为 10%是合适的。

6.4 项目质量控制

项目的质量管理是指围绕项目质量所进行的指挥、协调和控制等活动。进行项目质量管理的目的是确保项目按规定的要求圆满地实现，它包括使项目所有的功能活动能够按照计划的质量及目标要求得以实施。项目的质量管理是一个系统过程，在实施过程中，应创造必要的资源条件，使之与项目质量要求相适应。项目各参与方都必须保证其工作质量，做到工作流程程序化、标准化和规范化，围绕一个共同的目标，开展质量管理工作。

提高项目质量的一个重要途径就是有效进行项目的质量控制。项目质量控制，是通过认真规划，不断进行观测检查，以及采取必要的纠正措施，来鉴定或维持预期的项目质量或工序质量水平的一种系统。质量控制不仅局限在质量本身这种狭窄的范围内，而且包括为保证和提高项目质量的理想水平而进行的一切工作。

6.4.1 项目质量控制的特点

项目不同于一般产品，对于项目的质量控制也不同于一般产品的质量控制，其主要特点如下。

（1）影响质量的因素多。项目的不同阶段、不同环节、不同过程，影响因素不尽相同。有些因素是可知的，有些因素是不可预见的；有些因素对项目质量的影响程度较小，有些因素对项目质量的影响程度较大，而有些因素对项目质量的影响可能是致命性的。所有这些，都给项目的质量控制造成了难度。项目的进行是动态的，影响项目质量的因素也是动态的，因此，项目质量控制的一项重要内容就是加强对影响质量的因素的管理和控制。

（2）质量控制的阶段性。项目需经历不同的阶段，各阶段的工作内容、工作结果都不相同，所以每阶段的质量控制内容和控制重点也不相同。

（3）易产生质量变异。质量变异就是项目质量参数的不一致性，偶然因素和系统因素是产生这种变异的原因。偶然因素是随机发生的，客观存在的，是正常的；系统因素是人为的，异常的。偶然变异是偶然因素造成的，这种变异对项目质量的影响较小，是经常发生的，是难以避免、难以识别、也难以消除的；系统变异是系统因素所造成的，这类变异对项目质量的影响较大，易识别，通过采取措施可以避免，也可以消除。由于项目的特殊性，在项目进行过程中，易产生这两类变异。所以在项目的质量控制中，应采取相应的方法和手段对质量变异加以识别和控制。

（4）易产生判断错误。项目的复杂性、不确定性造成质量数据的采集、处理和判断的复杂性，这往往会导致对项目的质量状况作出错误判断。例如，将合格判为不合格，或将不合格判为合格；将稳定判为不稳定，或将不稳定判为稳定；将正常判为不正常，或将不正常判为正常。在项目质量控制中，经常需要根据质量数据对项目实施的过程或结果进行判断。这就需要在项目的质量控制中，采用更加科学、更加可靠的方法，尽量减少判断错误。

（5）项目一般不能解体或拆卸。项目的质量控制应更加注重项目进展过程，注重对阶段结果的检验和记录。已加工完成的产品可以解体、拆卸，对某些零、部件进行检查。但项目一般做不到这一点，例如，对于已建成的楼房，就难以检查其地基的质量；对于已浇筑完成的混凝土构筑物，就难以检查其中的钢筋质量。

（6）项目质量受费用和工期的制约。项目的质量不是独立存在的。它受费用和工期的制约。在对项目进行质量控制的同时，必须考虑其对费用和工期的影响，同样应考虑费用和工期对质量的制约，使项目的质量、费用、工期都能实现预期目标。

6.4.2 项目质量控制的工具和技术

1. 检查

检查包括为确定结果是否符合要求所采取的诸如测量、检验和测试等活动。检查的目的是确定项目成果是否与计划要求一致。

2. 控制图

控制图是项目过程的结果随时间推移而变化的一种曲线图形。控制图上首先要根据项目的质量管理计划标出控制对象的质量计划基准和计划允许误差的控制上限和控制下限，然后记录各个时间点或样本的项目质量测量结果的实际值，如图 6-17 所示。

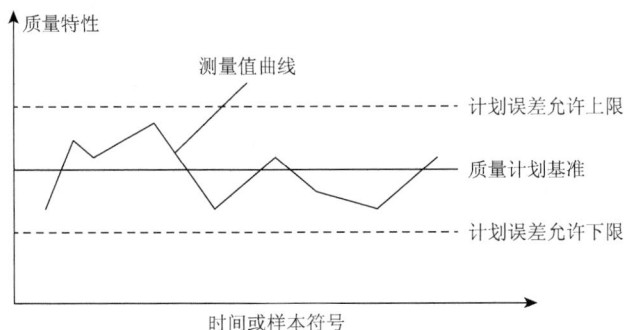

图 6-17　质量控制图（测量统计均值）

当采用分组样本的检测统计量对质量控制对象总体加以分析控制时，可先分析样本组的质量检测参数的均值和标准差。采样可按班组、时间等特征分组。然后依据各组的质量检测参数均值和标准差或极差绘制控制图，如图 6-18 所示。

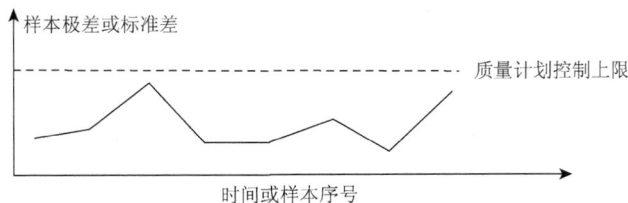

图 6-18　质量控制图（测量统计极差或标准差）

3. 帕雷托图

帕雷托图也称排列图，是一种按事件发生频率从大到小排列，再按累计频率绘制而成的曲线图，该曲线称为帕雷托曲线。帕雷托图的横轴表示引发质量问题的原因，纵轴表示相应原因导致质量问题出现的次数或百分比（频率），如图 6-19 所示。

绘制帕雷托图的步骤如下。

（1）找出所有检测出的质量缺陷并将质量缺陷分类。

（2）针对某一类质量缺陷找出所有原因，可采用因果图。

（3）统计各种原因所引发的质量缺陷的数量和频率。

（4）将各类原因按引发质量缺陷的次数和频率从大到小排序，绘制相应的矩形图。

（5）在（4）的基础上绘制累计次数或频率曲线，即帕雷托曲线。

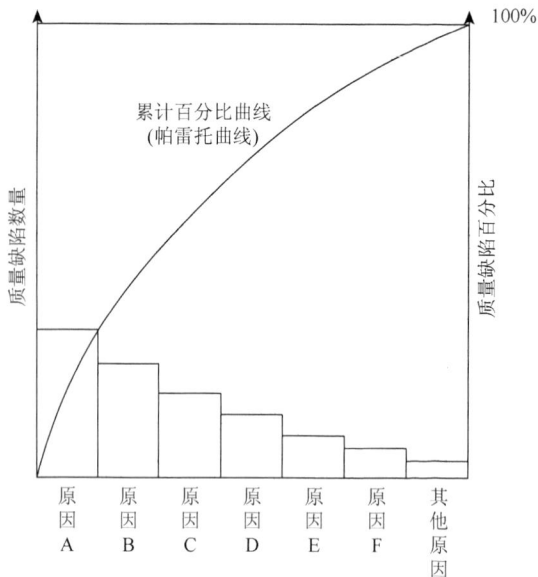

图 6-19　某类质量缺陷的帕雷托图

4. 统计抽样

在一个质量控制对象总体中，随机制取若干个个体进行质量检测的方法。

5. 流程图

质量控制中的流程图用于规定项目质量控制的程序和步骤。

6. 趋势分析

在项目质量控制中，常用项目已完成成果的质量检测结果来预测未来成果的质量。

6.4.3　项目质量控制的层次

1. 不同阶段的质量控制

1）项目决策阶段的质量控制

项目决策阶段包括项目的可行性研究和项目决策。项目的可行性研究直接影响项目的决策质量和设计质量。所以，在项目的可行性研究中，应进行方案比较，提出对项目质量的总体要求，使项目的质量要求和标准符合项目所有者的意图，并与项目的其他目标及项目环境相协调。

项目决策是影响项目质量的关键阶段,项目决策的结果应能充分反映项目所有者对质量的要求和意愿；在项目决策过程中，应充分考虑项目费用、时间、质量等目标之间的对立统一关系，确定项目应达到的质量目标和水平。

2）项目设计阶段的质量控制

项目设计阶段是影响项目质量的决定性环节，没有高质量的设计就没有高质量的项目；在项目设计过程中，应针对项目特点，根据决策阶段已确定的质量目标和水平，使其具体化。

3）项目实施阶段的质量控制

项目实施是项目形成的重要阶段，是项目质量控制的重点。项目实施阶段所实现的质量是一种符合性质量，即实施阶段所形成的项目质量应符合设计要求。

项目实施阶段是一个从输入转化到输出的系统过程。项目实施阶段的质量控制，也是一个从对投入品的质量控制开始，到对产出品的质量控制为止的系统控制过程，如图 6-20所示。

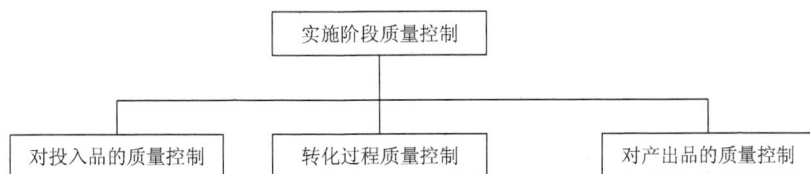

图 6-20 项目实施阶段的质量控制

例 6-2 在某厂区建设项目中，要对某厂区钢架施工中焊接质量进行管理，管理人员在对厂区钢结构检查的 15 个项目中不合格点有 250 个，为改进并保证质量，对不合格点进行分析，以分析钢结构施工过程中的薄弱环节。收集整理数据，结果见表 6-4。在表 6-4基础上进行帕雷托图分析。

表 6-4 不合格点项目频数频率统计表

序号	检查项目	不合格点数	不合格点统计	频率/%	累计频率/%
1	焊缝的气孔	84	84	33.6	33.6
2	焊缝的弧坑	69	153	27.6	61.2
3	焊缝表面的波纹	36	189	14.4	75.6
4	焊接的变形度	31	220	12.4	88
5	焊缝的裂纹	18	238	7.2	95.2
6	焊缝的咬边	12	250	4.8	100

解：（1）排列图的绘制。

①画横坐标。将横坐标按项目数等分，并按项目频数由大到小顺序、从左至右排列，该例中横坐标分为六等份。

②画纵坐标。左侧的纵坐标表示项目不合格点数即频数，右侧纵坐标表示累计频率。

③画频数矩形图。以频数为高画出各项目的矩形图。

④画累计频率曲线。从横坐标左端点开始，依次连接各项目矩形图右边线及所对应的累计频率值的交点，所得的曲线为累计频率曲线，如图 6-21 所示。

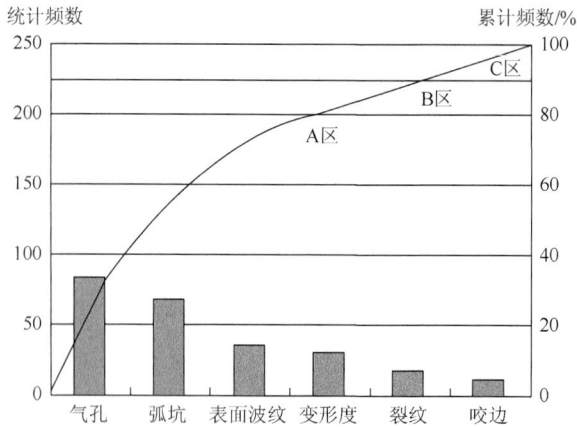

图 6-21　厂区钢架施工中焊接质量不合格点排列图

（2）排列图的观察与分析。

①观察矩形图，大致可看出各项目的影响程度。排列图中的每个矩形图都表示一个质量问题或影响因素。影响程度与各矩形图的高度成正比。

②利用 ABC 分类法，确定主次因素。将累计频率曲线按 0%～80%、80%～90%、90%～100%分为三部分，各曲线下面所对应的影响因素分别为 A、B、C 三类因素，该例中 A 类即主要因素是焊缝的气孔、焊缝的弧坑、焊缝表面的波纹、焊接的变形度等，B 类即次要因素是焊缝的裂纹，C 类即一般因素是焊缝的咬边及其他。综上分析结果，应重点解决 A 类等质量问题。

2. 质量因素的控制

影响项目质量的因素主要有四方面：人、材料与设备、方法和环境。对这四方面因素的控制，是保证项目质量的关键。

（1）人的控制。人，是指直接参与项目的组织者、指挥者和操作者。人，作为控制的对象，是要避免产生失误；作为控制的动力，是要充分调动人的积极性，发挥人的主导作用。因此，应提高人的素质，健全岗位责任制，改善劳动条件，公平合理地激励劳动热情；应根据项目特点，从确保质量出发，在人的技术水平、生理要求和人的心理行为等方面控制人的使用；更为重要的是提高人的质量意识，形成人人重视质量的项目环境。

（2）材料与设备的控制。对材料的控制主要通过严格检查验收、正确合理地使用、杜绝使用不合格材料等环节来进行控制。设备包括项目使用的机械设备、工具等。对设备的控制，应根据项目的不同特点，合理选择，正确使用、管理和保养。

（3）方法控制。项目的实施方案、工艺、组织设计、技术措施等都是方法。对方法的控制，主要通过合理选择、动态管理等环节加以实现。根据项目特点合理选择技术可行、经济合理、有利于保证项目质量、加快项目进度、降低项目费用的实施方法。同时在项目进行过程中正确应用各种方法，并随着条件的变化不断对其进行调整。

（4）环境控制。影响项目质量的环境因素较多，有项目技术环境，如地质、水文、气象等；项目管理环境，如质量管理体系、质量管理制度等；劳动环境，如劳动组合、作业场所等。根据项目特点和具体条件，应采取有效措施对影响质量的环境因素进行控制，例如，在建筑工程项目中，就应建立文明施工和文明生产的环境，保持材料工件堆放有序，道路畅通，工作场所清洁整齐，施工程序井井有条，为确保工程质量、安全创造良好条件。

6.5 项目变更控制

在项目的生命周期中，存在着各种因素不断干扰着项目的进行，项目总是处于一个变化的环境之中。项目管理得再好，采用的管理方法再科学，项目也难以避免会发生变化。对于项目管理者来说，关键的问题是能够有效地预测可能发生的变化，以便采取预防措施，以实现项目的目标。但当项目的内外环境变化无法保证项目按计划实施，项目需求发生变化时，就要进行项目变更。

6.5.1 项目变更概述

项目的变化要求项目变更，这种变更会发生在项目实施过程中的任一阶段。但根据项目的生命周期理论，通常项目的变更越早，损失就会越小；变更越迟，变更的难度就越大，损失也可能越大。项目在失控的状态下，任何微小变化的积累，最终都可能会导致项目质量、费用和进度的变更，这是一个从量变到质变的过程。

1. 项目变更的定义

项目变更是指项目组织为适应项目运行过程中与项目相关的各种因素的变化，保证项目目标的实现而对项目计划进行相应的部分变更或全部变更。在项目进行过程中，项目的变更可能是由顾客引起的，也可能是由项目团队引起的，或是由不可预见事件的发生引起的。

1）项目利益相关者引起的变更

主要的项目利益相关者，如政府、投资者、顾客、项目组织、项目决策者等由于新的需求或决策，对项目进行变更。

（1）顾客引起的变更。例如，购房者向建筑商建议，房间应该更大些，窗户的位置应重新设置；顾客要求信息系统开发项目团队应提高信息系统的能力，以生成以前未提到过的报告和图表等。这些都是由顾客引起的变更。这些变更类型代表着对最初项目范围的变更，将会对项目的进度、费用产生影响。不过，影响程度却取决于进行变更的时间。如果在房子的设计图纸尚未完成时，改变房子的大小和窗户的位置就比较容易；但是如果房子的主体已完成，窗户也已安装好，要作上述变更，则对项目的进度和费用将会产生很大的影响。

（2）项目团队引起的变更。例如，在项目实施过程中，项目团队发现项目设计方案不合理，提出设计变更建议。

（3）项目经理引发的变更。例如，某位负责为顾客开发自动发票系统的项目经理提出，为了降低项目成本并加快进度，自动发票系统应该采用现成的标准化软件，而不是为顾客专门设计软件。

2）计划不完善引起的变更

在项目计划过程中，忽略了某些环节而引起的变更。例如，当建造房屋时，若客户或承约商未将安装下水道列入工作范围，则应进行范围变更。

3）不可预见事件引发的变更

例如，若地质条件的变化使得原先的设计方案不能满足要求，则需要进行设计变更；若暴风雨延缓了项目实施过程，则需进行进度变更。

2. 项目变更对项目的影响

项目变更对项目的进程或成果将产生影响，这些影响如下。

（1）项目变更主要对项目进度、费用和质量带来影响。

（2）项目变更会带来项目资源消耗量或消耗结构的变化。

（3）项目变更会引起项目团队成员、结构以及任务的变化。

6.5.2 项目变更控制管理

1. 项目变更控制的含义

项目变更控制是指为使项目向着有益的方向发展而采取的各种监控和管理措施。项目经理和项目团队必须对变更进行控制。项目变更可以分为影响项目整体和局部两大类，对于影响项目全局的变更要特别重视。项目控制的很大部分就是控制变更。

2. 项目变更控制的前提

对项目变更进行有效的管理和控制，必须掌握项目工作分解，提供项目实施进展报告，提交变更要求，参考项目计划。

为了对项目变更进行控制，应由项目实施组织、项目管理团队或两者共同建立变更控制系统。变更控制系统由变更控制委员会、人员职责和权限、变更审批程序和制度、变更文件等组成。变更控制系统还应当有处理自动变更的机制。自动变更，又称现场变更，是不经实现审查即可批准的变更，多数自动变更是由意外的紧急情况造成的。

变更控制系统可细分为整体、范围、进度、费用和合同变更控制子系统。变更控制系统应当同项目管理信息系统一起通盘考虑，形成整体。

3. 项目变更控制的基本要求

项目变更控制的任务是查明项目内外造成变更的因素，必要时设法消除；查明项目是否已经发生变更，以便在变更实际发生时对其进行管理。各方面的变更控制必须紧密结合起来。

项目变更的基本要求有以下三个方面。

（1）在项目早期，项目承约人和客户之间，项目经理和项目团队之间应就有关变更方式、程序等问题进行协商，并形成文件或协议。

（2）谨慎对待变更请求，严密判断与计划。

对任何一方提出的变更请求，其他各方都应谨慎对待。例如，承约方对客户提出的变更请求，在未对这种变更可能会对项目的工期、费用产生的影响进行判断前，就不能随便同意变更，而应估计变更对项目进度和费用的影响程度，并在变更实施前得到客户的同意。客户同意了对项目进度和费用的修改建议后，所有额外的任务、修改后的工期估计、原材料和人力资源费用等均应列入计划。

对于一个变更的申请，一般有 6 种可能的结果。

①在现有的资源和时间范围允许的情况下采纳。在考虑了变更对于进度的影响之后，项目经理决定，可以采纳变更申请，而且变更也不会影响项目的进度和资源。

②可以采纳，但需要延长交付进度。变更的唯一影响是延长交付进度，而不需要额外的资源来满足变更申请。

③在现有的可交付进度内可以采纳，但需要额外的资源。采纳这种变更申请，项目经理需要获得额外的资源，但项目能按照现有的进度或变更后进度交付。

④可以采纳，但需要额外的资源和延长交付进度。

⑤可以采纳，但需要采取多次发布策略，并排定不同发布时期交付成果的优先次序。在这种情况下，为了采纳变更申请，项目计划将不得不进行重大修改。例如，最初的要求包含 10 个特征，从而形成现有的计划，变更申请要求增加 2 个特征，这时项目经理就会请客户重新排定这 12 个特征的优先级。他会使前 8 个特征早于原先计划的交付时期完成，而后 4 个特征晚于原计划的日期完成。也就是项目经理将有些重要的工作提前完成，而有些不重要的工作延迟完成。在很多情况下，这种权衡是行之有效的。

⑥不能采纳，变更将严重影响项目的进程。这种变更申请的影响非常严重，甚至会导致彻底放弃现有的项目计划。此时有两种解决方案：一种是拒绝变更申请，项目照常进行，并且把申请看作另外一个项目；另一种是停止现有的项目，根据申请更新计划，启动一个全新的项目。

（3）制定变更计划并实施变更。

变更申请确定后，应根据申请更新项目计划，并采取有效措施加以实施，以确保项目变更达到既定的效果。

①明确界定项目变更的目标。项目变更是为了适应项目变化的要求，实现项目预期的目标。这就要求明确项目变更的目标，并围绕着该目标制定变更计划，做到有的放矢。

②优选变更方案。变更方案的不同影响着项目目标的实现，一个好的变更方案将有利于项目目标的实现，而一个不好的变更方案则会对项目产生不良影响。这就存在着变更方案的优选问题。

③做好变更记录。项目变更的控制是一个动态过程，它始于项目的变化，而终于项目变更的完成。在这一过程中，拥有充分的信息、掌握第一手资料是进行合理变更的前提条件。这就需要记录整个变更过程，而记录本身就是项目变更控制的主要内容。

④及时发布变更信息。项目变更最终要通过项目团队成员实现，因此，项目变更方案一旦确定以后，应及时将变更的信息和方案公布于众，使项目团队成员能够掌握和领会变更方案，以调整自己的工作方案，朝着新的方向去努力。同样，变更方案实施以后，也应通报实施效果。

6.6　工程案例分析

挣值管理在工程项目中的应用

某建筑企业于2002年12月份在激烈竞标中获得了一个总价为1000万元的工程项目，项目任务包括设计、施工、设备安装与调试等3项主要内容。项目成本估算为800万元，项目工期为1年。项目从2003年1月开始进行。项目成本预算如表6-5和图6-22所示。

表6-5　项目的成本预算　　　　　　　　（单位：万元）

项目任务	总预算	工期进度/月											
		1	2	3	4	5	6	7	8	9	10	11	12
设计	182	64	88	20	10								
施工	492			98	120	67	63	66	28	32	18		
设备安装与调试	126										40	50	36
合计	800	64	88	118	130	67	63	66	28	32	58	50	36
累计		64	152	270	400	467	530	596	624	656	714	764	800

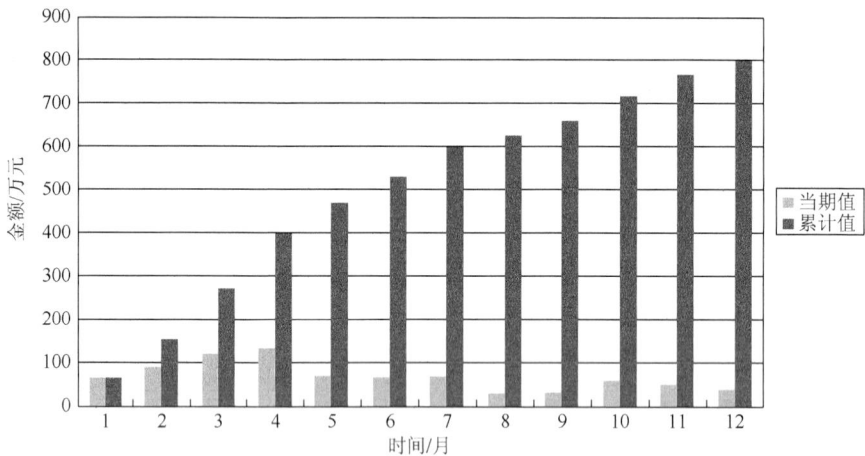

图6-22　项目成本预算一览

项目从2003年1月开始进行。如果这个项目能够很好地完成，它可能使公司在未来几年内能够接到几个更大的项目，也会在未来几年内给公司带来更多的收益，因此公司很重视这个项目。公司通过内部选拔的形式从团队精神、专业技术、领导经验、组织协调能力、项目管理经验、客户沟通能力、法律财务知识等几个方面选择这个项目的项目经理。Juan 从 4 名候选人中脱颖而出，成为这个项目的项目经理，他需要直接向副总裁汇报工作。Juan 在公司从事项目管理工作已有 9 年，于 2002 年高分数通过了 PMP（project management professional）考试，是公司的优秀项目经理，在公司的项目管理方面有很高的声誉，是一个很积极、乐观、善于交际的人。

项目开始的前两个月主要开展项目的设计工作。由于利用了其他项目的部分成果，项目的成本明显低于预算，项目进度也有一定程度的提前。但随着项目的进展，诸多预想不到的施工困难接踵而至。首先是先期工程留下大量未完工程，后来水管破裂造成塌方。对这些施工困难，虽然项目组织积极采取措施，但项目成本和项目工期仍然受到较大影响。一波未平一波又起，2003 年 4 月份，"非典"疫情不期而至，许多民工纷纷返乡，从而造成劳动力严重不足且调剂困难，使得项目成本和项目工期受到更大影响。在项目执行过程中，Juan 一直关注着分析项目绩效，应用挣值管理的方法对项目绩效情况进行了统计和计算，见表 6-6 和图 6-23。

表 6-6　项目前 6 个月的绩效情况记录 　　　　　　　　　　　　　（单位：元）

日期	PV		EV		AC	
	当期值	累计值	当期值	累计值	当期值	累计值
1 月 30 日	644022.00	644022.00	631141.56	631141.56	328719.56	328719.56
2 月 28 日	876294.00	1520316.00	1269253.44	1900395.00	905303.16	1234022.72
3 月 31 日	1182740.00	2703056.00	937813.80	2838208.80	932548.88	2166571.60
4 月 30 日	1297488.00	4000544.00	1002313.44	3840522.24	1356843.30	3523414.90
5 月 31 日	673403.00	4673947.00	552987.94	4393510.18	1101332.66	4624747.56
6 月 30 日	629054.96	5303001.96	538281.64	4931791.82	916591.57	5541339.13

注：PV 为计划值；EV 为挣值；AC 为实际值

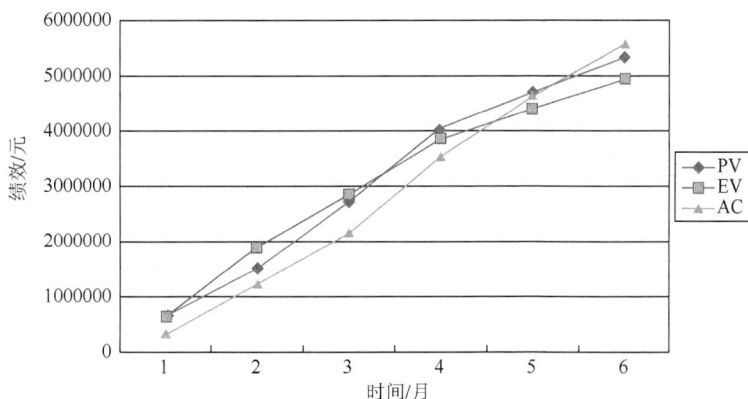

图 6-23　项目前 6 个月的绩效情况

从这些图表发现虽然前两个月的成本预算有一定的结余，但 3~6 月，结余的部分很快被消耗，而且项目施工成本有较大程度增加，并在 6 月底成本偏差达到了 12.36%，同时项目工期也有一定程度滞后，进度偏差达到了 7%。根据事先确定的偏差容忍度，这时必须采取积极有效的纠偏措施。

根据项目的进展情况，项目经理与业主进行积极沟通。业主明确表示：项目进度不能拖延，业主也不会为此项目增加投入。业主的这些要求显然没有考虑"非典"疫情给工程施工带来的一系列不利影响。这意味着项目必须按照原来合同规定的工期要求完工，必须在后面的几个月内采取更加积极有效的措施。

根据客户的这些要求，Juan 和项目团队对项目的实际进展情况和项目绩效进行了认真研究和分析，对偏差（成本偏差和进度偏差）进行了计算，对项目的 EAC 进行了预测。计算和预测的结果如表 6-7 和图 6-24 所示。

表 6-7　项目前 6 个月的项目绩效情况分析　　　　　　　　　（单位：元）

日期	CV		SV		CPI	SPI	BAC	EAC
	EV–AC	CV/EV/%	EV–PV	SV/PV/%	EV/AC	EV/PV		
1 月 31 日	302422.00	47.92	−12880.44	−2.00	1.92	0.98	8000000.00	4166666.67
2 月 28 日	666372.28	35.06	380079.00	25.00	1.54	1.25	8000000.00	5194805.19
3 月 31 日	671637.20	23.66	135152.80	5.00	1.31	1.05	8000000.00	6106870.23
4 月 30 日	317107.34	8.26	−160021.76	−4.00	1.09	0.96	8000000.00	7339449.54
5 月 31 日	−231237.38	−5.26	−280436.82	−6.00	0.95	0.94	8000000.00	8421052.63
6 月 30 日	−609547.31	−12.36	−371210.14	−7.00	0.89	0.93	8000000.00	8988764.04

注：CV 为成本偏差；SV 为进度偏差；CPI 为成本绩效指数；SPI 为进度绩效指数；BAC 为项目预算；
　　EAC 为完工估算；EV 为挣值；AC 为实际值；PV 为计划值

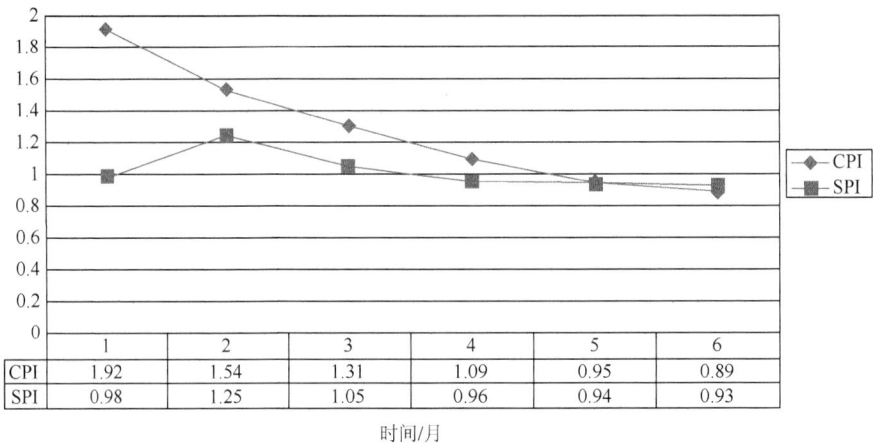

	1	2	3	4	5	6
CPI	1.92	1.54	1.31	1.09	0.95	0.89
SPI	0.98	1.25	1.05	0.96	0.94	0.93

时间/月

图 6-24　项目前 6 个月的成本绩效指数和进度绩效指数

根据这些绩效分析的结果，项目团队认为，由于外界条件的变化，项目已不可能在原先的预算内完成，必须更改预算。所以，项目团队向公司提出根据 6 月份的完工估算更改项目总预算的申请。公司对此进行了认真研究和分析，同意更改项目总预算的申请，最终决定项目总预算由原来的 800 万元调整为 880 万元。Juan 和项目团队随即于 7 月份更改了相应的项目任务的预算成本，见表 6-8 和图 6-25。

表 6-8　一个工程项目的成本预算（调整后）　　　　　　　　（单位：万元）

项目任务	总预算	工期进度/月											
		1	2	3	4	5	6	7	8	9	10	11	12
设计	182	64	88	20	10								
施工	572			98	120	67	63	96	58	42	28		
设备安装与调试	126										40	50	36
合计	880	64	88	118	130	67	63	96	58	42	68	50	36
累计		64	152	270	400	467	530	626	684	726	794	844	880

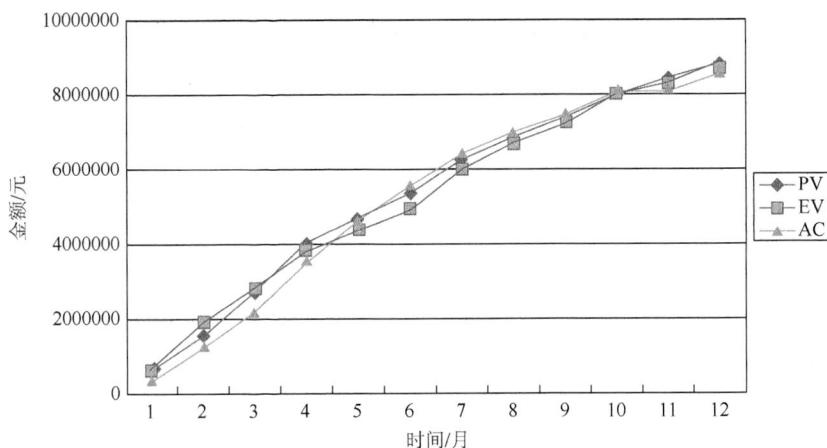

图 6-25　项目绩效情况一览表

通过采取各种纠偏措施，包括增加资源、加班加点、提高效率等，同时项目经理通过与客户认真沟通，也删减了一些不必要的工作，项目在 12 月 28 日顺利完成，比原计划提前了几天。从项目的结果来看，项目在成本和进度的控制上都达到了公司的要求。整个项目阶段的项目绩效情况和分析如表 6-9 和表 6-10 所示。从图 6-26 整个项目阶段的成本绩效指数和进度绩效指数可以看出，项目在后半段的成本和进度都基本趋于合理（成本绩效指数和进度绩效指数都在 1 左右浮动）。

表 6-9　项目成本绩效情况　　　　　　　　　（单位：元）

日期	PV		EV		AC	
	当期值	累计值	当期值	累计值	当期值	累计值
1 月 30 日	644022.00	644022.00	631141.56	631141.56	328719.56	328719.56
2 月 28 日	876294.00	1520316.00	1269253.44	1900395.00	905303.16	1234022.72
3 月 31 日	1182740.00	2703056.00	937813.80	2838208.80	932548.88	2166571.60
4 月 30 日	1297488.00	4000544.00	1002313.44	3840522.24	1356843.30	3523414.90
5 月 31 日	673403.00	4673947.00	552987.94	4393510.18	1101332.66	4624747.56
6 月 30 日	629054.96	5303001.96	538281.64	4931791.82	916591.57	5541339.13
7 月 31 日	959729.75	6262731.71	1080430.62	6012222.44	923416.19	6464755.32
8 月 31 日	580736.49	6843468.20	694376.39	6706598.83	521285.14	6986040.46
9 月 30 日	421113.91	7264582.11	557983.27	7264582.10	503219.45	7489259.91
10 月 31 日	679823.18	7944405.29	759267.23	8023849.33	615638.42	8104898.33
11 月 30 日	494180.65	8438585.94	245964.88	8269814.21	2762.68	8107661.01
12 月 28 日	361414.06	8800000.00	442185.78	8711999.99	433515.47	8541176.48

注：PV 为计划值；EV 为挣值；AC 为实际值

表 6-10 项目成本绩效情况分析　　　　　　　　　　（单位：元）

日期	CV		SV		CPI	SPI	BAC	EAC
	EV−AC	CV/EV/%	EV−PV	SV/PV/%	EV/AC	EV/PV		
1 月 31 日	302422.00	47.92	−12880.44	−2.00	1.92	0.98	8000000.00	4166666.67
2 月 28 日	666372.28	35.06	380079.00	25.00	1.54	1.25	8000000.00	5194805.19
3 月 31 日	671637.20	23.66	135152.80	5.00	1.31	1.05	8000000.00	6106870.23
4 月 30 日	317107.34	8.26	−160021.76	−4.00	1.09	0.96	8000000.00	7339449.54
5 月 31 日	−231237.38	−5.26	−280436.82	−6.00	0.95	0.94	8000000.00	8421052.63
6 月 30 日	−609547.31	−12.36	−371210.14	−7.00	0.89	0.93	8000000.00	8988764.04
7 月 31 日	−452532.88	−7.53	−250509.27	−4.00	0.93	0.96	8000000.00	9462365.59
8 月 31 日	−279441.63	−4.17	−136869.37	−2.00	0.96	0.98	8000000.00	9166666.67
9 月 30 日	−224677.81	−3.09	−0.01	0.00	0.97	1.00	8000000.00	9072164.95
10 月 31 日	−81049.00	−1.01	79444.04	1.00	0.99	1.01	8000000.00	8888888.89
11 月 30 日	162153.20	1.96	−168771.73	−2.00	1.02	0.98	8000000.00	8627450.98
12 月 28 日	170823.51	1.96	−88000.01	−1.00	1.02	0.99	8000000.00	8627450.98

注：CV 为成本偏差；SV 为进度偏差；CPI 为成本绩效指标；SPI 为进度绩效指标；BAC 为项目预算；
　　EAC 为完工估算；EV 为挣值；AC 为实际值；PV 为计划值

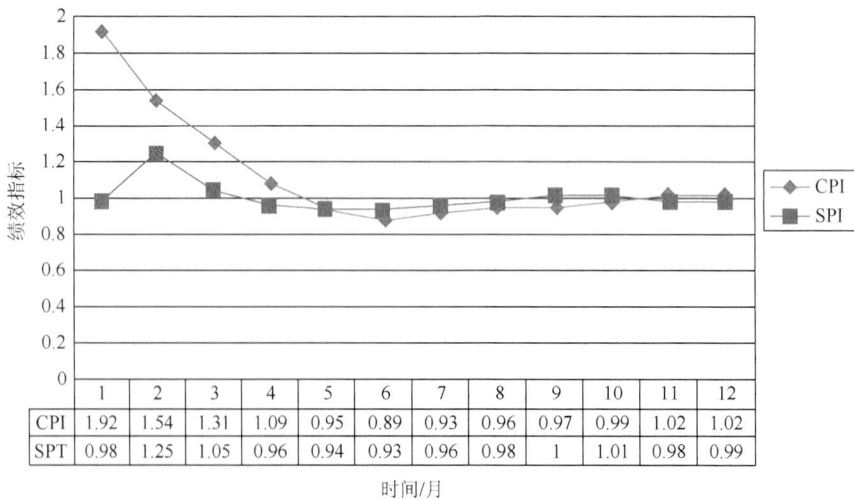

	1	2	3	4	5	6	7	8	9	10	11	12
CPI	1.92	1.54	1.31	1.09	0.95	0.89	0.93	0.96	0.97	0.99	1.02	1.02
SPT	0.98	1.25	1.05	0.96	0.94	0.93	0.96	0.98	1	1.01	0.98	0.99

图 6-26 整个项目阶段的成本绩效指数和进度绩效指数

　　Juan 及项目团队在该项目上合理地运用挣值管理的方法，监视实际成本与成本基线的差异，计算偏差，找出偏差产生的原因，并积极采取纠正措施，从而有效地控制了项目的成本和进度，取得了良好的成绩。Juan 领导的项目团队也因为该项目被评为先进团队。

❓ 复习思考题

1. 时间、费用、质量是项目管理的三大约束。请说明这三大约束与项目目标实现的关系。在项目实施过程中应如何协调三者之间的关系？
2. 简述项目进度监测类型与进度更新的方法。
3. 在项目费用控制过程中，如何利用控制方法和技术？
4. 质量控制的特点是什么？
5. 简述变更控制的基本要求。

📊 案例分析

PAS-1000 项目案例分析

1. 背景

1000 系统是由各地市电信公司为适应日益激烈的市场竞争需要和提高自身服务水平，将原诸多特服号（114、112、189、180、170 等）综合成一个特服 1000，这样用户只要拨打 1000 就可得到电信的所有服务。

项目总合同额 500 万元人民币，项目关系人包括某市电信分公司、电信工程公司、宏智公司等，电信分公司是项目的业主单位，电信工程公司和宏智公司是实施方，其中工程公司负责综合布线，宏智公司负责项目的总体实施及日后的系统支持和维护。

项目的目标是按合同规定的时间内完成项目的竣工和验收工作。

2. 管理基本思路

将项目分三个阶段：项目准备阶段、项目实施阶段、项目验收阶段。

准备阶段主要工作内容：落实用户的前期准备事宜、组织设备到货、系统设备预安装、计划评审。目标要求：项目基本具备现场开工的条件。

实施阶段主要工作内容：现场完成系统的接入和业务接口调测、系统的竣工。目标要求：系统各项业务基本可用，基本具备系统开通条件。

验收阶段主要工作内容：由项目验收小组对系统进行全面、综合验收，输出项目验收报告。目标要求：完成 PAS-1000 建设项目的所有工作。

健全项目组织结构。

项目领导小组：主要负责审批项目计划，对项目范围、项目风险等重大事件进行决策、组建验收小组并主持验收工作。

项目验收小组：项目竣工临时成立的组织，归项目领导小组领导，各相关部门人员参与，主要职责是确定验收内容，组织项目验收。

质量监督小组：在系统实施过程中对工程质量进行监督，由第三方的资深技术人员参加。

项目执行小组：制定和控制项目计划，合理安排资源，确定业务需求。

项目实施小组：负责主机、数据库、综合布线、各平台软件的安装与调试（包括 1000 实施组和主机网络实施组）。

项目文档小组：制定项目文档管理计划及文档的输出、归档。

项目支持小组：主要针对技术难题的支持和问题的远程处理（无须全过程现场办公）。

组织要点：保证用户的充分参与，发挥用户资源的积极性；明确每一个项目干系人的任务和责任；坚持提前到用户现场调研和勘察制度。

分清项目责任界面：明确供方和需方的责任，标明完成时限。

教训回顾：某 112 系统项目，对测试头调测时涉及修改交换机数据，需要用户配合完成。用户认为合同已经签订，全部的工作要由供方来做。经过多次协商，用户同意修改，但提出每个交换局必须由供方支付费用，致使整个项目无法进行。同时，PAS-1000 项目注重沟通，每天下班后一次小沟通（十分钟左右）；定期例会（两个小时），主题是相互交流一周工作进展情况，分析已经出现和潜在的风险问题，及时总结经验教训。

与上级主管的沟通：定期周报、月报，保持随时交流沟通。

与用户沟通：使用户及时了解项目进展情况，认同项目进度并建立预期。每周例会邀请用户相关部门的领导参加。将例行沟通列入会议纪要，统一作为项目管理的文档输出。

每个周末之前，按公司统一的格式撰写周报并提交部门文档管理员，再由他提交项目执行部进行审核，签字盖章后发给用户方的相关负责人。

工作汇报主要内容包括上周工作内容、上周存在问题、需要配合事项、下周工作计划、费用开支预算、风险列表等。

（1）PAS-1000 项目计划特点。一般工作分解不超过两个工作日，对于周报等出现频数高的工作注意单列；实施控制方面做到"三天一回顾，一周一总结"，规范流程。对于计划变更有变更流程：三天以内的计划变更，由项目经理确定；一周以内的计划变更，由项目执行小组审批；一周以上的计划变更，报项目领导小组审核或会议讨论，同时采取紧急处理措施。

（2）PAS-1000 项目评审。主要依据如下：工作分解结构、项目实施计划、项目移交情况（含项目质检内容）、客户满意度调查、项目总结报告。项目评审通过第三方在项目开始之前对项目目标、范围、工作分解、资源使用、项目组织、项目制度、责任界面、项目文档、沟通计划、风险控制等内容进行评审，项目结束后对项目的实施、费用、质量等进行总结和改进。风险列表后全程控制。

（3）PAS-1000 的文档管理。四种文档如下：质量体系文件、技术文件、项目管理文件、外来文件。文档输出统一纳入配置管理，并在日后维护和扩容工作中进行相应更新。

（4）PAS-1000 项目的绩效评估。依据如下：项目实施计划、项目费用预算、项目管理规范。目的如下：为项目实施提供导向性管理工具；促进完善项目管理；为项目激励分配和决策提供书面依据。

项目各项用表见表 6-11～表 6-16。

表 6-11　时间进度评估

阶段周期	阶段权重	计划时间/天	实际时间/天	绩效分析	绩效系数
项目准备阶段	30%	12	12	计划时间 11.19～11.30 实际完成时间 11.30 准备工作落实到位	30
项目实施阶段	50%	28	28	计划时间 12.03～1.1 实际完成时间 12.31 工作实施阶段，实施计划与规范得到客户认同和支持，沟通协调流畅，团队积极性高，按时完成系统任务	50
项目验收阶段	20%	18	18	计划时间 12.29～1.15 实际完成时间 1.15 沟通较好，开始用户对先初验再割接持反对态度，沟通后消除了这一障碍	20
绩效系数合计	100%	58	58	项目总体上保持按计划完成，本项目后期人员变动对项目影响很小，评估时忽略不计	100

表 6-12　成本费用控制分析

工程项目工作日预算	所处阶段工作量	准备阶段	工程实施阶段	割接初验阶段	开发组人员	销售配合人员	合计
	总工作日（单人日）		30+27=57	30+27=57	2×2=4		118 工作日
分析	项目实施未超过计划工作日，割接阶段还抽调人员到其他项目组，实际工作日应有所减少，考虑影响较小，评估时忽略不计						
工程项目费用预算	总费用	计划					
		实际					
	交通费	计划					
		实际					

预算费用/元	实际支出费用/元	节约/超支金额/元	节约/超支比例/%	绩效系数合计
20360	17960	2400	11.79	100/5×（11.79/10×2+5）=147.16

注：成本费用的信息、数据来源于"项目周报费用统计表"；

　　成本费用评估得分，即绩效系数合计转入项目综合绩效评估

工程各阶段工作结束后，项目经理在阶段工作总结时将项目费用执行情况总结分析。

表 6-13　成本费用评分方法

成本费用状况 （实际总成本/预算总成本）	绩效分数评分描述 （5 分制）	成本费用绩效评估系数 （百分制）
100%～120%	$5=S_1$	$K=100/5 \times S_1$
大于 121%，每超过 10%，-1 分	$5-Q=S_2$	$K=100/5 \times S_2$
小于 100%，每小于 10%，+2 分	$5+Q=S_3$	$K=100/5 \times S_3$

表 6-14 质量流程分析

评估事项	评估内容	评分依据	评分标准（5分制）	评估分析	绩效分析	绩效系数
风险管理	项目实施过程中质量事故					
	项目风险管理方案					
问题管理	问题管理方案					
文档管理	根据文档类别及清单					
范围管理	合同变更进度计划变更					
项目培训	培训计划培训实施培训效果					
绩效合计						

表 6-15 客户满意度评估

客户对象	评估内容	评估结果得分（5分制）	
		评估分析	评估得分（5分制）
内部客户满意度评估	团队氛围		4
	团队沟通		3
	团队水平		4
外部客户满意度评估	配合良好		4
	响应及时		4
	资料翔实		4
评估分值合计（5分制）			23
评估绩效系数合计（百分制）			100/30×23=76.67

表 6-16 项目综合评估结果

项目经理		所属事业部		项目名称	
评估期	11.19～1.15		初验通过时间		1.15
评估内容	绩效系数		权重/%	综合评估得分	备注
时间进度评估	100		50	50	
客户满意度评估	76.67		20	15.33	
成本费用评估	147.16		10	14.72	
质量控制评估	64		20	12.8	
创新能力附加分			10		
合计			110	92.85	

根据项目的工作量和项目实施难易程度，设置不同工作量等级的不同奖金额度，最低

1000 元，最高 10000 元，在项目实施计划评审时确定，并依据项目绩效评估结果得分计算项目的激励金额。激励金额的发放分两次，一次是项目结束后评估完成，发放 70%，另外一次是运行阶段，发放余下的 30%。

为合理计算项目标准工作量，PAS-1000 项目将人员进行等级划分，非常熟练为 A 级，试用期或无工作经验为 D 级，A、B 两级按正常工作日算，C 级按 70%算，D 级按 30%的工作日计算。

问题：

1. 本项目时间控制有什么特点？
2. 你认为本案例的核心控制技术是什么？

第7章　项目组织与项目团队

➤ **本章提要**：项目一旦确定之后，首先要考虑两个问题：第一是确定项目和公司的关系，即项目组织结构；第二是项目组织内部的管理问题，尤其是项目经理的挑选、项目团队的组建。项目组织作为一种新型的组织形式，其组织结构和传统的组织结构有相同之处，因而其管理同企业管理也有一些共同点。但由于项目本身的特性，决定了项目实施过程中其组织与管理又有特殊之处。本章将学习以下内容：项目组织的概念和项目组织设计的依据和原则；项目组织的四种类型及各自适用范围和优缺点；项目经理的责任和权力以及项目经理的培养和挑战；项目团队的概述以及如何有效领导项目团队。

➤ **引导案例**：一个医院外科手术组，其成员都能对手术进程中的意外变故作出反应，他们对于紧急情况的共识，提醒他们需要采取协调一致的行动和反应，他们把每一次的手术都认作一个项目，每个人都知道自己该做什么，并且相信他们的能力，这就成就了一个团队的高效合作性，如果一个手术小组的其中一个成员没有在适当的时间按照要求去做，患者就会有生命危险。通常情况下，也许不会有生命危险，但是产品质量或者为客户提供的服务会由于一个人的失职而受到损害，所以，不管在哪一个类型的团队合作项目中，高效率的团队需要所有人的全力以赴。

7.1　项目组织对项目绩效的影响

7.1.1　项目组织的概念与特征

组织这个词经常使用，管理学家提出过众多的关于组织的理论，这些理论对组织概念各有其解释。由于各种理论的角度不同，如有的从组织结构方面；有的从组织形态方面；有的从组织行为方面；有的从组织控制方面去理解组织，所以对组织概念的理解相差较大。

对于组织的一般含义，不同的学者从不同的角度出发形成了不同的观点。巴纳德认为，正式组织是有意识地协调两个以上的人的活动与力量体系。从系统论的观点看来，组织具有系统性、结构性和整体性的特点。综合起来，组织就是：①有目标的，即具有某种目标的群体；②心理系统，即群体中相互作用的人们；③技术系统，即运用知识和技能的群体；④有结构的活动的整体，即在特定关系模式中一起工作的群体。

由此组织的定义为：组织是特定的群体，为了共同的目标，按照特定原则，通过组织设计使得相关资源有机组合，并以特定结构运行的结合体。从组织的定义可以得出它的特点：目标的一致性，原则的统一性，资源的有机结合性，活动的协作性，结构的系统性。

组织可以划分为各种不同的类型。根据不同的领域分为经济、政治等；根据活动的性质分为公共组织和非公共组织；根据结构的正式程度分为正式组织和非正式组织；也可根据其结构形式分为职能式组织、项目式组织、矩阵式组织（弱矩阵式、平衡矩阵式、强矩阵式）。

组织结构总是要适应组织活动的需要，因此相应的组织结构也应随之变化。这不但贯穿于管理活动的全过程和所有方面，而且随着组织中各种因素的变化而变化，因此，组织具有特殊性和多变性，必须根据具体情况进行组织设计和管理活动。

1. 项目组织的概念

项目组织是指为了完成某个特定的项目任务而由不同部门、不同专业的人员组成的一个特别工作组织，通过计划、组织、领导、控制等过程，对项目的各种资源进行合理配置，以保证项目目标的成功实现。

有些项目，其具体技术性工作和管理职能均由项目组织成员承担。例如，软件开发项目等，因为管理工作量不大，所以没有必要单独设立履行管理职责的班子。此时项目组织负责人除了管理，也要承担具体的系统设计、程序编制或者研究工作，这时候可称项目组织为项目管理班子。另外一些项目，由于管理工作量很大，项目组织仅履行管理功能，具体的技术工作由他人或其他组织承担。例如，某市的环境保护项目，环境保护科学技术研究、设备和设施的设计、土建施工、设备制造和材料供应均交给项目组织之外的单位。而项目组织本身不承担具体技术工作，仅履行管理职能。这时候可称其为项目管理班子，突出其管理职能。

2. 项目组织的特征

项目组织作为组织的一种类型，具有一般组织的特征。但由于项目与项目管理的特殊性，项目组织又具有以下特征。

（1）临时性。项目组织是为完成项目而组建、为项目建设服务的组织。由于项目是一次性的，所以，一旦项目结束，项目组织的使命也就完成。随着项目的结束项目组织也就解散。作为一个临时性的组织，项目是由上层机构（企业所有者）建立起来为了完成某一具体目标的机构。在项目存在的时间范围内，上层机构是稳定的，其结构是固定的。因此，一个项目与一个政府机构有许多共同点。它有支持者，支持者创建项目机构来保障项目的成功，同时也有反对者，反对者会努力去破坏项目的成功。企业所有者要任命一名管理人员来站在他们的立场对项目进行管理，同时企业所有者还需要创建组织机构，包括信息渠道在内，来监督项目管理者的决策以确保实现企业所有者利润最大化的目标。

（2）任务导向性。项目组织的成立绝大部分是任务驱动。一方面因为要解决一些重要且复杂的问题，另一方面甚至就是为了执行大量的任务需要有一个共同目标和协作能力的组织成员的结合。项目组织者有项目组织的具体职责，组织结构、人员构成和人数配备等因项目性质、复杂程度、规模和持续时间而异。

7.1.2　项目组织结构的形式

在实际工作中存在多种项目组织形式，项目组织的形式对项目的成败有很大的影响，但并没有证据证明有一个最佳的组织形式,每一种组织形式有各自的优点和缺点,因此在设计项目组织形式时要具体分析、具体设计。一般来说,典型的组织结构形式有四种,即职能式、项目式、矩阵式和组合式。

1. 职能式项目组织形式

职能式项目组织形式指企业按职能以及其相似性来划分部门,例如,一般要生产市场需要的产品涉及计划、采购、生产、营销、财务、人事等职能,那么企业在设置组织部门时,按照职能的相似性将所有计划工作以及相应人员归为计划部门、从事营销的人员划归营销部门等,企业便有了计划、采购、生产、营销、财务、人事等部门。

采用职能式项目组织形式的企业在进行项目工作时,各职能部门根据项目的需要承担本职能范围内的工作,也就是企业主管根据项目任务需要从各职能部门抽调人员及其他资源组成项目实施组织,例如,开发新产品项目就可以从营销、设计及生产部门各抽调一定数量的人员形成开发小组。然而这样的项目实施组织界限并不十分明确,小组成员完成项目中需本职能完成的任务,同时他们并没有脱离原来的职能部门,而项目实施的工作多属于兼职工作性质。这样的项目实施组织的另一特点是没有明确的项目主管或项目经理,项目中各种职能的协调只能由处于职能部门顶层的部门主管或经理来协调,如图7-1所示。

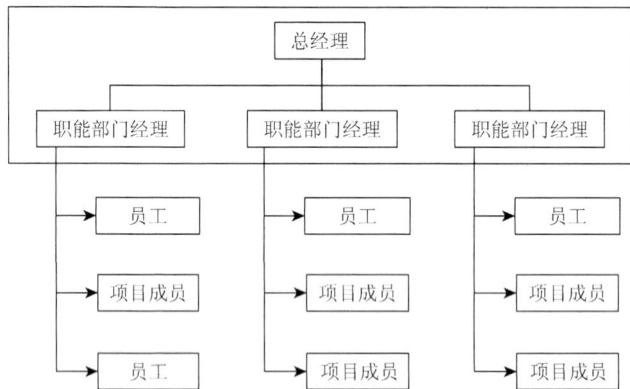

图7-1 职能式项目组织形式

职能式项目组织形式的优点如下。

(1)有利于同一部门的专业人员一起交流知识和经验,可使项目获得部门内所有的知识和技术支持,对创造性的项目技术问题的解决很有帮助。

(2)技术专家可同时参加不同的项目,提高资源的利用效率。

(3)当有人员离开项目组甚至离开公司时,职能部门可作为保持项目技术持续性的基础。

(4)将项目作为部门的一部分,还有利于在过程、管理和政策等方面保持连续性。

(5)职能部门可以为本部门的专业人员提供一条正常的晋升途径,使得项目成员可以考虑自己的职业生涯。

职能式项目组织形式的缺点如下。

（1）项目中与职能部门利益直接有关的问题可能得到较好的处理，而那些超出其利益范围的问题则很有可能被忽视。

（2）调配给项目的人员往往把项目看作额外的工作甚至负担，从而影响其工作的积极性。

（3）技术复杂的项目通常需要多个职能部门的共同合作，但各部门往往更注重本领域，而忽略整个项目的目标，并且跨部门之间的交流沟通也是比较困难的。

（4）项目及客户的利益往往得不到优先考虑，因为客户不是活动和关注的焦点。

（5）有时会发现没有人承担项目的全部责任。项目经理只负责项目的一部分，另外一些人则负责项目的其他部分。责任不明确往往导致协调的困难和混乱的局面。

2. 项目式组织形式

项目式组织形式是按项目来划归所有资源，即每个项目有完成项目任务所必需的所有资源，每个项目实施组织有明确的项目经理，对上直接接受企业主管或大项目经理领导，对下负责本项目资源的运用以完成项目任务。每个项目组之间具有相对独立性，如图 7-2 所示。

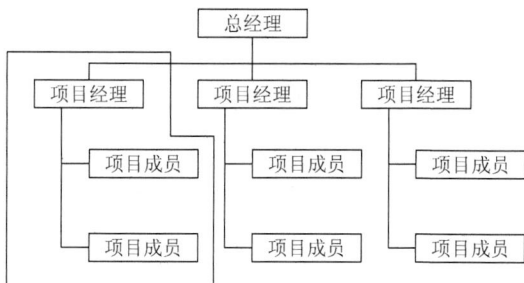

图 7-2　项目式项目组织形式

项目式组织形式的优点如下。

（1）项目经理有充分的权力调动项目内外部的资源，并对项目全权负责。

（2）项目经理可以直接与公司的高层管理进行沟通，使项目内沟通更加顺畅、沟通速度更快、途径更加简洁。

（3）当存在一系列的类似项目时，项目式组织可以保留一部分在某些技术领域具有很好才能的专家作为固定的成员。

（4）项目目标单一，项目成员能够集中精力，团队精神得以充分发挥。

（5）权力的集中使决策的速度得以加快，整个项目组织能够对客户的需要和高层管理的意图作出更快的响应。

（6）有利于使命令协调一致，每个成员只有一个上司，排除了多重领导的可能。

（7）从结构上来说简单灵活、易于操作，在进度、成本和质量等方面的控制也较为灵活。

3. 矩阵式项目组织形式

矩阵式项目组织形式发展的推动力主要来自高科技领域的公司,这些公司中的项目通常需要多个部门专家的合作,而又希望各个项目能够共享这些专家。此外,项目的技术要求也需要有一种新的组织方式能够克服先前的项目管理中的不足。

矩阵式项目组织形式的特点是将按照职能划分的纵向部门与按照项目划分的横向部门结合起来,以构成类似矩阵的管理系统。当很多项目对有限资源的竞争引起对职能部门的资源的广泛要求时,矩阵管理就是一个有效的组织形式。传统的职能组织在这种情况下无法适应的主要原因是:职能组织无力对包含大量职能之间相互影响的工作任务提供集中、持续和综合的关注与协调。因为在职能组织中,组织结构的基本设计是职能专业化和按职能分工,不可能期望一个职能部门的主管会不顾自己职能部门中的利益和责任,或者完全打消职能中心主义的念头,把项目作为一个整体,对职能之间的项目各方面也加以专心致志的关注。

在矩阵项目组织中,项目经理在项目活动的"什么"和"何时"方面,即内容和时间方面对职能部门行使权力,而各职能部门负责人决定"如何"支持。每个项目经理要直接向最高管理层负责,并由最高管理层授权。而职能部门对各种资源进行合理的分配和有效的控制调度来管理项目。职能部门负责人既要对他们的直线上司负责,也要对项目经理负责,如图 7-3 所示。

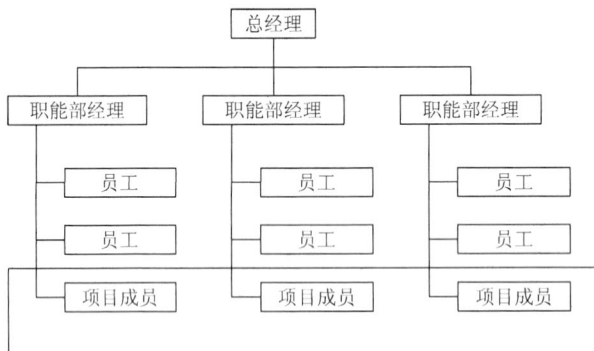

图 7-3   矩阵式项目组织形式

矩阵式组织形式的优点如下。

(1)项目是工作的焦点,有专人即项目经理负责管理整个项目,负责在规定的时间经费范围内完成项目的要求。

(2)项目中会有来自职能部门的人员,他们会在公司规章制度的执行过程中保持与公司的一致性,从而增加公司领导对项目的控制力。

(3)当有多个项目同时进行时,公司可以平衡资源以保证各个项目都能满足其各自的进度、费用及质量要求。

(4)具有项目式组织的长处。由于项目组织是覆盖在职能部门上的,它可以临时从职能部门抽调所需的人才,所以可以分享各个部门的技术人才资源;当有多个项目时,这些人才对所有项目都是可用的，从而可以明显减少如项目式组织中出现的人员冗余。

（5）项目组成人员对项目结束后的忧虑减少了，虽然他们与项目具有很强的联系，但他们对职能部门也有一种"家"的亲密感觉。

（6）对客户要求的响应与项目式组织一样快捷灵活，而且对公司组织内部的要求也能作出较快的响应。

（7）公司可以在人员及进度上统筹安排，优化整个系统的效率，而不会以牺牲其他项目去满足个别项目的要求。

总之，矩阵式组织汇集了职能式组织和项目式组织的一般特点，并且具有较广的选择范围。职能部门可以为项目提供人员，也可以只为项目提供服务，从而使得项目的组织具有很大的灵活性。

矩阵式组织形式的缺点如下。

（1）职能组织和项目组织间的平衡需要持续地进行监督，以防止双方互相削弱对方。

（2）在开始制定政策和方法时，需要花费较多的时间和劳动量。

（3）每个项目都是独立进行的，容易产生重复性劳动。

（4）对时间、费用以及运行参数的平衡必须加以监控，以保证不因时间和费用而忽视技术运行。

4. 组合式项目组织形式

所谓组合式项目组织结构形式有两种含义：一是指在公司的项目组织形式中存在有职能式、项目式或矩阵式两种以上的组织形式；二是指在一个项目的组织形式中包含两种结构以上的模式，例如，在职能式项目组织结构的子项目采取项目式的组织结构等。

组合式项目组织结构的最大特点是方式灵活，公司可根据具体项目与公司的具体情况确定项目管理的组织形式，而不受现有模式的限制，因而在发挥项目优势与人力资源优势等方面具有方便灵活的特点。

与此同时，组合式项目组织结构形式也可能产生一些不足，即在公司的项目管理方面容易造成混乱，项目的信息流、项目的沟通等容易产生障碍，公司的项目管理制度不易较好地贯彻执行。

7.1.3　项目组织结构的选择

项目的组织结构的选择就是要决定项目实施与公司日常业务的关系问题。前面介绍了几种可供选择的项目组织形式，究竟哪一种形式最好呢？或者说对于某一项目来说有没有唯一的最优选择呢？要回答这一问题是非常困难的。项目组织形式的选择是项目管理者知识、经验及直觉等的综合结果。项目成功的影响因素很多，不同项目即使采用同一组织结构形式也可能有截然不同的结果。正如人们常说的管理是科学也是艺术，而艺术性正体现在权变性地将管理理论应用于管理实践中去。项目的内外环境的复杂性及如上面所述每种组织形式的各种优劣使得几乎没有普遍接受、步骤明确的方法来告诉人们怎样决定采取什么类型的组织。

1. 影响项目组织选择的因素

在具体的项目实践中，究竟选择何种项目的组织形式没有一个可循的公式，一般应充分考虑各种组织结构的特点、企业特点、项目的特点和项目所处的环境等因素后才能进行较为适当的选择。因此，当选择项目组织形式时，需要了解哪些因素制约着项目组织的实际选择。表 7-1 列出了一些可能的因素与组织形式之间的关系。

表 7-1　影响组织结构选择的关键因素

影响因素 ＼ 组织结构	职能式	矩阵式	项目式
不确定性	低	高	高
所用技术	标准	复杂	新
复杂程度	低	中等	高
持续时间	短	中等	长
规模	小	中等	大
重要性	低	中等	高
客户类型	各种各样	中等	单一
对内部依赖性	弱	中等	强
对外部依赖性	强	中等	强
时间限制性	弱	中等	强

一般来说，职能式组织结构比较适用于规模较小、偏重于技术的项目，而不适用于环境变化较大的项目。因为，环境的变化需要各职能部门间的紧密合作，而职能部门本身的存在以及权责的界定成为部门间密切配合不可逾越的障碍。

当一个公司中包括许多项目或项目的规模较大、技术复杂时，应选择项目式的组织结构，同职能式组织相比，当对付不稳定的环境时，项目式组织显示出了自己潜在的长处，这来自于项目团队的整体性和各类人才的紧密合作。

同前两种组织结构相比，矩阵式组织形式无疑在充分利用企业资源上显示出了巨大的优越性，由于其融合了两种结构的优点，这种组织形式在进行技术复杂、规模巨大的项目管理时呈现出了明显的优势。

2. 项目组织结构的调整优化原则

为保证项目的顺利进行，对项目的组织结构一般轻易不要进行调整，除非在一些特殊情况下，由于项目内外环境的变化，所以有必要对项目组织结构进行适当调整，以免影响后续项目工作的完成。当项目组织再造时，除了要遵循一般的组织设计原则，还要把握以下四点。

（1）尽可能保持项目工作的连续性。项目组织再造的目的是保证项目工作的更好开展，而绝不是重新构建组织形式。因此要防止因项目组织调整而对项目进展产生不利的影响。

（2）维护客户利益。当组织调整出现矛盾时，以客户利益为标准，以完成委任任务为第一原则。不能因组织的调整影响了项目合同的正常完成。

（3）把握调整的时机问题。当必须对项目组织进行调整时，要注意研究与把握调整的最佳时机，不能操之过急。此外，利用调整前的时间做好各项准备工作，防止各种意外情况的出现。

（4）新组织一定要克服原组织需解决的问题。调整是为了项目的发展，不是为了解决原组织中的所有问题，而只是克服不适应项目开展的关键问题。因此在构造新组织时一定要认真分析研究，新组织能否实现这一目标。

3. 项目管理办公室

PMO 简介

自从 20 世纪 90 年代以来，项目管理办公室（project management office，PMO）的概念越来越流行。因为组织认识到预算结果对成功项目管理的贡献很大。项目管理办公室有很多名字，如程序办公室或出色的项目管理中心。

没有一个单一的、最好的实践方式去组织和运行一个项目管理办公室。一个统一的结果是"聚集出色的中心"，在那里，项目管理办公室以培训的形式、软件、相关图书馆和其他运作援助的形式运行，就像内部顾问一样提供项目管理支持功能。统一的另一个结果是，项目经理对完成组织目标负有实际的、直接的管理责任。这种情况下，高层管理者授权特定的项目管理办公室作为整体的利益相关者和主要的决策者。也就是说，项目管理办公室完成了在项目版图下设计的，用来集中和协调项目管理的组织单元。在这两个极端结果之间，项目管理办公室可能促进挑选、管理和分享项目员工，以及重新调配项目员工。

7.1.4　项目组织结构与项目绩效的关系

一般认为，项目在某些组织结构中比在其他类型的组织结构中运行得更平稳。越来越多的研究结果表明，一些组织结构能为项目成功完成带来更多优势，但主要取决于启动项目的类型。学者高贝利（Gobeli）和拉森（Larson）就企业的组织结构对项目绩效的影响做了一项研究，结果表明：企业的组织结构会对项目的生存能力产生正面或负面的影响。根据企业更多倾向职能或更多倾向项目制，还是处于两者之间，高贝利和拉森将矩阵式组织结构进一步细分为三类：职能矩阵、平衡矩阵和项目矩阵，并以 1600 多名积极参与本项目组织内项目管理的项目专业人员与经理人为研究样本，要求他们对其组织采用的结构给项目管理带来的正面或负面影响进行评价。研究结果强调了这样的一个事实：一般来说，项目式组织确实为支持成功的项目管理提供了更好的环境。

可见职能组织和职能矩阵是最缺乏效果的组织形式，但信息技术企业中用得最多的就是这两种组织形式。然而对于信息技术企业采用何种管理结构，本身没有准确的答案，因为在组织和项目层面上都有不同的因素加以考虑。霍布斯（Hobbs）和梅纳德（Menard）指出了项目管理组织结构选择的七个因素：项目规模、战略重要性、新颖性和创新需要、整合的需要（涉及多个部门）、环境复杂程度（涉及很多外部因素）、预算和时间限制、需求资源的稳定性。这些因素层次越高，项目经理和项目团队就需要越大的自主性和权力。因而也就没有绝对好的组织管理结构，这就需要根据项目的要求灵活组织项目的管理系统。

7.2 项目经理的领导力

项目经理是项目的负责人，有时人们也称为项目管理者或者项目领导者，负责项目的组织、计划及实施全过程，以保证项目目标的成功实现。成功的项目无一不反映了项目管理者的卓越管理才能，而失败的项目同样也说明了项目管理者的重要性。项目管理者在项目及项目管理过程中起着关键作用。有人称项目经理是项目团队的"灵魂"，可见对于一个项目而言，选择一位优秀的项目经理就显得尤为重要。

项目管理的组织特征是严格意义上个人责任制。项目经理是项目实施的最高领导者、组织者、责任者，在项目管理中起到了决定性的作用。成功的项目应该保证项目的顺利完成，并能使本企业组织成员、分包单位主要成员、项目班子中的主要成员、项目业主或委托人感觉高度满意，最终给企业创造效益。

项目经理是项目有关各方协调的桥梁和纽带，处在项目各方的核心地位。项目管理是人的管制与协调。负责沟通、协商、解决各种矛盾、冲突、纠纷的关键人物是项目经理，其对项目行使管理权，也对项目目标的实现承担全部责任。所扮演的角色是任何其他人不可替代的。项目经理作为企业法人委派在项目管理上的代表，按合同履约是其一切行动的最高准则，拒绝承担合同以外的其他各方强加的干预、指令、责任是项目经理的基本权利。项目经理是项目信息沟通的发源地和控制者，在项目实施过程中，来自项目外的重要信息、指令要通过项目经理来汇总、传递、交流，对项目内部，项目经理是各种重要指标、决策、计划、方案、措施、制度的决策者和制定者。

7.2.1 项目经理与职能部门经理

项目经理（或项目主管、项目负责人）是决定项目成败的关键角色。充分认识和理解项目经理这一角色的作用和地位、职责范围及需具备的素质和能力，对项目经理本身而言，是加强自身修养、正确履行职责，做一名合格项目经理的基础；对项目的上级组织而言，是培养和选拔适当的项目经理、确保项目成功的前提。

企业的发展离不开项目经理带领项目团队创收，同时，也离不开职能部门经理带领职能团队保证企业正常运转。高效的项目执行力离不开项目经理的领导，同样也离不开职能部门经理的鼎力支持。对管理职能而言，项目经理的决策职能有所增强而控制职能有所淡化，且行使控制职能的方式也有所不同。职能部门经理与项目经理是研发企业矩阵式管理的局中人，其关系是共生共存、相互依赖、相互竞争。相互依赖是指职能部门经理需要通过项目经理的工作来实现自身价值，同时，也通过项目给员工提供的更多实践机会，掌控有限资源；项目经理需要职能部门经理的鼎力支持，获得更多的资源来实施项目。相互竞争是指对资源的竞争。项目经理与职能部门经理的角色进行对比，如表 7-2 所示。

表 7-2　项目经理与职能部门经理角色的比较

比较项目	项目经理	职能部门经理
扮演角色	"帅"，为工作找到适当的人去完成	"将"，直接指导他人完成工作
知识结构	是通才，具有丰富经验和广博知识	是专才，是某一技术专业领域的专家
管理方式	目标管理	过程管理
工作方法	系统综合集成的方法	系统分析方法
工作手段	个人实力，责大权小	职位实力，权责对等
主要任务	规定项目任务，何时开始、何时达到最终目标	规定谁负责任务，技术工作如何完成

7.2.2　项目经理的职责权力

项目经理作为项目的负责人，其责任就是通过一系列的领导及管理活动使项目的目标成功实现，并使利益相关者满意。在项目的实施过程中，项目经理的主要任务就是要对项目进行全面的管理，具体体现在对项目目标要有一个全局的观念，并组建团队，制定计划，报告项目进展，控制反馈，在不确定环境下对不确定性问题进行决策，在必要的时候进行谈判及解决冲突，保证项目的成功实施。

1. 项目经理的职责

（1）以项目章程为基础，精心计划，合理分工，保证项目进度及各项目标的达成。项目往往从属于更大的组织，项目与组织的其他工作一起配合、协调实现组织的目标，因此项目目标的确定、目标的分解以及计划制定、实施的全过程都要有利于总目标的实现。要关注项目进展过程中的各种问题，联络上下，目标一致，精诚合作，也要关注项目成员的思想情绪，达成项目组织的团结。

（2）在技术、费用和时间给定的情况下，利用组织中的现有资源生产出最终产品并实现项目的目标。在项目开始之前准备好所需资源，主要包括人、财、物等方面，协调项目目标中的进度、质量和成本，控制项目的平稳向前良性发展。项目目标的确定、目标的分解以及计划制定、实施的全过程都要有利于总目标的实现。

（3）控制和指导项目，负责项目团队建设，包括人员士气和能力的提高方面。项目经理有责任为项目组成员提供良好的工作环境和氛围，并对项目小组成员进行绩效考核。由于项目是一个临时的组织，项目经理在激励项目成员的同时还应为项目小组成员的未来考虑，使他们无后顾之忧，安心为项目工作。

2. 项目经理的权力

其一，生产指挥权。根据项目随时出现的人、财、物等资源变化情况进行指挥调度，对施工组织设计和网络计划,在保证总目标不变的前提下进行优化和调整,保证对施工现场临时出现的各种变化应付自如。其二,人事权。在有关政策和规定范围内决定项目班子组成人员的选择考核、聘任和解聘,以及任职、奖惩、调配、指挥、辞退等。其三,财权。拥有承包范围内的财务决策权,在财务制度允许的范围内安排承包费用的开支,在工资基金范围内决定项目班子内部的计酬方式分配原则和方案,推行计件工资、定额工资、岗位工资和确定奖金分配。对风险应变费用、赶工措施费用等都有使用支配权。其四,技术决策权。审查和批准重大技术措施和技术方案,必要时召集技术方案论证会或外请咨询专家,防止决策失误造成重大损失。其五,采购与控制权。由于资源的配置可能与项目计划书有出入,有时项目实施的外部环境会发生一定的变化,这使项目实施的进度无法与预期同步,这就要求项目经理根据项目总指标,将项目的进度和阶段性目标与资源和外部环境平衡起来,做出相应的决策,以便对整个项目进行有效的控制。

7.2.3   项目经理的挑选与培养

1. 项目经理的挑选原则

选择什么样的人担任项目经理,除了考虑候选人本身的素质特征,还取决于两个方面:一是项目的特点、性质、技术复杂程度等;二是项目在该企业规划中所占的地位。挑选项目经理一般应考虑以下四个方面。

(1)候选人的基本技能。候选人最基本的能力要求主要有两方面,即技术能力和管理能力。对项目经理来说,对其技术能力要求视项目类型不同而不同,对于一般项目来说,并不要求项目经理是技术专家或比项目其他成员懂得多,但他应具有相关技术的沟通能力,能向高层管理人员解释项目中的技术,能向项目小组组织解释顾客的技术要求。然而,无论何种类型的项目,对项目经理的管理能力要求都很高,项目经理应该有能力保证项目按时在预算内完成,保证准时、及时的汇报,保证资源能够及时获得,保证项目组织的凝聚力,并能在项目管理过程中充分运用谈判及沟通技巧。

(2)候选人的敏感性。敏感性具体指三个方面,即对企业内部权力的敏感性、对项目组织及成员与外界之间冲突的敏感性及对危险的敏感性。对权力的敏感性,使得项目经理能够充分理解项目与企业之间的关系,保证其获得高层领导必要的支持。对冲突的敏感性能够使得项目经理及时发现问题及解决问题。面对危险的敏感性,使得项目经理能够及时控制不必要的风险,及时规避风险。

(3)候选人的领导才能。项目经理应具备领导才能,能知人善任,吸引他人投身于项目,保证项目组织内部成员积极努力地投入项目工作。

近年来,相关人员对有效的项目领导力所应具备的特质与能力进行了深入研究,并逐渐形成了一个研究领导力的有趣视角。技术技巧、分析能力、智力等特征均是项目经理的重要特质,此外还有一个概念值得注意,即情商。情商是衡量领导力效力的一个更具有意义的标准。情商包括5个要素:自我了解、自我规范、动机、移情、社交技能。拥有这些特质,项目经理将能与团队成员发展一种直接的、支持性的关系,这种关系对于建立与指引一个有效的团队来说是关键的。

自我了解意味着对个人的优点与不足、自我需求、动因和动机等有着深刻的认识。要做到自我了解，需要对自我有着清晰的视角，但这并不意味过于以自我为中心。当对自我有清晰认识的时候，项目经理才能更好地同其他人进行交流。

成功领导者的一个关键能力是他们对自我控制的意愿。每人实施自我控制的方法表现为行动之前思考的能力，即推迟进行判断的时机。有效的领导者是那些建立自我规范的人。

卓越的项目领导者是那些一直保持高昂斗志的人。为了成功，他们发现最大的潜能；而且他们认识到，必须与项目团队成员一起工作，使每个人产生最大的绩效，只有这样才能保证项目的成功。在动机方面，一个卓越的项目经理有两种重要的特质：第一，他们总在寻找让项目持续发展的方法，即他们希望以具体的或清晰的里程碑来表明所取得的进步；第二，卓越的项目经理一直在面对越来越大的挑战。

成功的项目经理的一个重要的特质是他们能够发现每个下属员工的独特之处。他们会考虑这些不同之处，以特定的方式对待每个成员，以鼓励他们发挥最大的潜能。

情商的最后一个特质就是社交技能，即个人处理与他人关系的能力。社交技能不仅是友谊，它是带着目的的友谊。社交技能能够将人们引向所期望的方向。高超的社交技能体现为劝道、友善以及建立人际关系网。

项目的管理轴线最重要的是管理人。一旦了解了领导力在有效的项目管理中发挥的作用，就能更好地利用领导力来促进项目的发展。

（4）候选人应付压力的能力。压力产生的原因有很多，例如，管理人员缺乏有效的管理方式与技巧，其所在的企业面临变革，或经历连续的挫折而迫切希望成功。由于项目经理在项目实施过程中必然面临各种压力，项目经理应能妥善处理压力，争取在压力中获得成功。

2. 项目经理的能力要求

项目经理的能力要求既包括"软"的方面——个性因素，也包括"硬"的方面——管理技能和技术技能。

（1）个性因素。项目经理个性方面的素质通常体现在他与组织中其他人的交往过程中所表现出来的理解力和行为方式上。素质优秀的项目经理能够有效理解项目中其他人的需求和动机并具有良好的沟通能力。具体内容如下：号召力——调动下属工作积极性的能力；交流能力——有效倾听、劝告和理解他人行为的能力；应变能力——灵活、耐心和耐力、对政策高度敏感、自尊、热情等。

（2）管理技能。管理技能首先要求项目经理把项目作为一个整体来看待，认识项目各部分之间的相互联系和制约以及单个项目与母体组织之间的关系。只有对总体环境和整个项目有清楚的认识，项目经理才能制定出明确的目标和合理的计划，具体包括计划、组织、目标定位、对项目的整体意识、处理项目与外界之间关系的能力、以问题为导向的意识、授权能力（使项目团队成员共同参与决策）等。

（3）技术技能。技术技能是指理解并能熟练从事某项具体活动，特别是包含方法、过程、程序或技术的活动。优秀的项目经理应具有该项目所要求的相关技术经验或知识。技术技能包括在具体情况下运用管理工具和技巧的专门知识和分析能力，具体包括使用项目管理工具和技巧的特殊知识，项目知识，理解项目的方法、过程和程序，相关的专业技术，计算机应用能力等。根据对来自各个领域的 85 位项目经理的问卷调查，美国学者对这三大类能力的相对重要性作了比较。调查方法为：要求 85 位项目经理给三大类共 18 项技能分别打分，每项分数为 1～7 分。7 分代表最重要的技能，1 分为最不重要的技能。然后，将各类得分换算为百分比。个性因素所占百分比为 39.6%，它是项目经理最重要的能力；管理技能的百分比为 36.9%，处于次重要的地位；技术技能的百分比为 23.5%，是相对最不重要的技能。这说明项目经理的技术技能强调的是通才，而不是单一学科的专家。这种技术技能是使项目经理有能力了解项目主要专业的技术问题。实际上，项目经理为了协调各专业间的工作，必须有足够宽的专业知识结构，才能了解项目中各专业工作的内容，才能与专业人员进行技术问题的交流。

7.2.4　项目经理如何领导项目团队

项目团队建立之后一般不能马上形成有效的管理能力，中间要有一个熟悉、适应和磨合的过程。项目经理的领导方法对团队建设将产生巨大的影响，其管理风格将影响项目组成员对项目经理和项目的态度。有效地领导项目团队需要两方面互相关联的风格：一方面，项目经理必须管理好个性化团队成员；另一方面，还必须把团队控制成为一个统一的整体。因此，项目经理还必须找到某种方式来协调这两个方面。

（1）选择合适的项目组成员。对于项目组成员来说虽然精通技术是很重要的，但是它不是唯一需要考虑的因素。项目经理在组建团队的时候必须考虑其他三个方面的问题：教育背景、工作经历和成员的性格特点。

（2）选择合适的激励手段。培训、提供富有挑战性的工作任务以及允许个体参与决策都是积极的激励手段。给出补偿性的时间能够鞭策项目组成员，使其改进表现，它通常作为在超负荷强度下工作了很长时间的回报。而赞誉则提供了另一种积极激励。对于消极激励，项目经理应有节制地使用，因为积极激励比消极激励更趋向产生持续的影响，但也不能过于频繁地使用积极激励，以免淡化其效果。

（3）有效对付问题成员。第一，识别问题的来源；第二，私下找人员沟通并且使用有效倾听的技巧；第三，诚实并且正直；第四，不要犹豫使用积极的激励；第五，尽量少用消极激励；第六，应用舆论的压力。

（4）鼓励个性化团队成员的创造。委派一项有足够自主权的工作是一个有效的方法；采取措施隔离来自外部环境的压力；形成一种鼓励创新的氛围；项目经理还必须解决鼓励成员创造与满足项目及客户商务需求之间的矛盾。

（5）有效利用授权。授权应明确范围；将任务委派给有能力、有经验的人，并且还要考虑他的个性；对授权进行必要的跟踪和控制。

（6）从参与培训中受益。成功的项目经理把培训看作团队成员发展和提高生产率的手段，应该派人员参加能直接影响他们工作的培训，灵活采用脱产、半脱产和在岗培训的培训方法。

在项目团队的研究中，绩效是为许多人所重视的热点话题，因为好的绩效才是团队存在的关键，获得成效才能成为成功的团队。而影响项目团队绩效的因素有很多，如培训、多样化、团队学习、信任、激励方式、绩效考核、授权、组织文化、组织支持、薪酬设计等。在众多影响因素中，信任是一个非常重要的因素，它将对项目团队的正常运作和绩效产生直接影响。

7.3　高效项目团队的建设

7.3.1　高效项目团队的特征

项目团队不仅是指被分配到一起的工作人员，而且是指一组相互支撑的人员齐心协力共同工作，以最有效的方式实现项目目标。有效的项目团队应具备下列特征。

（1）明确清晰的目标：团队成员清楚地了解所要实现的目标，以及目标所包含的重大现实意义。

（2）职责和角色期望明确：项目成员参与计划制定，明确自身责任以及与其他成员的相互关系，共同完成他们在项目中的任务。

（3）统一的共同目标：团队目标是所有团队成员都承诺完成的目标，成员都认同团队目标，而且个人目标与团队目标相关联。

（4）良好的沟通和高度合作互助：成员之间开放、坦诚、及时沟通，乐于互相帮助，互相尊重，甚至互相接受建议性的批评。

（5）高度的相互信任：项目成员之间相互信任，每个人对团队内其他人的品行和能力都确信不疑，承认团队中每个成员都是项目成功的重要因素。

（6）相关的技能：团队成员具备实现项目目标所需要的基本技能。

（7）优秀的团队领导：高效团队的领导往往担任的是教练或后盾的角色，他们对团队提供指导和支持，而不是试图去控制下属。优秀的团队领导必须保证团队是有目标的，他能够帮助自己的团队澄清目标；确保团队成员不偏离目标，并能激励每个成员具有责任感和自制力，对团队忠诚；能促使团队内部的信息畅通，能高效地处理团队与外部人员的关系，从而保证团队工作的效率。

（8）内部与外部的支持：既包括内部合理的基础结构，也包括外部给予必要的资源条件。高效的团队鼓励成员与其他组织部门进行充分交流，这样就可以使其他部门员工了解本团队，并对团队提出改进意见；有效减少猜忌并保证相互间合作，减少可能存在的不友好态度。

7.3.2　团队发展的阶段

1. 形成阶段

形成阶段是团队发展过程中的起始步骤，即项目团队的筹建阶段。它促使个体成员转变为团队成员。项目经理此时一般要做如下工作。

（1）根据项目的需要选择有关的成员组成团队。

（2）对团队进行指导，明确方向。

（3）组织并构建项目团队。

2. 磨合阶段

磨合阶段是团队成员熟悉各自职责、彼此相互磨合的阶段。此阶段中的团队的效率不高，项目经理的主要工作如下。

（1）允许成员表达不满或他们所关注的问题，接受及容忍成员的任何不满。

（2）做好导向工作，努力解决问题、矛盾。

（3）依靠团队成员共同解决问题，共同决策。

3. 规范阶段

在这一阶段，团队将逐渐趋于规范。团队成员经过磨合阶段逐渐冷静下来，开始表现出相互之间的理解、关心和友爱，亲密的团队关系开始形成，同时，团队开始表现出凝聚力。另外，团队成员通过一段时间的工作，开始熟悉工作程序和标准操作方法，对新制度，也开始逐步熟悉和适应，新的行为规范得到确立并为团队成员所遵守。在这一阶段，项目经理应做到：①尽量减少指导性工作，给予团队成员更多的支持和帮助。②在确立团队规范的同时，要鼓励成员的个性发挥。③培育团队文化，注重培养成员对团队的认同感、归属感，努力营造出相互协作、互相帮助、互相关爱、努力奉献的精神氛围。

4. 执行阶段

在这一阶段，团队的结构完全功能化并得到认可，内部致力于从相互了解和理解到共同完成当前工作上。一方面团队成员积极工作，为实现项目目标而努力；另一方面成员之间能够开放、坦诚及时地进行沟通，互相帮助，共同解决工作中遇到的困难和问题，创造出很高的工作效率和满意度。在这一阶段，项目经理工作的重点如下：①授予团队成员更大的权力，尽量发挥成员的潜力。②帮助团队执行项目计划，集中精力了解掌握有关成本、进度、工作范围的具体完成情况，以保证项目目标得以实现。③做好对团队成员的培训工作，帮助他们获得职业上的成长和发展。④对团队成员的工作绩效作出客观的评价，并采取适当的方式给予激励。

5. 解散阶段

对于完成某项任务、实现了项目目标的团队而言，随着项目的竣工，该项目团队准备解散。在解散阶段，项目经理最好采取措施，稳住队伍，明确责任，让大家"站好最后一班岗"，同时，也要考虑成员以后如何安排的问题，把项目的结束工作做好。

7.3.3　团队沟通

1. 项目沟通管理

在项目中，沟通是不可忽视的。项目经理最重要的工作之一就是沟通，通常花在这方面的时间要占到全部工作的 75%～90%。良好的交流才能获取足够的信息、发现潜在的问题、控制好项目的各个方面。

对于项目来说，要科学地组织、指挥、协调和控制项目的实施过程，就必须进行信息沟通。没有良好的信息沟通，对项目的发展和人际关系的改善，都会产生制约作用。具体来说，项目沟通管理主要有以下四方面的作用。

（1）决策和计划的基础。项目团队要想做出正确的决策，必须以准确、完整、及时的信息作为基础。

（2）组织和控制管理过程的依据和手段。只有通过信息沟通，掌握项目团队内的各方面情况，才能为科学管理提供依据，才能有效地提高项目团队的组织效能。

（3）建立和改善人际关系必不可少的条件。信息沟通，意见交流，将许多独立的个人、团体和组织贯通起来，成为一个整体。畅通的信息沟通，可以减少人与人的冲突，改善人与人、人与团队之间的关系。

（4）项目经理成功领导的重要手段。项目经理通过各种途径将意图传递给下级人员并使下级人员理解和执行。如果沟通不畅，下级人员就不能正确理解和执行领导意图，项目就不能按经理的意图进行，最终导致项目混乱甚至失败。

2. 项目团队生命周期内成员行为特征、行为目标及沟通障碍分析

1）项目团队形成期

（1）行为特征：兴奋紧张，期望值高。团队成员从原来不同的组织调集在一起，既兴奋，又焦虑，有许多纷乱的困惑和不安全感，大家开始互相认识、相互了解，同时还有一种主人翁感，通常对项目团队抱有很高的期望值。

（2）行为目标：收集信息，自我定位。他们收集有关项目的信息，试图弄清这个项目的目标和自己的任务，进行自我定位。他们小心地试探周围环境和核心人物，谨慎地研究和学习适宜的举止行为，以期找到属于自己的角色。

（3）沟通障碍：愿景不明。刚进入一个新团队，接受一项新项目，成员会因团队目标、团队愿景及各自承担的责任不明确而苦恼。

2）项目团队磨合期

（1）行为特征：问题暴露，冲突增多。团队成员从彬彬有礼、互相尊重，逐渐发现成员的缺点，再加之一些不尽如人意的地方，现实与期望发生较大偏离，隐藏的问题逐渐暴露，团队成员有挫折和焦虑感，内部冲突增多，成员之间相互猜疑、对峙和不满，由于不知道能否完成项目，可能会消极对待项目，有的成员开始将问题归结于领导，从而对领导权产生怀疑。

（2）行为目标：明确职责，磨合关系。成员明确了项目团队的工作以及各自的职责，开始执行分配到的任务。由于工作规范没有建立或成员之间存在观念上的差异，团队成员将注意力和焦点更多地放在人际关系上，无暇顾及工作目标，生产力在此时遭到持续性的打击。

（3）沟通障碍：规范不确定。由于新的工作规范还没有建立，成员之间存在观念上的差异，成员之间对工作目标、分工理解不同，或使用了一项新技术等因素，都会导致团队冲突增加。

3）项目团队规范期

（1）行为特征：提升技能，形成特色。随着工作技能慢慢提升，新技术逐渐掌握，工作规范和流程正式建立，人们发展出融洽的关系，团队特色逐渐形成，群体开始表现出凝聚力，成员归属感越来越强，团队成员建立了忠诚和友谊，有可能会建立超出工作范围的友谊。

（2）行为目标：发展关系，交流合作。经过了风暴期的种种磨合，人际关系开始解冻，成员由敌对情绪转向相互信任、相互合作，成员大量交流信息、观点和感情，自由地、建设性地交换看法、情结。团队合作意识增强，逐渐形成了独特的合作方式，注意力也转向任务和目标。

（3）沟通障碍：畏惧冲突。大家因为害怕冲突，不敢再提出正面的建议，生怕得罪他人，团队气氛显得过于沉静。

4）项目团队执行期

（1）行为特征：沟通流程化，分享领导权。团队成员分享领导权，能感觉到高度授权，如果出现问题，就由临时小组解决问题，决定具体实施方案。随着工作的进展并受到肯定，项目团队成员逐渐获得满足感，每个成员都拥有完成任务的使命感和荣誉感，意识到项目工作的结果是他们获得职业发展的需要。

（2）行为目标：分享信息，协力合作。团队成员相互依赖度高，他们经常合作，并在自己的工作任务之外尽力相互帮助，协力解决各种问题，他们通过标准流程和方式进行沟通、化解冲突和分配资源。

（3）沟通障碍：工作监控。监控项目进展及完成项目任务是这个阶段的重点，围绕工作进展而引起的种种问题是此阶段沟通的最大障碍。

5）项目团队解散期

（1）行为特征：两极分化，重心转移。对于完成某项任务、实现了项目目标的团队而言，项目团队已经准备解散了。项目团队成员的高水平的表现不再是关注的最优先点，注意力反而放在如何结束项目上。项目团队成员开始骚动不安，情绪两极分化现象严重，有人很悲观，他们协作完成任务，分享成功，分担失败，却不得不面临解散；也有人很乐观，他们认为完成了既定的目标，还有新的目标去实现。

（2）行为目标：任务完成，寻求发展。成员开始考虑自身今后的发展，思考"我以后可怎么办"，并为项目团队解散和各自离开做最后的准备。

（3）沟通障碍：调整心态。任务完成，团队解散，调整好团队成员心态是此阶段的沟通重点。

3. 形成有效的沟通制度

（1）编制沟通管理计划。沟通管理计划就是确定项目利益相关者对信息和沟通的需求，是对项目全过程中信息沟通的内容、沟通的方式和沟通的渠道等各方面的计划与管理。简单地说，就是明确谁需要何种信息、何时需要以及由谁通过何种方式将相关信息传递给信息需求者。编制沟通管理计划的主要目的是要构造一个规范的流程，使团队成员得以明确相互间的接口，能够及时获得并传送必要的、充分的信息，相互支持，保证项目工作的顺利开展。

（2）职能式组织中不可忽视的部门经理。在制定沟通管理计划时，首先要明确项目利益相关者。项目利益相关者包括项目经理、项目团队成员、顾客、项目发起人以及其他内部和外部利益受该项目影响的个人和组织。人们往往会很重视与组织外部人员或机构如顾客、政府机关等进行及时的沟通。而在组织内部，也往往更重视组织内部的纵向沟通，却忽视了与内部职能部门之间的沟通。尤其对于实行职能式管理的组织，项目团队的成员往往是来自于不同职能部门的技术骨干。项目团队的临时性和成员工作的专业性，使团队成员经常要同时接受双重领导。这种情况下，不可避免地会出现双重领导同时发出指令，而在完成时间上又相互冲突的问题，使团队成员无所适从，对其工作产生干扰。这就需要项目经理不仅要在团队成立之初，而且应当在项目进行直至项目完成，将项目时间计划、工作要求、完成进度等情况与成员所在的部门的领导进行沟通，以保证团队成员能够全身心地投入项目工作中。

（3）沟通有效性的确认。所有沟通细节的设计，都是为了保证沟通的有效性。在项目管理过程中，有效的沟通是指沟通双方都能准确地了解沟通的内容，这是保证沟通目标实现的前提。在项目实践中，采用了适当的沟通方式，运用了有效的沟通技巧，并不一定就能得到准确的回应。因此，除了要在建立起的沟通渠道中尽量使用双向沟通的方式，项目经理应当对信息反馈引起特别的重视。重大问题的沟通或者多人间的沟通，要求信息接收者对信息的沟通结果进行确认或者复述是必要的。沟通管理是加强团队建设的一条重要渠道。对沟通管理过程进行精细化设计，可以使团队建设取得更好的结果。进一步研究沟通管理对团队建设的促进作用，将有利于提升管理水平。

4. 沟通是项目成功的关键

良好的沟通实际上是项目成功的关键因素，原因如下。

（1）项目需要相关人员进行合作及共享知识，而这些人员相互之间可能并不太熟悉，或者来自于不同的文化环境。

（2）项目需要各个利益相关方参与制定详细计划，而这些相关方应能互相信任和理解。

（3）项目需要由多个管理层级做出复杂的决策。

（4）项目因其独特性而存在风险，所以，需要进行有效的风险管理，而有效的风险管理离不开有效的沟通（尤其是在危机期间）。

（5）正确而及时的沟通可以确保对项目状态进行正确的评估，从而为决策提供支持。

在项目的运作过程中，沟通占用大量时间，沟通效率严重影响项目的效率。项目想取得成功，要保证与投资人顺畅的沟通、对团队能力的认知以及对技术风险的把握。项目经理需要有较好的沟通技巧和宽广的胸怀，感知投资人与团队成员的状态，并具有较高、较全面的知识、经验、智慧和精神，以识别技术风险。

（1）加强主动沟通。项目经理肩负着项目成败的责任，管理和控制着项目的方方面面，赋予一定的管理权力。项目经理的目标是保证项目的成功，他要排除来自各方面的不利干扰，并且尽可能保证自己绝大部分的精力能投入项目管理中去。而投资人，因为各种各样的因素，有时会做出一些对项目组工作极为不利的决定。项目经理要树立在项目组中的权威，而获得投资人的信任支持。投资人通常对项目经理没有严格的汇报制度，甚至对项目定期汇报感到麻烦。项目经理应该采取主动的方式了解，必须具有足够的耐心，要反复地利用各种适当的机会，帮助他来听到自己的声音，了解项目的情况，项目经理应具有坦荡胸襟。通过主动沟通，能更好地去引导和管理项目相关人员的期望值，减少项目摩擦，提高项目效率。

（2）认清团队的能力。项目团队是执行项目各项任务的人力资源，明确了目标，确定了人员，一般项目经理都知道如何按照项目的特点、规律去制定工作计划。然而，制定一套科学合理的计划是不容易的，原因之一是项目组成员的能力并不能被轻易地看出来。认清项目组每个成员的水平、能力，是项目经理在确定组织方式之前要尽量做好的工作。一般项目要求的能力与组员实际能力之间会存在差异，这些差异如果不是很大，可以通过合适的组织方式来解决。如果差异超出了组织方式可调整的极限，项目经理就要另想办法了，可能不得不申请延长项目时间、增派人员等。

7.3.4 虚拟项目团队

1. 虚拟项目团队内涵与特点

1）虚拟项目团队的内涵

虚拟项目团队是一群跨时间、空间和组织边界的人通过网络沟通技术一起工作的项目团队，他们技能互补，为共同的目标效力；虚拟项目团队与传统项目团队相似但又有很多不同，主要的差异在于其团队成员位置的特殊性。成员，包括项目管理者、发起人、操作员都是地理上分散的，通常他们位于不同国家、拥有不同文化，并在不同的时区工作。这些成员可能从未谋面，也没有机会聚集在走廊上交流思想。缺乏亲近约束了团队成员的有效交流，延迟了团队内聚力的自然发展。

2）虚拟项目团队的特征

基于一种全新的项目实施方式，虚拟项目团队运行方式具有其他项目运营所不具备的特性。

（1）利用现代科学技术消弭团队成员之间的时空制约。虚拟项目团队的崛起深深地植根于飞速发展的互联网及信息技术，其核心优势就在于利用现代化的交流手段减少组织结构上时空变量的制约程度，促进来自不同职能部门和不同地域范围的知识"工人"进行有效的协调和沟通。

（2）以解决问题或开发新产品为共同目标。虚拟项目团队的组建首要原则是问题或成果。因此，团队成员根据成果或问题的需要进行跨功能编组，组织目的达到后，合作关系随即解散。

（3）目标的创新性和时效性并重。虚拟项目团队是拥有不同竞争优势的独立单位所组成的动态式联盟，它能够减少不必要的中间环节，节省成本与时间，以对瞬息万变的环境作出回应并增强结果的创新性。

（4）团队成员多为知识型专家。虚拟项目团队的员工属性通常偏向知识工作者，他们共同为团队的使命及目标努力，以他们在知识、技能、视野、个性、文化等方面的共识与差异实现资源共享和优势互补。

（5）团队工作流程难以预先设计，工作方式需要不断重组。虚拟项目团队的工作方式打破了原有的严格等级模式，根据市场的不断变化调整内部人员构成及具体步骤措施和协调机制。

（6）需要灵活、畅通的信息交流和共享系统。项目成员之间讲求沟通、意见参与，共同为绩效的设定及达成贡献才华。他们通过不同形式的交流或功能强大的组织内外数据信息集成网络，获取知识，分享想象力，捕捉解决问题的灵感或挖掘产品的闪光点。

2. 虚拟项目团队面临的特有挑战

虚拟项目团队基于先进的信息通信技术，它其实起源于"前网络时代"如利用互联网为媒介的虚拟经营、远程教育等领域，而以三"I"，即 information（信息）、idea（思想）和 intelligence（智慧）为代表的网络经济则使虚拟项目团队的规模化发展成为可能。虚拟项目团队不一定依赖于一个看得见摸得着的办公场所，它的成员来自分散的地区和组织，这使得项目成员的核心优势互补成为可能，同时决定了它的薄弱之处，这表现在以下五个方面。

（1）缺乏清晰的团队结构。虚拟项目团队是松散的临时性的结合体，其成员有着不同的文化背景、利益诉求和价值观，这使得团队不得不以柔性的结构形式来整合团队成员。缺乏清晰的团队结构使得团队成员可能会逐渐脱离团队的规范和程序约束，使团队缺乏凝聚力并日益空洞化。

（2）缺乏信任和面对面的沟通。管理虚拟项目团队所面临的两个最大挑战是建立信任和有效的沟通模式。虚拟项目团队的效率建立在相互的信任和沟通基础上，广泛的信任和有效的沟通是项目成功的关键。但是，项目成员地理上的分散性阻碍了正式的交往，成员之间相互了解的困难较大。同时，由于团队成员之间的沟通主要依赖电话、传真、计算机（如 E-mail、voice mail、video conferencing）等技术手段，缺乏面对面的交流和非正式的沟通，只能就事实而不是事实背后的感受进行沟通。这使得团队的信任气氛和沟通效果大打折扣，使项目成员之间关系疏远，并导致他们缺乏对团队目标的认同，提高了合作的交易成本。

（3）缺乏有效的监督和控制。虚拟项目团队是临时性的，团队成员在合作前很少在一起工作，项目结束后也许再也不会碰到一起，这使团队成员逃避和推诿责任的行为可以摆脱"道义上的惩罚"。此外，由于团队成员的分散性，很难对他们所完成的工作结果进行测量和比较，建立完善的工作绩效评估机制面临着高成本的困扰。在这种情况下，项目进程中的监督和控制机制可能被虚化，而缺乏有效的监督和控制会使团队的工作流程偏离基准线，使项目预算增多或进度延迟。

（4）缺乏有效的冲突解决机制。在项目的生命周期中，分歧和冲突的出现是很自然的。参与者会就优先级、资源的分配、具体的工作质量、所发现问题的解决方案等发生分歧。在实体性的项目团队中，冲突可以通过较为明确的程序和方式加以解决，由冲突所形成的紧张气氛也可以通过不同的渠道（如谈话、协商、会议）驱散。但是，在虚拟项目团队中，由于地域的分割影响了充分的讨论和交流，形成冲突的问题难以达成共识。同时，由于项目成员角色的模糊性以及缺乏严格的层级结构和规章程序，有效的冲突解决机制难以建立起来，而冲突的长期搁置不仅会影响项目团队的士气，还可能降低项目工作的效率。

（5）缺乏组织认可和资源支持。普通的项目团队一般是在单一的组织构架内建立的，成员来自相同的或不同的职能部门。成功的项目经理可以通过个人的声望、权威和能力，同各个主要的项目干系人保持积极的关系，与其他利益相关部门结成联盟等方法保证所需资源的供应。但是，在虚拟项目团队中，成员来自有不同利益考虑的组织，如果这些组织在分享项目成果上没有达成一致，可能导致他们排斥参加项目的该组织成员，缩减甚至拒绝资源的提供。

3. 虚拟项目团队挑战应对机制

虚拟项目团队拓宽了成员的工作空间，适应了激烈变化的项目外部环境的要求，这种基于网络进行工作和沟通的项目团队日渐流行，并且使得传统的组织形式和管理方式面临新的挑战和变革需求。因此，如何通过科学、合理的机制来维护和管理这种虚拟项目团队，保持团队的聚合力，提高团队效率，日益受到人们的关注。这种机制必须能够约束项目成员的社会性懒散行为，激励起项目成员的内驱力和进取精神，使项目成员在新的团队里能够迅速调整心态和准确定位，并在团队中营造良好的信任氛围，使项目团队做到"形散而神聚"。具体来说，应该建立起以下五种机制。

（1）集体认同机制。首先，在建立团队之初，应通过各种传输手段让项目成员清晰地了解项目团队的目标、宗旨和愿景，使个体成员尽快融入团队并适应团队配置的工作任务。其次，应通过相应的标准化手段为集体认同建立技术平台，通过与工作有关的程序、方法的标准化，可获得一定范围的统一性，减少互不兼容的工作方式在项目成员之间造成的排斥，为集体认同创造有利条件。例如，尽量使用标准化的公函格式，定时反馈信息等。再次，应尽量促进成员的社会化，尽力使团队成员有面对面交流的机会，这种面对面的交流或是安排在团队成立之初，或是出现在协调困难之时。最后，还要增加非正式的沟通，例如，促进成员之间的协调与团结，在工作之余适当增加幽默、玩笑等方面内容。

（2）团队规范机制。虚拟项目团队应该制定清晰的规范协议，不仅使项目成员能有效地了解其工作职责，而且使其工作不能超出特定的基准线（如时间进度和预算成本）。因为，与普通的虚拟团队（如网络型虚拟团队、并行式虚拟团队、工作或生产团队、服务团队等）不同，虚拟项目团队的预算、时间、交付物均是清晰明确的，它要求项目在预设的范围内有效地完成。所以，应该建立能够有效运行的团队规范机制，使项目按质按量地完成，同时，在团队发生冲突时，它能够充当调节器，减轻冲突所造成的震荡。

（3）绩效评估机制。由于虚拟项目团队的成员分散于不同的地域，而且相对地超脱于组织，这使得传统的绩效评估方法难以适用。因为，"对虚拟团队的绩效评估既要考虑对团队整体层面的评估，也要考虑对团队成员和团队领导者个体层面的评估；既要考虑对工作过程的评估，也要考虑对工作结果的评估；既要有管理层的评估，也要有同事、相关利益者的评估，还要有自我评估"。这些评估的不同维度都是不可偏废的。所以，虚拟项目团队的评估机制应该综合运用各种新型的绩效评估方法，如可以对虚拟项目团队整体层面的评估采用平衡记分法，对其成员和领导者个体层面的评估采用360度反馈评价模式，两者有机结合，并通过可视化的方式将主体结果有效地传达给项目成员。

（4）资源共享机制。资源是项目的生命线，虚拟项目团队的核心优势就在于使不同的组织（或个体）的资源（包括人力资源、物质资源）得到有效的传递、分享、整合和增值，在此过程中形成动态的资源传播链条，以实现优势互补。从个体的层面看，现代的虚拟项目团队多为知识型，知识是项目最重要的资本，其管理的核心就是将一连串的知识积累、沉淀的过程。而有效的资源共享机制可以把分散化的知识资本规范、系统地表述出来以供项目团队共享，进而拓宽、延伸和重构项目团队成员自身的知识结构。从组织层面上看，由于虚拟项目团队的成员多"嵌"在不同的组织中，这些组织也掌握着不同的资源。所以只有通过建立资源共享机制，才能使组织将资源配备给项目团队的成员，并进而成为团队共享的资源。

（5）社会资本增值机制。信任是虚拟项目团队组建的文化基础，也是项目成功运行的润滑剂。这种信任建立在对目标的信任、对成员的信任以及对运行系统信任的基础上。它既包括对项目成员文化背景差异、技能、知识的接受、认可和尊重，也包括对成员知识成果（产权）的尊重和保护。互利互惠是虚拟项目团队组建的利益基础，也是项目资源供应的动力源泉，只有通过互利互惠的机制使项目与组织环境相互嵌接，才能使项目保持现实的生命力。

虚拟项目团队是一种全新的组织方式，它超越了以往任何一种项目组织方式。无论是从时间、空间方面，还是从人员、技术方面，虚拟项目团队的组织方式都给管理带来前所未有的挑战。它不同于以往，但是仍然可以借鉴以前的管理经验，然后结合实际虚拟项目团队的特点，发现并实践于虚拟项目团队的管理。挑战和机遇通常是同体的，只要实时对虚拟项目团队的管理、运行机制进行改进，就能借助挑战而获得不可想象的机遇。

7.3.5　项目团队的激励与绩效管理

项目团队成员的素质和能力对项目团队的成效很重要，同时项目团队的气氛和成员的积极性能否调动起来，潜力能否最大地发挥，也是需要考虑的重要因素，所以项目团队成员的有效激励也至关重要。

对项目团队激励的同时，进行绩效管理，也是实现项目目标的基础。它是项目团队成员和项目负责人之间通过双向互动的沟通过程而达成的协议，该协议明确提出成员的工作职责、工作绩效衡量。团队绩效管理是一种提高团队绩效和开发个体潜能，使团队不断获得成功的具有战略意义的、整合的管理方法。

1. 项目团队的激励管理

项目团队激励是指通过外在和内在激励因素的作用，从而最大限度地激发项目团队成员的内在动力，发挥其潜能，加强团队合作，从而实现项目目标。

1）正确理解项目团队激励的概念

（1）激励的出发点是满足项目团队成员的各种需求，即通过系统地设计适当的外部奖酬形式和工作环境，来满足其外在需要和内在需求。员工的需求因人而异，因时而异，并且只有满足最迫切需要的措施，其效能才能最高，激励强度才最大。

（2）奖励和惩罚都是激励的手段，既要对团队成员表现出来的符合组织的行为进行奖励,又要对不符合组织期望的行为进行惩罚。正负激励都是必要而有效的,但正负激励的度一定要把握好。

(3)整个激励过程离不开信息沟通与合作。从激励制度的宣传、员工个人的了解,到对员工行为过程的控制、对员工行为结果的评价及团队成员的协作和配合等,都依赖于一定的信息沟通。

(4)激励的最终目的是在实现组织预期目标的同时,也能让组织成员实现其个人目标,即达到两种目标的统一。

2)项目团队激励的具体措施

根据前面所述,项目团队的发展要经历五个阶段,项目团队各个发展阶段有着不同的发展特征和特点。因此,需要针对项目团队在生命周期的阶段特点,采取不同的激励措施。

(1)项目团队形成阶段的主要激励方式如下:远景激励,设想项目的美好前景及实现项目所带来的益处。信息激励,项目经理要充分公布有关项目的各方面的内容,使团队成员对项目有个大致的了解,为后期顺利工作打下良好的基础。参与激励,要发扬民主精神,让团队成员充分参与,以增强计划的科学性和可操作性。

(2)项目团队磨合阶段的主要激励方式如下:鼓励参与,指项目经理要与团队成员共同参与解决问题,充分听取他们的意见和建议,共同做出决策,以增强团队成员的归属感和认可度。明确责任,指项目经理要进一步明确每个成员的工作职责,使他们准确无误地识别各自的角色,并制定相应的奖励和约束机制,以增强团队成员的责任意识。有效沟通,指项目经理要加强与团队成员之间的沟通,共同分析问题产生的原因以及应采取的对策,增加相关信息的透明度。

(3)项目团队规范阶段的主要激励方式如下:授权激励,指项目经理应为项目团队营造一种创造性的工作模式,给予团队成员更多的支持和指导,充分授权,从而诱导团队成员进行自我激励,促进“自我管理、自我控制”氛围的形成,以提高团队的工作绩效。知识激励,指项目经理要尽可能多地创造团队成员之间相互沟通、学习的良好环境,给团队成员以充分的知识激励,促进他们自身的快速成长。

(4)项目团队执行阶段的主要激励方式如下:培养危机意识,指项目经理应积极引导团队成员增强危机意识,对工作中出现的问题进行深刻反思,有效地识别项目的风险因素,并采取有效的防范措施。实施目标管理,指项目经理要为项目团队设立较高价值的目标,并将其与团队成员的需求有机结合,为他们的目标实现创造条件。

(5)项目团队结算阶段的主要激励方式如下:成就激励,对每一个成员进行客观、公正的总结,肯定成绩,总结教训,积累项目管理的经验。物质激励,指按照事先所确定的薪酬政策和奖励政策,根据项目目标实现和考核结果进行兑现,以满足员工物质的需要。保健激励,即项目完成后面临解散的现实,组织要充分考虑团队成员的去处,解决他们的后顾之忧。

2. 项目团队的绩效管理

项目团队绩效管理是一个综合的管理体系,涉及项目人力资源管理的各个环节和领域，是项目人力资源管理的核心。项目团队绩效管理就是通过设计一个完整的考核和评价体系，对团队成员在项目实施过程中的绩效和业绩进行综合的考核，并通过反馈和沟通，从而改进工作，通过薪酬对团队成员进行激励，从而提高团队成员的工作积极性和工作效率；同时，通过绩效考核得到的信息和资料，综合分析员工的现有能力和潜力，对员工进行有针对性的培训，提高工作能力。

1）项目团队绩效管理的主要方法

（1）目标管理法（management by objectives，MBO）。20 世纪中期由德鲁克创建的管理方法。它通过让组织的成员亲自参加工作目标的制定，实现"自我控制"，并激励员工努力实现工作目标。而对于员工的工作成果，由于有明确的目标作为考核标准，对员工的评价和奖励做到更客观、更合理，所以可以明显激发员工为管理完成组织目标而努力。由于这种管理制度在美国应用得非常广泛，而且特别适用于对主管人员的管理，所以称为"管理中的管理"。

（2）关键绩效指标法（key performance indicator，KPI）。通过对组织内部某一流程的输入端、输出端的关键参数进行设置、取样、计算、分析，衡量流程绩效的一种目标式量化管理指标，把组织的战略目标分解为可运作的远景目标的工具，是企业绩效管理系统的基础。建立切实可行与行之有效的关键绩效指标体系对于组织的内部流程再造以及未来可持续发展起到关键作用，同时关键绩效指标是测量和评估组织工作人员绩效的量化性指标，是绩效设计的重要组织部分。关键绩效指标最显著的特点就是通过精细化选取对于组织产生关键影响力的部分指标，在精炼出最具代表性的若干绩效指标的基础上建立考核模式。注重关键绩效指标以及把握绩效特征的关键绩效指标在绩效管理工具中无论是设计理念还是应用模式都强调标准化、规范化、系统化，关键绩效指标明确的绩效定位和关键指标的有效选取对于绩效管理的科学化运行具有重要推动作用。

（3）平衡计分卡法（balanced score card，BSC）。由哈佛商学院教授罗伯特·卡普兰和复兴方案公司的总裁大卫·诺顿两位对美国 12 家来自制造、服务、重工业和高科技产业的优秀公司为期一年研究后创建的一套企业业绩评价体系，后来在实践中扩展为战略管理工具。平衡计分卡的核心思想是通过财务、客户、内部经营、学习与成长四个方面指标之间相互驱动的因果关系展现组织的战略轨迹，实现业绩评价以及促进战略实施的目标。平衡计分卡保留了传统的财务指标，财务指标描述了已经完成的事情，而利用平衡计分卡却可以衡量如何为现在和未来的客户创造价值，如何建立和提高内部生产能力，以及如何为提高未来的经营而对员工进行投资。

（4）360 度绩效考核法。360 度绩效考核法又称全方位绩效考核法或多源绩效考核法，是指从与被考核者发生工作关系的多方主体那里获得被考核者的信息，以此对被考核者进行全方位、多维度的绩效评估的过程。360 度绩效考核能够保证反馈体系的客观性和全面性，作为绩效管理的一种新工具，已经被管理者越来越广泛地使用。

（5）关键事件法（critical incidents technique，CIT）。又称关键事件技术，由美国学者福莱·诺格（Flanagan）和巴拉斯（Baras）在 1954 年共同创立的，是通过搜索关键事件，即导致个人或组织在特定职务或者处境中成功或失败的行为事件，为管理者提供可观察、可测量的事实依据，用于测评和提高工作人员在履行职务中的表现。

（6）评级量表法。评级量表法把员工的绩效分成若干项目，每个项目后设一个量表，由考核者作出考核。评级量表法之所以用得最多是因为考核者发现它极易完成，而且费时又少，容易学，有效性也很高。评级量表法之所以能实现考核的目标是因为它创造了一种数量化考核，它把员工绩效的每一因素都反映出来，总考核成绩可以看作绩效增长或用作进行提升的依据。除了表形式的评级量表，还有非表形式的评级量表。非表形式的量表通常有效性更强，因为它对量表上的每一点的特征都作了简短的说明，而不是简单的量表上的高或低，因为评级量表上的每一水平的特征都作了精确的描述，所以考核者可以给员工（被考核者）的绩效一个更精确的评价。在以表形式的评级量表上，考核者只能主观地确定每个要素每一等级的水平。

（7）AFP 法。此法是三种方法的综合，其中 A 表示 AHP（analytic hierarchy process），即层次分析法，它主要解决考核的指标体系结构的设计问题；F 表示 fuzzy，即模糊测评法，它主要解决对考核项目的打分；P 表示 pattern recognition，即模式识别，它主要解决对评分结果的统计分析和结果认定问题。

2）项目团队绩效管理的主要内容

（1）绩效计划。这是绩效管理过程的起点。对项目团队而言，绩效计划是团队成员与项目经理共同研究以确定成员在一段时间内该做的工作、定义绩效评定方法、分析并计划克服工作障碍，并就工作达成共识的过程。

（2）绩效考核。项目团队的绩效考核是按照事先确定的工作目标和发展目标及衡量标准，考核项目团队成员实际完成的绩效情况的过程。可以根据具体情况和实际需要进行月考核、季考核、半年考核和年度考核。

（3）数据分析。项目团队进行数据收集和观察的目的是解决问题。跟踪和记录信息以防丢失，而且随时满足管理的需要。通过收集的数据和记录的文档，可以为决策提供有关成员绩效的记录时发现的潜在问题，对出色的员工进行表扬，以提高员工的积极性。

（4）绩效沟通。管理者和员工共同制定了绩效计划，但不等于这项计划会一直沿着双方期望的方向和进度进行，计划赶不上变化。在绩效管理中进行持续不断的绩效沟通，其目的就是适应环境变化的需要，适时变更目标和工作任务，从而保证工作过程的动态和有效性。持续有效的沟通才能达到有效的绩效管理，才能将绩效管理纳入日常工作中，这便是绩效沟通的效力。

（5）薪酬管理。项目团队的薪酬管理应该与效能团队成员的工作绩效密切挂钩。项目经理可以通过手中掌握的项目团队的"财权"，通过报酬，对干得好的成员进行奖励，且要做到公平、公正、透明度高。公平的报酬奖励是项目团队成员取得更高绩效的潜在动力。

7.4　创建项目管理文化

7.4.1　项目文化在工程项目管理中的作用

以工程项目管理为核心的企业新型管理体制，为企业走向市场和建立社会主义现代企业制度奠定了良好的基础。它是企业生产方式和经营机制的变革和转换，是管理体制上的更新。这些变革、转换和更新必然要与长期形成的计划经济观念、旧的习惯做法和尚未完全改变的宏观环境相碰撞。因此，进一步深化改革、强化管理制度、规范管理行为，大力开展项目文化建设势在必行。项目文化是企业文化建设在项目上的展示，是以品牌形象为外在表现、以企业理念为内在要求、以项目团队建设为重点对象的阵地文化。项目文化建设是企业文化建设全面推进过程中的重要一环，它随着项目法施工的全面推行而逐步深化，并且在工程项目建设中发挥着越来越重要的作用。

用项目文化统一人们的认识、让人们认识和赞同项目管理是以高效实现项目目标为目的，以项目经理负责制为基础，以项目成本核算制为主要内容，对工程项目进行全过程、全方位的计划、组织、协调、控制的一种管理制度。这是施工企业由经验管理到制度管理、科学管理直至达到最高境界——文化管理的必由之路。

7.4.2　项目文化的结构及实践

（1）项目文化的精神层面。项目文化的精神又称精神文化。精神文化相对物质文化、行为文化来讲是更深层次的文化现象，在整个工程项目文化系统中处于核心地位，是物质文化、行为文化的升华，属于上层建筑范畴。工程项目精神文化鲜明地反映出工程项目领导集体的事业追求、主攻方向以及调动员工积极性的基本指导思想。为了项目的成功，需要全体员工透射出强烈的向心力和凝聚力，将全部的力量和智慧投入项目的工作中去。

（2）项目文化的制度层面。工程项目文化的制度层面也称制度文化，包括项目组织机构和项目规章制度。《诸葛亮·兵要》上说："有制之兵，无能之将，不可以败；无制之兵，有能之将，不可能胜。"可见制度文化的重要性。项目制度文化是为实现工程项目自身的目标对员工的行为给予一定限制的文化。它具有共性和强制的行为规范要求。一定制度的建立会影响着人们选择新的价值观念，制度文化也成了新的精神文化的载体和基础。项目文化总是沿着"精神文化—制度文化—创新文化"的轨迹不断发展、丰富和提高。

（3）项目文化的创新层面。创新，也称创造。创造是个体根据一定目的和任务，运用一切已知的条件，产生出新颖、有价值的成果（精神的、社会的、物质的）的认知和行为活动。企业文化工作坚持是关键，创新是灵魂。特别是项目文化，它是企业文化工作的升级阶段，也是企业文化的前沿阵地。它既有大的框架要求，又必须特色鲜明。因此，项目文化的核心工作必须以"创新"为基本思路。

（4）项目文化的人文层面。美国加利福尼亚大学的管理学教授威廉·大内认为，企业的生产效率不能单纯依赖奖金或管理制度，而是应当注重调动人的内在积极性，即追求成功的信念与不断成长的业绩。项目文化就是通过科学文化和人文文化手段的综合运用，提升职工的价值观，进而增强企业的凝聚力，发挥职工生产的积极性，为重点工程多作贡献。

7.5　工程案例分析

知识型员工

案例场景：

刚做完安徽的项目回到长沙，希赛信息技术有限公司（CSAI）项目经理王啸杰一时还闲不下来，抓紧时间阅读管理方面的一些书籍。下面的这段话引起了他的强烈兴趣。

"即使是全时工作的员工，完全听命行事的下属也越来越少，甚至基层工作也是如此。他们越来越属于知识工作者，而知识工作者不是部属，他们是伙伴。通过见习阶段后，知识工作者比他们的老板更了解他们的工作，否则他们就不能发挥什么作用。事实上，他们比组织里任何人更懂得他们的工作，也是称其为知识工作者的部分缘由。

知识工作者与主管之间的关系，用交响乐指挥和演奏家的关系来形容，远比传统的主管和部属关系来得贴切。一般来说，知识工作者的主管不会做部属的工作，正如乐团指挥不会吹喇叭一样。反之，知识工作者需要依靠主管指引方向，确定整个组织的表现，也就是标准、价值观和绩效应该是什么。总的来说，越来越多的知识工作者需要被视为义工来管理。没错，他们支取薪水，但是知识工作者具有流动性，他们随时可以离开。他们拥有自己的生产工具，那就是他们的知识。"

王啸杰想起了自己的公司和自己的项目团队，觉得很多问题的根源其实都是这一点，就是是否按照知识型员工的方式去管理项目团队成员。

案例分析:

（1）如何理解彼得·德鲁克的话？

"知识工作者"由刚逝世的被誉为"现代管理学之父"的彼得·德鲁克首先提出。德鲁克认为，知识员工是指"那些掌握和运用符号和概念，利用知识或信息工作的人"。21世纪属于知识经济的时代，人不再是一种成本或者一种工具，而是一种资源，必须以资产来对待。现在企业高层领导普遍面临着如何管理"知识型员工"的难题，如何驯服和带领这群"战马"？企业领导更多的往往是"束手无策"。

与传统企业一般员工相比，知识员工在个人特质、心理需求及价值观念等方面有一些特殊性。其一是具有很强的独立性和自主性，注重自我引导和自我管理，不愿像流水线上的操作工人一样受制于人或物化条件的约束。其二是忠诚度低，流动欲强。他们有足够的能力接受新工作、新任务的挑战，因而拥有远高于传统普通员工的职业选择权。一旦现有工作没有足够的吸引力或缺乏个人发展空间，就容易另谋高就。其三是工作过程难以监控。知识员工主要从事创造性的工作，其工作过程没有固定的流程和步骤，呈现很大的随意性和主观支配性，他们的灵感和创意可能发生在任意的工作外时间和场合。因此，传统的管理规章、操作规程对知识员工没有很大的意义，甚至可能成为一种束缚。其四是具有实现自我价值的强烈渴望。他们注重自身价值的实现，渴望看到工作的成果，注重他人、组织及社会的评价，强烈希望得到认可和尊重。其五是个性突出，蔑视权势。他们大多个性突出，不愿随波逐流、趋炎附势，传统组织层级中的职位权威对他们往往不具有绝对的控制力和约束力。因此，沟通、重视、信任、承诺、支持、创新、学习、合作等成为知识员工的管理法则。

（2）请从项目团队建设和人力资源管理的角度，结合本人的实际项目经验，分析如何管理知识型员工？

在知识经济时代，能否掌握和应用管理知识员工的技巧以充分发挥其潜能是企业软管理的关键。但是知识员工与非知识员工有着截然不同的特点，因而传统的管理模式、管理方法显然不完全适用于他们。因此，在企业管理中充分考虑知识员工的个人需求，设法激活他们的个人原动力，才能充分发挥知识员工的能动作用。21世纪，"管理"所能做的与此同样重要的贡献，就是必须增加知识工作和知识员工的生产率。对于知识员工来说，每天上班，更多的工作时间是坐在办公室里面，究竟是在发呆、在思考，还是在"想入非非"，不得而知，但是无可否认，知识员工更多的工作在于思考（脑力劳动）。那么，在现实生活中，人们如何对知识员工进行管理，如何衡量他们的工作，提高他们的工作效率？究竟采用著名的 X 理论、Y 理论、Z 理论？或者还有其他更好的管理窍门？

其实，管理没有一个统一的标准，对知识员工的管理，更多靠建立一套完善的激励机制，例如，彼得·德鲁克的管理寓言《怎样给猎狗分骨头》中的"那块骨头"。寓言故事中的猎狗代表了正在工作中的人们（知识员工），而那块骨头又代表了什么呢？有人说是金钱，有人说是股权，也有人说是权力，还有人说是伟大的远景。那么，管理大师德鲁克寓言中的骨头到底是什么？也许，只有从实际中能够寻找到答案。对知识员工的管理，更多应该依赖于知识员工的自觉性、主动性、创造性。对知识员工的管理更多的是自我管理。因为知识员工都受过高等教育，具有良好的素质、专业知识，以及良好的职业道德，都希望知识得到有效的运用，实现自我的价值。知识员工的劳动是一种脑力劳动，由于知识作为人们认识或感知的结果，其具有特殊的属性，以及其作为知识载体——人的复杂性，所以长期以来对知识的价值、掌握知识的人的价值进行准确的度量，是十分困难的。因为毕竟不是体力劳动者，不能用管理体力劳动者的方法来管理知识员工，否则"大材小用"，效果往往适得其反。

（3）如果您就是王啸杰，请谈谈您准备打算采用什么样的方式来管理项目组成员？

一是"管人"要向"管事"转变，充分体现个人意愿和价值。要在管理中更多地体现"人性化"的原则，要从"管人"向"管事"转变，通过"管事"来达到"管人"的目的，要侧重监管工作进度、质量和结果，而不宜过于刻板、僵硬地苛求人、约束人。组织中的工作设计应注意考虑体现员工的个人意愿及价值，尽可能为员工创造一个既安全又舒畅的工作环境，可以尝试弹性工作制，加大工作时间的可伸缩性和工作地点的灵活多变，并建立以团队友谊为重的企业风格和企业文化，使员工觉得工作本身就是一种享受。只有能在工作中大显身手，充分实现自我价值，才能最大限度地发挥员工工作积极性和创造性。有人担心，过分强调自主会带来"放任自流"的负面效应，这要依靠对工作进度、质量和结果的有力监管来实现收放自如的控制，否则就会走入"一管就死，一放就乱"的局面。

二是要建立"赛马"机制，激活个体的主观能动性。首先要建立公平、公正、公开的"赛马"机制。海尔倡导的"人人是人才，赛马不相马"的管理理念，在现代企业管理中具有很高的适用性，尤其适用于对知识员工的管理。其核心思想就是建立和营造公平、公正、公开的内部竞争环境，把所有员工置于同一起跑线上，让所有员工在既定的、大家认同的规则面前公平、公正、公开地竞争，在充分的发展空间内优胜劣汰。当然这需要大胆打破学历、职称、资历等条条框框的限制。其次要建立健全有利于人际沟通的制度，提倡管理者与员工之间的双向沟通。依靠理解和尊重，靠高尚的人格和互动的心灵建立管理者和员工之间的关系，并通过这种心灵沟通和感情认可的方式，使知识员工在自觉自愿的情况下主动发挥其潜在的积极性与创造性。

三是要完善薪酬激励机制，全面推行绩效考核管理。在人才竞争日趋激烈的新形势下，管理知识员工的一项重要任务就是要丰富现有的激励手段，实现激励体系的多维化发展，以满足员工素质不断提高而出现的多层次的个人需求,从而激发知识员工的工作热情和创造力。

要结合知识员工的特点,突破刻板的管理思维,全面贯彻人本管理,营造公平、公正、公开的内部竞争机制,以"监管工作进度、质量和结果＋绩效管理"为手段,激活知识员工的个人潜能和创造性,以促进工作绩效的提高和自我价值的实现,从而达到推动企业健康、持续、快速发展的目的。

复习思考题

1. 项目组织结构有哪些形式?如何选择项目组织结构及其对项目绩效的影响?
2. 谈谈你对项目管理办公室的理解。
3. 对于项目比较多的企业,项目经理的重要性不言自明,你认为项目经理的能力应该从哪些方面提升?
4. 怎样对项目团队的绩效和激励进行有效管理?
5. 解释虚拟项目团队的含义,开展虚拟项目团队的制约因素有哪些?

案例分析

某系统集成商 B 负责某大学城 A 的 3 个校园网的建设,是某弱电总承包商的分包商。田某是系统集成商 B 的高级项目经理,对 3 个校园网的建设负总责。关某、夏某和宋某是系统集成商 B 的项目经理,各负责其中的一个校园网建设项目。项目建设方聘请了监理公司对项目进行监理。

系统集成商 B 承揽的大学城 A 校园网建设项目,计划从 2012 年 5 月 8 日启动,至 2014 年 8 月 1 日完工。期间因项目建设方的资金问题,整个大学城的建设延后 5 个月,其校园网项目的完工日期也顺延到 2015 年 1 月 1 日,期间田某因故离职,其工作由系统集成商 B 的另一位高级项目经理鲍某接替。鲍某第一次拜访客户时,客户对项目状况非常不满。和鲍某一起拜访客户的有系统集成商 B 的主管副总、销售部总监、销售经理和关某、夏某和宋某 3 个项目经理。客户的意见如下。

"你们负责的校园网项目进度一再滞后,你们不停地保证,又不停地延误。

你们在实施自己的项目过程中,不能与其他承包商配合,影响了他们的进度。

你们在项目现场,不遵守现场的管理规定,造成了现场的混乱。

你们的技术人员水平太差,对我方的询问,总不能提供及时的答复。

……"

听到客户的意见,鲍某很生气,而关某、夏某和宋某也向鲍某反映项目现场的确很乱,他们已完成的工作经常被其他承包商搅乱,但责任不在他们。至于客户的其他指控,关某、夏某和宋某则显得无辜,他们管理的项目不至于那么糟糕,他们项目的进展和成绩客户一概不知,而问题却被扩大甚至扭曲。

问题:

1. 请简要叙述发生上述情况的可能原因。
2. 请简述怎样才能合理地解决该问题。

第8章 项目冲突管理

> **本章提要**：通过本章的学习，将了解项目冲突的含义；了解项目冲突的主要来源；掌握项目冲突的主要应对策略；通过案例，清楚项目冲突的应对方法。

> **引导案例**：亚通网络公司是一家专门从事通信产品生产和计算机网络服务的中日合资企业。公司自1991年7月成立以来发展迅速，销售额每年增长50%以上。与此同时，公司内部存在着不少冲突，影响着公司绩效的继续提高。

因为是合资企业，尽管日方管理人员带来了许多先进的管理方法。但是日本式的管理模式未必完全适合中国员工。例如，在日本，加班加点不仅司空见惯，而且没有报酬。亚通公司经常让中国员工长时间加班，引起了大家的不满，一些优秀员工还因此离开了亚通公司。

亚通公司的组织结构由于是直线职能制，部门之间的协调非常困难。例如，销售部经常抱怨研发部门开发的产品偏离顾客的要求，生产部的效率太低，使自己错过了销售时机；生产部门则抱怨研发部门开发的产品不符合生产标准，销售部门的订单无法达到成本要求。

8.1 项目冲突的来源

1. 项目冲突概述

在人类社会各种组织中，人与人、人与群体、群体与群体之间必然会发生这样或那样的交往和互动关系，在这些错综复杂的交往与互动过程中，人们会因为各种各样的因素而产生意见、分歧、争论、竞争和对抗，从而使彼此之间的关系出现不同程度不同表现形式的紧张状态。这种紧张状态为交往和互动双方所意识到时就会发生组织行为学称为冲突的现象。

项目冲突及项目冲突管理的含义如下。冲突就是一种对立状态，它产生于系统中各方所追求目标的对立性。由于冲突各方同处在一个系统中，各方是互相联系的；但由于所追求的目标是对立的，所以各方又是互相制约的；冲突各方既制约又联系、既对立又统一的特点，形成了各种各样的冲突表现形式。项目冲突，是指项目参与者在项目实施的过程中，因为主观或者客观的因素，与其他项目参与者产生的矛盾和分歧。项目冲突主要可以分为项目负责人和项目其他参与者的冲突，项目其他参与者之间的冲突。冲突迫使项目团队寻求新的方法，激发队员的积极性和创造性。

项目冲突管理是指对项目实施过程中产生的冲突进行分析和解决，确保项目的顺利完成。

庞迪（LePondy）于1967年在对冲突问题展开深入研究之后，首次对冲突的内涵进行了明确的阐释，在其冲突问题研究的经典文献中，指出冲突发生于当事一方感觉或发现另一方对自己关心的事件或利益已经产生或即将产生不利影响,进而对此作出反应的动态过程。同时,在对冲突的定义进行了系统梳理的基础上,总结出前人对冲突的定义大体上围绕四个方面展开论述:①诱因,如资源短缺、观点不一致、目标不统一等潜在因素;②情感,如焦虑、压抑、敌意等;③认知状态,如个人对冲突的感知等;④冲突行为,如个体在面对冲突时产生的回避、消极对抗、挑衅等行为。在此基础上,庞迪将冲突按照发展过程分为诱因、情感、感知、行为和结束五个阶段。

2. 项目冲突的来源

(1)组织形式冲突。项目组织架构形成后,团队成员的角色关系和职责界面也确定下来,不同角色和职责会产生不同的目标,也对项目任务执行次序和重要程度的优先权有不同的认识。例如,安全人员希望提高安全措施等级,配备价格较高的安全防护用品,而不考虑成本,但财务人员则希望以较小的成本保证项目的较大利润。当处在不同岗位、追求不同目标的人在一起工作时,冲突也就随之而来。

(2)管理流程冲突。许多冲突来源于管理项目的做法和流程,也就是项目经理的报告关系、运行要求、实施的计划、与其他组织协商的工作协议以及管理支持程序等。管理程序烦琐,层级较多,项目指令不畅,造成信息不对称,下属不了解项目决策层的管理意图和良苦用心,项目管理层也很难了解下属的真实想法和动机,管理流程的不合理造成了交流障碍与工作上的冲突。目前,较为流行的扁平化管理就是针对管理层级较多的问题而提出的,对于复杂程度低和规模不大的项目,通过增强项目部的各项职能,使管理重心下移,增大管理幅度,可有效减少管理流程上的冲突。

(3)不良沟通冲突。项目管理者都清楚沟通是促进项目团队成员合作的主要手段,但"沟而不通"的事情却层出不穷,究其原因还是沟通不良所致。例如,在沟通过程中过于情绪化或过多使用对方不感兴趣的专业术语,拒绝倾听或过于强调自己而未顾及对方的感受,不正确地选择了时机和缺乏必要的信任等。

(4)个性差异冲突。每个人都有自己的价值观、认知度和人格特征,进而形成了与众不同的个性风格。每个人都认为自己的工作是最重要的,项目其他人员应该以其为中心。例如,经营人员会认为项目效益最大化,索赔非常重要,其他人员要无条件配合;技术人员认为,只有按设计要求和业主目标完成施工任务才是最基本的;而对外协调人员则认为,没有对外协调,根本谈不上施工,更无从效益。有些个性偏执的人处理问题过于讲原则,把简单的问题复杂化,而性格谦和的人则更善于灵活处理一些事情,使复杂的问题简单化,在日常交往中,不同风格的人逐渐分离组合成各自无形的小团体,这些人对待问题的态度也决定了冲突的不可避免。

(5)人力资源冲突。对有来自组织内其他职能部门的人员的项目团队而言,由于这些项目成员受职能部门与项目经理的双重领导,围绕人力资源配置的时间、数量、质量等方面,项目管理者与职能部门领导、职能人员会在如何使用这些成员上存在冲突。项目的临时性决定了其组织约束力不明显,项目成员为临时聘用,期望与现实之间的差距会使其产生挫折和低落感,这时员工就会心有旁骛,甚至开始寻找其他团队。

（6）利益平衡冲突。虽然总体和最终目标是一致的，但项目团队内部也存在部门利益至上和个人利益分配是否均衡的问题。在项目执行过程中，一方的行为可能会导致另一方付出较多的劳动，甚至损害到另一方的利益，也可能会出现项目利益与个人利益相对抗的情况。例如，在酬劳分配中员工对所获利益的相对感造成的员工之间、员工和决策层之间的冲突，为抢进度，项目部要求员工加班加点，甚至要求其牺牲重要节假日、探亲机会等引发的冲突。有些时候，利益冲突是隐性的，很难辨别，但却十分顽固，例如，员工消极怠工、私下议论发泄不满等，项目经理要及时捕捉相关信息并采取必要措施，否则造成的后果可能会极为严重。

8.2　项目冲突的解决策略

8.2.1　定性的项目冲突解决策略

冲突对项目影响的好坏取决于项目经理处理冲突的方式，解决冲突可以采取更新管理理念、明确共同目标、团队建设、缓和与妥协、回避与侧重以及强制与命令等策略。

1）更新管理理念

正视冲突的客观存在，以积极、理性、宽容的心态看待和接纳冲突，鼓励那些为了项目整体利益敢于发表自己建设性观点的个体和积极的非正式的沟通行为，在项目团队内部营造一个和谐、开放、奖罚分明的氛围，通过不同思想的碰撞交流，辅以有效的激励机制，激发团队成员对新方法和新目标的追求，提高项目决策的科学性与全面性。在项目组织架构方面，缩减不必要的管理链条，及时准确地进行思想、信息的传递和交换。推行人员的动态管理理念，用人而不要"拴"人，关键在使用而不是拥有，有效处理组织与项目间资源配置上的矛盾。在业务界面接口方面，明确双方或多方共管任务的主要责任方与次要责任方，杜绝谁都管、谁都不管的真空现象。

2）明确共同目标

将项目目标与个人目标有效结合，提出一个关乎集体和个人利益、荣誉的整个团队共同期望的目标，强调该目标不经大家协作努力是无法达到的，将思想和行动协调到一个轨道上，用追求共同的目标来减少冲突。项目团队也要尽可能形成自己独特的项目文化，赢得项目成员的认同和遵守，通过与项目、项目文化的融合实现其预期目标，延长项目和员工职业生涯的生命周期。

例如，2006 年，山西煤层气长输管道施工的项目，项目团队组建初期遇到了资金短缺、地方协调困难、员工缺乏经验等众多难题。为使团队成员尽快进入角色，站稳并进一步开拓煤层气管道市场，项目部因地制宜，确定了"团结，共赢，务实，开拓"的管理理念，鼓励大家把山西煤层气市场作为企业长远战略及个人职业发展的立足点来谋划，把维护和开拓企业品牌作为团队成员共同遵守的项目目标，鼓励大家为这个目标拼搏，要敢想敢干，让每个团队成员工作起来富有激情，充满自豪感、成就感，为此，在项目执行过程中出现了征地协调人员从家里拿钱来进行土地赔付等很多感人的事。在团队共同目标的激励下，项目的各项工作进展得很顺利，并且争取到了更多更高水平的项目，实现了项目效益与个人效益、项目目标与个人目标的共赢。

3）团队建设

有效的团队建设通过提高项目团队凝聚力与执行力的一系列活动来减少冲突，包括通过建立团队成员共同遵守的组织文化和开展旨在改善人际关系的活动（如例会、拓展集训、生日酒会）等提高团队凝聚力的做法。通过强化员工的业务技能和建立有效的绩效考核机制来提高项目管理层的执行力，而作为项目决策层，也要通过培养亲和力、组织力、协调力、业务力和说服力来提高自身的领导力，进而促进管理层执行力的提升，达到减少冲突的目的。

良好的经常性的沟通将有助于提高项目团队的凝聚力，项目经理应根据员工的特点采取相应的沟通策略，例如，对于项目团队中资历较深、年龄较长的员工，可采取商量、讨教等柔和的沟通方法，发挥其主观能动性。而一般业务能力强的员工，其个性也比较强，不喜欢他人过多干涉自己的工作，这时项目经理可采取压担子、少过问的策略，看似甩手而实则抓住了关键人物、关键环节。对于新员工，通过关心其工作和家庭提高其工作热情与忠诚度，但必要时也要采取指导甚至较为严厉的行为。

4）缓和与妥协

缓和是当维持冲突双方的关系非常重要，或在当前时段不急于处理双方冲突时而采取的退让策略，它有意淡化或搁置双方的分歧，强调争议各方的利益共同点，将激烈的事件平静下来，待日后选择合适的时机再行解决。而妥协则是指当冲突双方势均力敌、争执不下需要采取权宜之计时，只好双方都作出一些让步，实现双方的妥协。

5）回避与侧重

回避冲突并非逃避矛盾，而是有策略、理性地抑制冲突，当冲突各方争执不下，而又难以裁定孰对孰错或互有对错时，项目经理或调解者应采取将冲突方暂时劝离的方法，让他们逐渐趋于冷静，日后再进行调解。回避虽然没有从根本上解决冲突，但缓解了态势，为解决问题赢得了时间。回避的另一层含义还指项目经理要重视项目的主要矛盾，不要事无巨细，花费过多精力处理那些微不足道的冲突，在实际项目中，有些项目经理就热衷于副职甚至是部门应该做的事，既使自己筋疲力尽，又伤害了其他员工的积极性。管理者应选择那些员工关心、涉及面广、对推进项目工作和实现项目目标有益的事件来抓，必要时在某些方面要适当授权有关下属来处理一些琐事和冲突，从不同的侧面采取不同的方式，各有侧重地解决矛盾。

6）强制与命令

在重大和紧急状态下，各方意见难以统一且要求迅速做出决策时，需要项目管理者运用正式权力或行政命令解决冲突，以避免贻误最佳时机。其特征是以潜在地损害一方为目的，竭尽全力发挥自己的观点，它产生的是一种"输—赢"的结果，项目管理协会建议应将其作为最后一种手段来使用。

冲突好比一把双刃剑，管理得当会促进项目绩效，管理不当会阻碍项目目标的实现，因此，冲突管理也是一门艺术。项目管理者要设法消除冲突产生的消极效应，激发和利用冲突对项目的积极效应，分析冲突产生根源，对症下药，减少内耗，增进沟通，为项目团队创造一个合作共赢的管理环境。

8.2.2　定量的项目冲突解决方法

技术能力水平对 IT 研发
项目外包契约的影响

1. 博弈论在工程项目冲突管理中的应用

工程项目的建设，需要多方面的个人或组织积极参与，项目的参与者构成利益相关方。一个工程项目，涉及的利益相关方主要有投资者、设计方、承包商、监理及用户等；在施工过程中又有分包商、材料供应商、劳务提供者等，工程项目能否顺利实施同上述各方有很大关系。在工程项目建设过程中，相关方的利益并不完全一致。不同的利益相关方对项目有不同的期望和需求，由于各自利益的不一致，会产生各种各样的分歧和冲突，再加上工程项目具有单件性、一次性、复杂性、多目标性等特点，工程项目管理中必然存在冲突。

在工程项目的建设中，建设单位和施工单位是利益关系最紧密的两个相关者。没有建设单位或没有施工单位，工程项目的建设都无法进行。在项目的实施过程中，建设单位和施工单位需要就很多冲突问题进行博弈，有些是静态博弈，有些是动态博弈；有些是信息完全下的博弈，有些是信息不完全下的博弈。其中，工程项目工程款的支付博弈可以用完全信息静态模型来分析。

1）完全信息静态博弈应具备的条件

参加博弈的建设单位和施工单位都是理性的。理性假设包括以下四个方面：①始终追求自身最大利益的经济理性；②具有理性能力，包括很强的计算和推理能力，很强的预见能力；③拥有各种必要的信息和知识；④博弈方之间必须有足够的信任。

参加博弈的建设单位和施工单位有自己和对方足够的信息，即完全信息，包括施工单位的施工定额和人员及技术实力、建设单位其他可能的投资机会、资金的运作情况等。

在博弈分析中，不考虑其他约束，不考虑各种法律法规的影响。因此，博弈双方均采取对自己最优的策略。

2）工程款支付的静态博弈模型

进入施工阶段后，建设单位依据合同对资金投入进行规划，包括付款时间和方式；施工单位按计划投入人力和物力。在项目实施过程中，双方不断讨价还价，使自己的利益得到保证，这个过程符合静态博弈过程。

博弈的参与人：i，$i=1$，2，其中，1 为建设单位；2 为施工单位；双方的策略集：S_i，$i=(1, 2)$。

建设单位有两种选择：第一种是按照国家规定，保证施工单位具有一定的利润空间，及时拨付工程款；另一种是降低施工单位的利润空间，将工程价格尽可能地压到最低，并延期付款。策略集：$S_1=$（及时付款，延期付款）。

概括起来，施工单位的策略有两种：第一种是积极施工，保证质量和工期；另一种是不积极施工。对于施工单位而言，积极施工，保证质量，加快施工进度，提前工期，必将提高成本；而不积极施工，减少劳动力和资金的投入，会降低相应成本。策略集：$S_2=$（积极施工，不积极施工）。双方的支付用下面的支付矩阵表示，如表 8-1 所示。

表 8-1　完全信息静态博弈中双方支付矩阵

施工单位 建设单位	积极施工	不积极施工
及时付款	$T, C+I_2$	$UT, C+I_2+S$
不及时付款	$T+I_1, C-I_2$	$UT+I_1, C-I_2+S$

其中，T——符合合同要求的工程；

UT——不符合合同要求的工程；

C——工程款；

I_1——建设单位利用应支付的工程款进行其他投资的收益；

I_2——施工单位工程款利息；

S——施工单位节约的成本。

表 8-1 中每个元素的第一部分表示建设单位的支付，第二部分表示施工单位的支付。

一个工程是否达到预期的目标，质量、工期和投资三个方面都是决定因素，只有三个方面都达到预期的目标才能成为符合合同要求的工程 T，不符合合同要求的工程 UT 表示有一个或几个方面没有达到建设单位预期目标。

I_1 是建设单位将所拖欠的工程款进行其他投资的收益，I_2 表示施工单位被推迟支付的工程款在银行中的利息。如果工程款是银行贷款，建设单位晚一天动用贷款，就会晚一天支付贷款利息；如果工程款是建设单位自筹资金，这些资金会有很多投资途径，投资收益可能会大于在本工程中的投资收益。I_1 可以理解为建设单位推迟支付工程款获得的收益。工程款对于施工单位来说也是可以投资的，如存入银行或直接进行投资，所以 I_2 应理解为工程款可以给施工单位带来的收益。

S 表示施工单位不积极施工节省下来的成本，包括减少劳动投入降低的人工费、减少机械设备而节省的租赁费和设备的使用费等。为节省 S 必然会影响工程的正常施工，如拖延工期等。

上述的假设条件，是保证博弈能够在自由的和无约束的情况下进行。这样更能够揭示博弈双方的选择的本质。在实际工程中，如果建设行政主管部门不能对工程进行监督和检查，建设单位和施工单位就会采取模型分析的最优策略。即使这种策略在道德上或法律上是不行的，但还是会发生。

3）博弈的纳什均衡

由支付矩阵可以看出：无论施工单位选择积极施工，还是不积极施工，在没有其他约束的情况下，建设单位的最优策略为延期付款；无论建设单位选择及时付款还是延期付款，施工单位在没有其他约束情况下的最优策略为不积极施工。博弈的纳什均衡为：（延期付款，不积极施工）。

以上是从博弈的支付矩阵来分析建设单位和施工单位的博弈均衡，从实际情况看，建设单位延期付款的原因如下。

（1）建设单位可能是在没有足够资金的情况下开始项目建设，延期付款是建设单位解决资金问题最好的办法。

（2）当工程款付出以后，建设单位就可能失去了主动权。很多建设单位都是以工程款支付作为牵制施工单位的手段。为了顺利地拿到工程款，施工单位将不得不按照建设单位各种要求完成任务。

（3）即使建设单位有足够的资金，但是资金是有机会成本的，如果建设单位不将资金拨付给施工单位，还可以将这些资金做其他的投资获取收益。

当建设单位没有及时拨付工程款时，施工单位当然不会积极完成工程，并且为了能够拿到工程款，会故意拖延工期，逼迫建设单位拨付工程款；如果建设单位及时拨付了工程款，施工单位将劳动力和资金的投入控制在一定限度内也是最佳的选择，这样可以降低成本，提高利润。

在建设单位同施工单位支付工程款的博弈中，建设单位的最佳选择是尽量延期付款，施工单位的最佳选择是减少劳动力和资金的投入，尽量降低施工成本，获取最大的效益。因此，建设单位同施工单位的博弈的均衡就是：（延期付款，不积极施工）。

这个纳什均衡对于博弈的某一方来说是理性的选择，但是对于集体来说是一个最差的结果。建设单位和施工单位走入了"囚徒困境"。

4）"囚徒困境"模型

囚徒困境模型：警察抓到了两个共同犯罪的囚徒，为了防止两个囚徒串供或结成攻守同盟，警察把两个囚徒隔离审讯，让两个囚徒在不能互通信息的情况下进行选择，如果他们两人都拒不承认，则他们会被认为较轻的妨碍公务罪各判 1 年徒刑；如果两人中只有一个人坦白罪行，则坦白者从宽处理，立即释放，而另一个则将重判 10 年徒刑；如果两个囚徒同时坦白认罪，则他们将被各判 8 年徒刑。

分别用−1、−8 和−10 表示罪犯被判刑 1 年、8 年和 10 年，用 0 表示罪犯被立即释放。将上面的模型可以用一个特殊的矩阵表示。在矩阵中，第一个数值表示囚徒 1 在当时情况下的结果，第二个数值表示囚徒 2 在当时情况下的结果，如表 8-2 所示。

表 8-2　囚徒困境

囚徒 2　　囚徒 1	坦白	抵赖
坦白	−8, −8	0, −10
抵赖	−10, 0	−1, −1

博弈论认为，参加博弈的双方都是理性的，即自身利益最大化。囚徒 1 的博弈过程：如果囚徒 2 选择/坦白 0，囚徒 1 选择/抵赖 0 的支付为−10，选择/坦白 0 的支付为−8，所以最好的选择是/坦白 0；如果囚徒 2 选择/抵赖 0，囚徒 1 选择/抵赖 0 的支付为−1，选择/坦白 0 的支付为 0，所以最好的选择也是/坦白 0。总之，囚徒 1 最好的策略是/坦白 0。同理可以得到囚徒 2 的最好的策略也是/坦白 0。最后的博弈结果应该为（坦白，坦白），两博弈方的支付为（−8，−8）。从"囚徒困境"矩阵看，博弈双方最好的策略应是（抵赖，抵赖），博弈方的支付为（−1，−1）。

"囚徒困境"反映了一个很深刻的问题，这就是个人理性与集体理性的矛盾。如果每个人都选择/抵赖0，各判刑1年，显然比都判刑8年好。但这不满足个人理性要求，（抵赖，抵赖）不是一个均衡。换个角度看，即使两个囚徒在作案之前建立了攻守同盟，这个攻守同盟也没有用，因为没人有积极性遵守协定。"囚徒困境"解释了为何以利益为目标的短期行为将导致对大家都不利的局面。双方都会选择对自己收益最大、风险最小的策略，从而导致对策均衡出现。但这却不是全局的最优解。由此可见，双方都采取最优策略时，整个对策系统却处于较差的状态。

5）走出工程款支付中的"囚徒困境"

进入"囚徒困境"对建设单位和施工单位都没有好处，从博弈论的角度看，出现"囚徒困境"的主要原因是双方不合作。理论上，"囚徒困境"中的博弈参与者是没有兴趣合作的，因此，走不出困境。在工程实际中，为了改变这种状况，就需要对博弈过程和规则进行一定的改变，使博弈的最后结果能够达到最优或次优。解决措施如下。

（1）在两囚徒决策前达成约束性的协议，规定两人必须同时选择对两人最优的策略，即同时选择/抵赖0，如果两人不遵守协议，背叛一方会受到更严厉的惩罚。这种方法是通过外部的力量强制性地将两人带出"困境"。

在工程实施中，如果想走出"困境"，也需要有一个这样的强制性的力量。建设行政主管部门代表政府对建设项目进行管理，因此，应努力建立和完善相关法律制度，并做到执法必严，规范建设单位和施工单位的行为。如果建设单位和施工单位有一方不履行合同，将会受到严厉处罚，使其损失远大于收益，强制建设单位和施工单位建立信用机制，最后达到相互合作的目的。

（2）在"囚徒困境"中，单个看每一个囚徒的选择都是最优的，但是每一个囚徒的单方最优选择最终导致集体较差的结果。如果要让囚徒走出困境，可以改变囚徒的支付矩阵，使囚徒个人的最优选择同集体的最优选择一致，按照个人最优的选择就可以达到集体的最优。

对工程项目，为了实现这一目标，需要改变建设单位同施工单位的支付矩阵。改变支付矩阵的方式可以有多种，如建立完备的工程保证担保和保险制度。在工程实施前，建设单位和施工单位都要有足够的资金保证其履行合同，及时付款。建设单位需要有支付保证担保，确保工程款及时到位。为了保证施工单位更好地履行合同，施工单位需要有履约保证担保，从而降低建设单位的风险，提高施工单位的违约成本，促使其按照合同的规定施工。建设单位的保证担保作为支付工程款的保证；施工单位的履约保证担保作为工程风险的保证。项目开工前，建设单位和施工单位必须有一定的资金保证，或出具金融机构的担保。没有保证金或担保的工程不能开工。如果项目实施中出现违约，将降低建设单位和施工单位的信用水平，在以后的贷款、投资和承揽工程等方面受到严厉制裁。

由于工程保证担保制度比较复杂，下面以工程保证金的形式进行分析。在加入了工程保证金后，建设单位和施工单位的博弈矩阵将变为表8-3。

表8-3　增加处罚以后的支付矩阵

施工单位 建设单位	积极施工	不积极施工
及时付款	$T, C+I_2$	$UT, C+I_2+S-d_2$
不及时付款	$T+I_1-d_1, C-I_2$	$UT+I_1-d_1, C-I_2+S-d_2$

　　从支付矩阵中可以看出，当建设单位的保证金在一个合理的水平时，工程款收益 I_1 同保证金 d_1 的差值将是负值，建设单位延期付款将会得不偿失。同理，施工单位的保证金也调节了施工单位的收益，使施工单位积极施工的收益大于不积极施工的收益。在这种收益状况下，博弈的均衡就会是（及时付款，积极施工）。

　　上面讨论的是建设单位同施工单位的一次博弈，双方考虑的只是一次博弈过程中的最优。如果博弈模型为多次博弈，博弈方考虑的将会不仅是短期的利益，长期利益将会是考虑的重点。在一次博弈完成以后，其行为和支付将被对方所了解，并作为下次博弈的参考。当长期收益更为重要的时候，长期的收益将会成为博弈决策的决定因素。在以后的博弈中，一方在上一次博弈中的行为将成为本次博弈的参考。如果在上次博弈中诚实守信，在后续的博弈中将会被信任，从而得到一定的优惠；但是如果以前的博弈中有违规行为，在以后的博弈中将会受到一定的惩罚。在这样的博弈规则中，无论是建设单位还是施工单位都将会严守信用，在决策的过程中，不会只看重眼前的利益，而会为了以后的发展选择更为理智的决策。

2. DMAIC 模型在项目冲突管理中的应用

　　六西格玛管理的 DMAIC 模型通过定义（define）、测量（measure）、分析（analysis）、改进（improve）和控制（control）五个阶段来认识问题、确定问题、分析原因，寻找解决方案和进行控制监督，整个过程对冲突管理具有很好的应用性和操作性。本书将 DMAIC 模型应用到项目日常的冲突管理中，建立冲突管理模型旨在帮助项目经理更高效地处理项目中出现的不协调现象，对可能出现的不协调现象进行预防。

　　1）定义阶段

　　定义是 DMAIC 模型的第一步，六西格玛管理以顾客为中心，强调关注顾客的需求，也就是研究客户最需要的是什么，最关心的是什么。

　　在项目的冲突管理中，这一阶段的主要任务是充分了解冲突事件的过程，对问题进行研究，并收集所有可以获取的信息，如发生了什么，什么时候发生，相关人是谁，为什么冲突等。由于冲突发生原因有很多，处理不同冲突有不同的方式，所以事先对冲突发生过程了解越细致，越能对冲突的各要素进行公正与全面的判断，这是最后制定项目冲突解决方案的基础。该阶段是解决冲突的出发点，其准确性直接决定项目冲突管理过程的有效性。

　　因此在定义阶段，要求迅速成立冲突事件处理小组，指派相关人员约谈冲突双方及第三方人员，全面了解事件发生过程（冲突双方、时间、冲突过程、冲突原因等）。

　　2）测量阶段

　　测量阶段是连接定义阶段与分析阶段的重要桥梁，它主要围绕定义阶段所识别的对象与事件，测出该过程关键因素的实际值，为找出问题的原因提供事实依据与线索。

　　在项目冲突管理中，这一阶段的主要任务是判断冲突类型，了解当事双方在冲突事件中处理问题的方式以及衡量冲突强度。在项目生命期的各阶段（启动、规划、执行、收尾等）中，常见的冲突类型包括项目进度冲突、优先权冲突、人力资源冲突、技术冲突、管理程序冲突、成员个性冲突、成本费用冲突等。清晰界定冲突类型有助于对症下药制定对应的解决方案。而了解冲突双方当前处理问题的方式将为分析阶段找出问题的原因提供事实依据与线索，也是后续制定改进措施的基础。冲突强度的衡量主要为确定冲突解决顺序提供依据。

3）分析阶段

分析阶段作为 DMAIC 模型的重要一环，其主要任务就是要找到问题的症结和产生问题的根本原因，分析准确了才能对症下药。

在项目冲突管理中，这一阶段的工作是对前面两个阶段所收集到的信息进行分析，判断冲突产生原因，分析当前处理冲突方式的不合理之处，并且评估冲突所造成的影响。对于冲突原因，判断冲突的产生是否由项目组织的结构、个人利益或个性等问题所引起，找出问题的潜在根源，总结出原因，这是下一步制定避免冲突发生的具体改进措施的依据。此外，还要分析当前处理冲突方式的不合理之处，这有助于制定缓解或消除冲突的方法。

4）改进阶段

改进阶段是整个 DMAIC 模型的核心，前面定义、测量、分析阶段都是这一阶段的基础和依据。在这一阶段中，主要工作就是尽可能多地制定改进方案，评估出最优方案，制定具体实施计划并全面贯彻落实，实现改善和提高。

在项目冲突中，可能有多种冲突类型并存，其影响程度也不相同，因此需要根据影响的大小来排出冲突解决的优先次序。项目经理或调查小组应根据分析阶段的分析结果找出潜在根源或问题，与冲突解决模式对比，针对问题的实际情况提出一套具体的解决办法。例如，通过采取项目组织结构重组、相关人员的沟通，以及其他能够改变冲突关系的管理措施，取得冲突各方的合作与支持，创造出利于解决冲突的条件，从而消除冲突根源，将人们由冲突状态引向团队协作，最终达到项目目标的最佳实现。解决项目冲突的五种模式有正视（confrontation）、妥协（compromise）、缓和（smoothing）、强制（forcing）和退出（withdrawal），在这五种模式中，正视、妥协与缓和平衡了冲突各方的地位，对于建立合作关系十分有效。最终，需要根据实际情况选择适当的模式制定解决策略。

5）控制阶段

控制阶段是 DMAIC 模型中的最后一个阶段，主要是对前面的改进措施进行监督、反馈和巩固，它是实现 DMAIC 整个闭环控制的关键，其作用不可忽视。

在项目冲突管理中，该阶段的主要工作有四项：其一跟踪冲突解决方案的实际效果，定期监督解决方案实施效果，收集相关人员反馈，根据实施效果调整解决方案；其二总结经验，分析相关冲突环节，记录在案，归档总结事件处理经验教训；其三加强防范措施；其四经验分享，组织培训分享经验教训，加强项目管理人员冲突管理能力，定期组织相关人员讨论经验。

6）案例分析

W 公司为汽车制造合资公司，2008 年年初有一个技改项目（汽车侧面增加转向灯）启动，该项目小组共有一位项目经理 Y，3 位工程师 A、B、C 及相关技术人员。Y 总体负责项目技术生产及市场采购沟通与协调；A 为产品工程师，负责机械电气设计，工作经验 5 年，能力很强；B 为工艺工程师，负责模具工装设计，一直是公司资深工艺工程师；C 为质量工程师，负责产品质量检测，拥有国际质量工程师的资格证书，有多家外企工作经验。

在一次项目周例会上，项目经理第三次下达了市场部的新要求，项目小组成员发生了争执（并非第一次）：A 称无法忍受 Y 的工作方式和对待下属的方式，B 和 C 也对项目小组的管理混乱表示强烈不满。此后的两周内，3 名工程师陆续向各自行政经理提出要求调离该项目组的申请。

（1）定义阶段。公司十分重视这次集体辞职事件并迅速成立以项目总监 X 和人力资源专员 Z 为核心的调查小组。X 总体负责处理此事，Z 协助调查。调查小组在了解事件背景后决定单独与 3 位工程师会谈，以期全面了解冲突事件整个过程。Z 安排了会议室，创造了一个畅所欲言的环境，分别会谈 3 位工程师，希望他们详细说明要求退出项目小组的原因。其间，Z 始终以关切的态度倾听他们的感受，营造了"以你为中心"的人际沟通气氛，使工程师可以毫无顾忌地说出他们的感受和意见，不仅使压抑在心里的不满情绪得以宣泄，也使 Z 对冲突发生全过程以及引起这起集体辞职事件背后的根本原因有了细致了解，为以后解决方案的制定打下良好基础。

（2）测量阶段。事后 Z 整理谈话记录，将谈话记录和分析报告提交给 X。在报告中 Z 根据每个工程师的叙述，总结了引起冲突的现象和当事双方处理的方式，并划分了冲突类型。此后调查小组又分别向参加此项目的其他有关人员了解情况。最后，调查小组经充分沟通后约见项目经理 Y，验证他们对于此次事件的认识，最后 Z 根据会谈的结果形成冲突现场报告。表 8-4 为其报告中对冲突事件的总结。

表 8-4　冲突现场报告对冲突的总结

相关人员	冲突叙述	冲突类型	冲突强度
产品工程师 A	1. 市场部新要求导致设计频繁更改 2. 员工要求不予理会，无法沟通 3. 加班过于频繁，身心疲惫	1. 进度冲突 2. 个性冲突	1. 进度冲突 2. 优先级冲突 3. 管理程序冲突
工艺工程师 B	1. 设计与工艺矛盾无法协调 2. 设计更改频繁，导致过度加班	1. 优先级冲突 2. 人力资源冲突	
质量工程师 C	1. 项目进度与质量矛盾无法协调 2. 工艺文件随意更改	1. 成本冲突 2. 项目管理冲突	

（3）分析和改进阶段。调查小组根据报告详细分析了冲突背后的原因，并评估了冲突发生时双方处理问题的不当之处，以及对项目产生的不利影响。最后 X 凭借多年的项目管理经验与项目小组一起讨论协商，针对问题的实际情况采取了一系列措施，包括分别与冲突双方谈话、加强项目监督、收回一部分 Y 的管理权、加强对其指导等，如表 8-5 所示。

表 8-5　冲突原因分析与解决措施

冲突叙述	冲突	解决措施	相关人	完成日期
市场部新要求导致设计频繁更改	项目范围定义不清晰	组织与市场部会议明确项目范围，如有更改先与小组集体讨论，同意后报由项目总监审阅	项目小组 市场部 项目总监	1 周后
加班过于频繁，身心疲惫 设计更改频繁，导致过度加班	忽视个人需求 忽视团队建设	项目经理评估工作负荷交由总监评估 定期汇报项目负荷与人力资源情况 定期给项目团队创造轻松的沟通环境	项目经理 项目总监	2 周后

续表

冲突叙述	冲突	解决措施	相关人	完成日期
员工要求不予理会，无法沟通	缺乏良好的沟通氛围	项目总监对项目经理进行指导，如沟通、加强团队建设等		3月后
设计与工艺矛盾无法协调	主管决策不力	设计定型前要求工艺、质量工程师共同参与设计评估，要求项目总监每月参加一次项目周会	项目小组项目总监	3周后
项目进度与质量矛盾无法协调				
工艺文件随意更改	工作流程不明确责任不清	制定并完善相应工作流程文件，如有更改发生，必须有相关主管级评估签字后发布		

（4）控制阶段。在 X 采取措施的同时，Z 也多次跟踪并与 3 位工程师进行非正式的谈话了解事态的进展和他们的感受，并及时将信息反馈给 X。同时，对实施过程中出现的一些问题在必要时进行促进或干预。X 不仅密切关注事件解决的过程与效果，同时认真地总结了本次事件的经验与教训，并制定了相应的预防措施以防止类似事件的再次发生，尤其是在项目启动与实施过程中比较容易出现的项目优先级、进度与管理程序上的冲突。同时 X 也意识到公司项目管理人员在解决日常冲突、沟通方面的能力需要相应的培训加以提高，因此决定将本事件列入案例库，并和人力资源部门一起组织相应的培训，分享交流管理经验。

本次冲突事件比较圆满地解决了，由于调查小组连续监督跟踪，整体解决措施实施比较到位，原先出现比较尖锐的矛盾得到明显的缓解。Y 也意识到自己在工作方法以及工作职责履行上的缺陷并加以改进，最终 3 位工程师比较愉快地继续留在该项目小组工作。当处理该事件时，调查小组基于 DMAIC 模型进行分析，依次组织调查小组了解冲突事件过程、分析冲突要素、完成冲突报告、制定冲突解决方案及追踪冲突解决情况，清晰地掌握了整个冲突事件过程、原因、影响并对症下药，有效地化解了一场公司内部项目危机。

8.3　项目生命周期的冲突管理

项目的生命周期可分为四个阶段：项目启动阶段；项目规划阶段；项目实施阶段；项目结束阶段。在项目生命周期的不同阶段，各种冲突发生的频率和强度不一样。项目经理只有从项目的整个生命周期角度出发来考察冲突，分辨各个阶段可能发生的主要冲突，才能抓住主要矛盾，才能有效地管理及解决冲突。

1. 项目启动阶段

1）项目冲突的主要来源

在这个阶段，项目组织还没有真正形成。项目经理与职能部门经理经常在项目活动的优先权上发生冲突。另外在项目管理程序上也会涉及如下的一些冲突，例如，如何设计项目组织？项目经理的权力是什么？项目经理向谁汇报？由谁来建立项目的进度、成本和质量计划？人力资源冲突在项目的启动阶段也是很常见的。项目团队的成员来自不同的职能部门，项目经理想要的人往往是来自职能部门的业务骨干，而有可能产生职能部门经理不愿意放人的情况，冲突由此产生。

2）项目冲突的管理

一般来说，可以针对主要冲突源采取下列措施来减轻冲突。

（1）与参与项目的各职能部门协商，联合决策，制定明确的项目计划书，将项目列入公司的目标，在公司总体目标的框架内明确本项目的地位。

（2）尽早明确项目的组织结构形式并建立正式的项目组织；建立详细的管理操作程序；形成明确的项目任务责任矩阵。

（3）尽早预测项目对人力资源的需求，详细了解各相关职能部门或顾问部门的人员情况和他们已经承担的任务情况，与职能部门经理协调项目对其人员的需求，争取他们对项目提供所需的人力资源做出承诺。

2. 项目规划阶段

1）项目冲突的主要来源

在项目的优先权、项目的进度安排和管理程序上的冲突是本阶段的重要冲突，其中一些是上一阶段的延伸。项目进度安排上的冲突开始显现，这是由于在前一阶段参与项目的各方对进度的设想还不是很具体，而且在项目的启动阶段的进度安排一般是粗略的不是强制性的，而在项目的规划阶段的进度安排确实具有强制性，此时会因为这一强制性而发生冲突。在这一阶段管理程序的冲突开始降低，这是因为随着项目的进展，正式的项目组织已经建立，各种规章制度也随之确立，各方的行为有了一个可遵守的规则，所以可能出现的管理程序问题比前一阶段减少。

2）项目冲突的管理

一般来说，可以针对主要冲突源采取下列措施来减轻冲突。

（1）定期召开与职能部门或协助部门的会议，向他们提供及时的信息反馈，使他们及时了解既定的项目计划的执行情况和出现的问题，当需要对项目的优先权作出调整时，就容易取得他们的谅解。

（2）与职能部门或其他有关部门协调合作，一起来对项目任务进行工作包分解，一起制定切合实际的进度计划。这样可以取得各参与部门对其所制定的进度计划的承诺。

（3）制定处理突发问题的应急计划及相应的汇报批准程序，明确项目经理的权限。

3. 项目实施阶段

1）项目冲突的主要来源

在项目的执行阶段，主要冲突源与前两个阶段相比有了很大的变化。在项目的执行过程中，项目的进度安排是最主要的冲突。因为项目的执行往往需要很多参与方的协调配合才能按计划进行，而各方由于各自利益目标的不一致，导致这种协调配合难以顺利进行，进度的冲突频频发生。由于项目各个子任务的内在逻辑关系，某一方的工作延期就会引起整个项目的延期，项目经理为了防止整个项目的延期就会对某些任务的进度进行调整，这时冲突就会更加激烈。

技术问题的冲突在这一阶段排在第二位。有三个主要的原因：其一，项目是由各个子系统集合而成的，在各个子系统的技术连接界面经常由于匹配问题而产生冲突；其二，各种设计施工的技术问题都在实施时体现出来并引起冲突；其三，在质量控制和检测上检查人员经常与实施人员发生冲突。

人力资源分配的冲突在这一阶段也开始激烈。因为这一阶段对人力资源的需求达到了最高水平。项目经理在人力资源的问题上与职能部门或其他协作部门经常发生冲突。

2）项目冲突的管理

一般来说，可以针对主要冲突源采取下列措施来减轻冲突。

（1）紧密地与项目各个参与部门和支持部门进行沟通，及时准确地了解各项任务的实际进展情况，以便预见可能出现的会影响进度的异常情况，并且做好应对计划。

（2）在各项任务执行之前，项目团队会同各参与部门和支持部门一起回顾项目目标所设计的所有技术质量标准，尽可能明确所有的技术细节，尤其是各个子任务相连界面的技术匹配细节要明确；就进度和预算问题及时与技术人员沟通，使其了解技术变更对进度和预算可能产生的影响。

（3）及时与各职能部门或协助部门沟通对人员的需求预测，如果需要增加人员，就要提前通知相关部门，使其有时间进行相应的安排，避免突然抽调人员对部门工作造成的冲击。

4. 项目结束阶段

在这个阶段项目的进度安排仍然是最主要的冲突。这是因为许多在实施阶段积累的进度错位传递到了项目的结束阶段。另外一个是项目成员的个性冲突。这里有两个主要原因：其一，临近项目结束，项目组成员对未来的去向问题产生担忧；其二，项目组成员在这一阶段为满足项目的进度、预算和质量目标的要求而承受着很大的压力。这两个方面的原因都会导致在这个阶段的人际关系的紧张。

人力资源的分配冲突在这个阶段也很明显。临近项目结束，各个职能部门或协助组织会要求一些项目组的成员回到原来的组织或部门，也有可能管理层想抽调人员去新的项目组，这都会导致冲突。

8.4　工程案例分析

WX 联通 Gll 工程项目从 2006 年 10 月起至 2007 年 4 月，预计新增 GSM900 基站 54个，扩容 GSM900 基站 5 个，新增 GSM1800 基站 8 个，新增小基站 2 个，共计增加话务量 2228.24Erl。工程概算总额为 942 万元。

该项目涉及的利益相关方如下。

（1）市场部：关心市场重点地区的网络建设情况和进度，建设完成后能使客户满意度提高。

（2）网络建设部：按进度高质量、不超预算地完成网络建设。

（3）运行维护部：网络建设结束后的网络优化。

（4）财务部：参与审计。

（5）设计单位、工程单位、监理单位以及审计单位：负责相应的工作。

一个成功的项目，必然要有一个成功的项目管理团队、一套规范的工作模式和业务流程。该项目的项目经理由分管网络建设的副总担任，项目领导小组由市场部、财务部、网络建设部、运行维护部的部门经理以及厂家项目经理组成，工程建设组具体负责和厂家一起进行网络建设，网络优化组在建设完成后进行网络优化，测试组在子项目完成交付后对网络状况进行实地测试。因此，该项目的人员结构涉及所有相关单位，包括市场部、财务部、网络建设部、运行维护部、设计单位、工程单位和监理单位等。

1. 冲突来源

为了确保项目的顺利实施，整个项目组召开了一个项目启动沟通会，在会上，各方（项目的建设方和使用方）互相协商，共同明确项目目标、总体项目方案及时间规划。结果，在项目启动沟通会上，网络建设部和市场部双方便在项目目标方面，出现分歧，尤其是对哪里是网络建设的重点存在不一致的看法：网络建设部有自己的一套评判标准，根据基站话务量的忙闲决定该地区是否应扩容；而市场部则从市场容量角度出发，认为有些地区就是因为信号不好导致用户少，而用户少又导致话务量不足，单从网络建设部的基站忙闲角度出发不能完全反映真实情况。

2. 冲突的解决

项目组将项目启动沟通会上的情况做了会议纪要，并抄送给了公司高层。公司高层对此情况非常重视，认为这个问题如果达不成共识，则说明在本项目的目标确定这样的关键问题上认识不清，项目的成功就无法得到保障。指示项目组必须在该问题上取得共识。

接受这个任务以后，项目组迅速展开了调查分析工作。就这个问题，首先将其定义为冲突，且是前面所述的"工作内容的冲突"。解决冲突问题的五个步骤是：①定义问题；②分析问题；③研究出各种解决办法；④制定良好解决办法的标准；⑤使用该标准评估各种备选方案。按照这五个步骤，项目组实际做法如下。

1）定义问题

网络建设重点的标准不一致：网络建设部依过去的惯例认为，要以基站忙闲作为标准，忙的地区优先建设；市场部则认为，要以市场容量为标准，市场大的区域要优先扩容。

2）分析问题

通过沟通，冲突各方完全有可能会认识到事实上各方目标并非互斥，而是存在一个能满足各方目标的上级目标。于是，由市场部派出代表与网络建设部再次进行沟通，最后双方认为上级目标应该是一致的，即为最多的用户提供优质的服务，只是在判定哪个区域用户更多以及当前网络容量不足的标准上，双方产生了分歧。所以问题实际上就是如何用客观的数据，反映哪个区域用户最多而网络支撑不足。网络建设部拿出的数据，只是反映了公司网上用户的分布，但不能代表 WX 市所有移动通信用户的分布。而市场部虽然提出了某些地区市场容量大的观点，但只是凭市场经验，缺乏精确的数据来证明。

3）研究出各种解决办法

为了通过数据来证明市场部的观点，市场部组织了部门内部人员，进行头脑风暴，得出各种备选方案。

方案一：到公安局获得各乡镇的 GDP、人口等数据，显然，人口最多、GDP 最高的地区就是重点区域。

方案二：收集市场上所有移动通信运营商的基站分布资料。通过对比可知，本公司基站最少的地区就是最急需建设的区域。

方案三：通过与本公司网上用户通话的异网用户数据，推算出异网用户数量，根据本网用户加异网用户数量，得出该区域的移动通信用户总量，那么用户总量越高，而本公司网上用户所占比例越低的区域，就是需要重点建设的区域。

方案四：通过用户投诉数量，认为用户投诉越多的区域就是重点区域。

4）制定良好解决办法的标准

各种备选方案的得分情况如表 8-6 所示。对于方案一，由于是从外部获取数据，所以可靠性一般，得分为 3 分，而由于 WX 市有大量的外来人口，但公安局只有常住人口登记比较全面，所以精确性和全面性较差。方案一总得分为 230 分。

对于方案二，由于基站就是铁塔，所以一般各通信运营商的基站数据都会通过各自工程人员的摸底获得，比较精确。但基站的数量和用户数并不一定存在很精确的线性关系，因此全面性一般。方案二总得分为 390 分。

对于方案三，数据分析是通过自有数据分析出来的，因此可靠性和精确度都较高，而得出的数据也是最全面的。方案三总得分为 430 分。

对于方案四，投诉也是通过自有数据分析出来的，因此可靠性和精确度都较高，但用户投诉少并不代表这个地方网络质量好，而是可能这个区域网络太差，用户都被竞争对手抢过去了，因此全面性比较差。方案四总得分为 350 分。

从得分看出，方案三是最佳方案，方案二次之。确定方案后，市场部马上着手进行了方案实施。对全区 65 个区域进行了数据分析，如表 8-7 所示。从表 8-7 数据可以看出，区域 A、B、C 的总用户数远高于区域 D、E，但联通所占比例却更小，因此区域 A、B、C 是重点区域。

表 8-6 备选方案得分表

评估标准	权重 A	方案一		方案二		方案三		方案四	
		记分 B_1	得分 $A \times B_1$	记分 B_2	得分 $A \times B_2$	记分 B_3	得分 $A \times B_3$	记分 B_4	得分 $A \times B_4$
数据来源的可靠性	30	3	90	4	120	5	150	5	150
数据来源的精确性	30	2	60	5	150	4	120	4	120
数据反映真实情况的全面性	40	3	80	3	120	4	160	2	80

表 8-7 各区域得分表

区域	G 网用户数	移动	小灵通	C 网用户数	总用户数	G 网占比	C 网占比	联通占比	移动占比	小灵通占比
A	3834	24907	4181	1156	34078	11.25	3.39	14.64	73.08	12.26
B	3815	23293	3772	1247	32127	11.87	3.88	15.75	72.5	11.74
C	3075	17228	3303	514	24120	12.74	2.13	14.87	71.42	13.69
D	3148	12455	2291	969	18863	16.68	5.13	21.82	66.02	12.14
E	2378	10606	2842	1044	16870	14.09	6.18	20.28	62.86	16.84
⋮	⋮	⋮	⋮	⋮	⋮	⋮	⋮	⋮	⋮	⋮

　　为了更进一步说明数据的合理性，市场部还采用了方案二作为辅证，如对区域 C 的移动、联通基站数进行对比，通过对比发现，区域 C 的移动基站远多于联通基站，从另一个角度说明区域 C 是重点需要建设的区域。

　　通过这种方式，当市场部再次和网络建设部沟通时，网络建设部完全接受了市场部的方案，并承诺以市场部的数据为基准，进行资源的投入。而项目组也在向公司高层汇报时，特意提到该方案得到了网络建设部的大力支持（各通信运营商基站分布图即由网络建设部提供），高层表示满意。网络建设部在其体系内汇报时，也特意将本项目目标的确定方式作为亮点，向上级主管部门进行了详细阐述，上级部门相当感兴趣，将该工程作为"技术支持市场"的典型，在体系内进行了通报表扬。

　　应该说，该冲突的解决最终完全体现了双赢的理念。对于分配、进度计划、成本、优先级别、组织问题、个体差异冲突，解决冲突的最佳模式为合作、正视解决问题，解决问题有五个步骤：定义问题，分析问题，研究出各种解决办法，制定良好解决办法的标准，使用该标准评估各种备选方案。

复习思考题

　　1. 如何理解项目管理中的冲突？
　　2. 造成项目冲突的主要原因有哪些？
　　3. 说说你所了解的项目冲突的解决策略。
　　4. 举例说明在实际过程中如何解决项目中的冲突。

案例分析

　　某电子政务项目涉及保密信息。项目建设的资源尤其是人力资源必须从甲方单位内部获得，因为如果把项目的部分任务交给分包商，一方面要征得甲方的同意，一方面要求分包商具有相应的保密资质，而保密资质的审核需要很长时间，等待审核结果也需要一段时间，这将严重危及项目的交付日期。当项目团队内的工程师完成 90% 的编程和测试任务时，项目承建单位的一名副总裁承揽了一个新项目，他把程序员、测试工程师从该项目上调走，去执行他新承揽的项目。

　　问题：
　　1. 请简要说明发生上述情况的可能原因。
　　2. 如果项目经理希望继续推进该项目，应如何进行？
　　3. 请简要叙述如何处理多个项目之间的资源冲突。

第9章 项目知识管理

➤ **本章提要**：21 世纪企业的成功越来越依赖于企业所拥有知识的质量，利用企业所拥有的知识为企业创造竞争优势和持续竞争优势对企业来说始终是一个挑战。知识管理是企业管理的一项重要内容，已经普遍作为一名管理者应当具备的基本技能。今天的社会已经发展到知识经济时代，主动地创造和运用知识去开展各种创新活动，成为人们获得更多财富的主导模式。项目是创新活动的载体，是知识经济社会最主要的活动内容之一。项目需要对知识、承载知识的人和项目的知识活动进行管理，这就是项目知识管理。

➤ **引导案例**：江苏索普集团的 15 万吨/年醋酸技改项目管理是获得 2007 年国际项目管理大奖金奖的项目。注重知识管理是这个项目的一大特点。在前一个类似的技术改造项目中，当时的索普项目团队还没有自己的项目管理手册，项目管理用的是分包商的一些现场项目管理制度。该企业和项目管理团队重视项目知识管理，当进行本项目管理时，项目经理就搜集、整理、总结了前一个项目的经验教训，编制了本项目的管理手册，取得了很好的效果，也得到了国际项目管理专家的肯定。目前他们又在 15 万吨/年醋酸技改项目成功的基础上，改编和进一步完善了新的项目管理手册，开始指导又一个新的、规模更大的、更复杂的技改项目管理。知识管理使江苏索普集团的项目管理水平在不断地提高。

9.1 项目知识管理概述

9.1.1 知识与知识管理

1. 知识的定义和内涵

关于知识的定义目前还没有形成统一的认识。《辞源》认为，知识是人对事物的认识，《辞海》的解释为人们在社会实践中积累起来的经验。古希腊关于知识的认识为，所有知识都是来自于个人的经验，而每个人对事物的感受不同，因此知识仅是相对于个人而言的，没有绝对意义的知识。柏拉图认为知识是经过证实的正确的认识。德鲁克认为知识是一种能够改变某些人或某些事物的信息。

本书认为，通过学习、实践或探索所获得的认识、判断或技能都可以称为知识。知识可以是显性的，也可以是隐性的；可以是组织的，也可以是个人的。知识可包括事实知识、原理知识、技能知识和人际知识。同时，知识可以分为作为过程的知识和作为实体的知识。

从作为实体的知识的角度来说，知识是所学东西的总和，因此可以将知识看成某种"东西"。东西一般都被某个人所拥有，而知识也有产权，类似于一种财产；其次，东西需要储藏和维修，而知识的积累也需要人们付出种种努力。这种将知识"实体化"的看法，使人们致力于应用信息手段实现知识编码，成为"知识产权"的理论基础，还产生了诸如"知识转移"等概念，说明知识能像接力棒一样逐步传递。

从作为过程的知识的角度来说，知识领域更多地将注意力集中于知识的动态方面，如知识的共享、创造、学习、运用和沟通。米切尔·波拉尼将人们获取和创造新知识的过程描述为"认识的过程"。他将知识描述为"一种能更好地描述为认知过程的活动"，而认识是在个体和群体之间一种持续不断的流动过程，因此就引出了鼓励参与和协助沟通等问题。

无论从哪种角度对知识进行分类，知识都具有以下特征。

（1）惊人的可多次利用率和不断上升的回报。

（2）当知识被越来越多的人所使用时，网络的效应也会得以更多的展现。

（3）散乱、遗漏和更新需要。

（4）不确定的价值，不确定的利益分成。

2. 知识管理的定义和内涵

1）知识管理的定义

知识管理的提出和实践就是近十年来的事情，目前还没有统一定义。知识管理不同于传统的任何管理，它涉及生产管理、信息管理、技术管理、人力资源管理以及战略管理等多种管理职能形式和内容，是一种超越所有职能形式之上的管理，是有关人类认识论和价值论相结合的学科领域。库柏认为："知识是信息和人的认知能力相结合而产生的"。知识管理是人类运用信息创造人类行为的过程。这就是知识管理的目标。知识管理的定义，可以归纳为：在组织中建构一个量化与质化的知识系统，让组织中的资讯与知识，透过获得、创造、分享、整合、记录、存取、更新、创新等过程，不断地回馈到知识系统内，形成永不间断的累积个人与组织的知识成为组织智慧的循环，在企业组织中成为管理与应用的智慧资本，有助于企业做出正确的决策，以适应市场的变迁。对知识、知识创造过程和知识的应用进行规划和管理的活动都可以称为知识管理。

2）知识管理的内涵

知识管理不应被狭义地看待。它涉及许多的相关研究领域。它可以和学习、创新、教育、记忆、文化、人力资源管理、心理科学、脑科学、管理科学、信息科学、信息技术、图书馆学和情报学等联系在一起。它并不单纯是一种管理理论，而是涉及从技术到管理再到哲学的多个层面。因此，通过任何一个简单的框架或模型，也许能理解知识管理的基本含义，但是却远不能涵盖其全部意义。随着时代的发展开始使用知识管理软件对知识进行信息化处理。以个人信息管理软件为例，知识管理软件是通过软件对知识进行系统、全面、分类的管理，以便查找和使用。

知识管理可以把知识积累起来构建企业知识库，对纷杂的知识内容（方案、策划、制度等）和格式（图片、Word、Excel、PPt、PDF 等）分门别类管理。充分发动每个部门、员工，贡献自己所掌握的企业知识，积少成多。重视企业原有知识数据，进行批量导入，纳入管理范畴。帮助企业评估知识资产量、使用率、增长率。同时知识管理可以把知识管理起来。创建企业知识地图，清晰了解企业知识分布状况，提供管理决策依据。构建知识权限体系，对不同角色的员工开放不同级别的知识库，保证企业知识安全。注重版本管理，文件资料从初稿到最后一版，均有版本记录保存并可查。此外通过知识管理还可以把知识应用起来。让知识查询调用更加简单，充分利用知识成果，提高工作效率，减少重复劳动。依据知识库构建各部门各岗位的学习培训计划，随时自我充电，成为"学习型团队"。提供知识问答模式，将一些知识库中缺少的经验性知识，从员工头脑中挖掘出来。支持异地协同，通过互联网获取知识库内容，为异地办公提供知识支持。

同时，可以总结出知识管理具有以下特征。

（1）管理理念上，知识管理真正体现了以人为本的管理思想，人力资源管理成为组织管理的核心。

（2）在管理对象上，知识管理以无形资产管理为主要对象，比以往任何管理形式都更加强调知识资产的重要性。

（3）在管理内容上，要遵循"知识积累—创造—应用—形成知识平台—再积累—再创造—再应用—形成新的知识平台"的循环过程。

（4）在范围及重点上，知识管理包括显性知识管理和隐性知识管理，但以隐性知识管理为重点，并注重显性知识与隐性知识之间的共享与转换。

（5）目标和策略上，以知识管理创新为直接目标，以建立知识创新平台为基本策略，智力性和创新性是知识管理的标志性特点。

（6）在组织结构上，与以往其他管理形式所采取的金字塔式的等级模式不同，知识管理采取开放的、扁平式管理的学习型组织模式。

3. 项目知识管理过程

知识管理过程主要包括知识获取、知识共享、知识创新和知识运用。

知识获取是指对现有知识进行收集、分类和储存；知识共享是指通过知识交流而扩展个体之间及组织整个知识库；知识运用是指利用知识获取、知识共享而用得到的知识去解决目标问题；知识创新是指在知识运用的过程中通过知识的组合产生新知识的过程。不论是哪种知识活动，实际上都是隐性知识之间、显性知识之间或隐性知识与显性知识之间相互转化。野中郁次郎提出了隐性知识与显性知识的转化模型。它涉及三类不同的知识组合（隐性知识与隐性知识、隐性知识与显性知识、显性知识与显性知识）、四种不同组织层次（个体、群体、组织和跨组织）、四种不同转化过程（社会化、外部化、组合化、内部化），如图9-1所示。

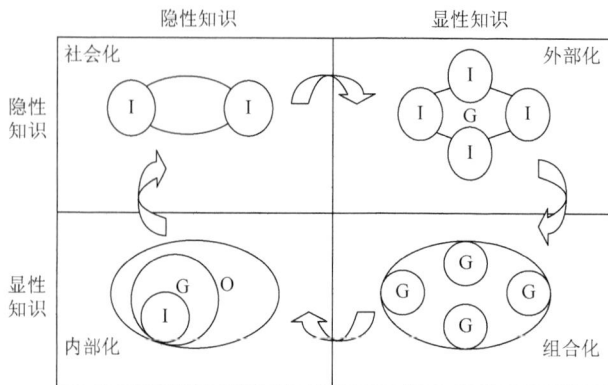

图9-1 隐性—显性知识转化模型

9.1.2　知识管理与内容管理的区别

（1）知识管理和内容管理的关注的对象不同。针对知识管理和内容管理的具体概念，众说纷纭。没有必要拘泥于知识管理和内容管理的概念，但是从知识管理和内容管理关注的对象上还是可以看出它们的不同。知识管理关注的是对企业内外部的显性、隐性知识的管理，显性知识包括内外部的研究报告、标准规范、程序文档和数据等；而隐性知识包括隐藏在人的大脑中的经验，和隐含在企业业务中还没有被发现的知识或经验。内容管理中的"内容"实质上就是任何类型的数字信息的结合体，可以是文本、图形、Web 页面、业务文档、数据库表单、视频、声音文件等。从这点上看内容管理主要是对显性知识的管理。同时知识管理还存在对知识活动的管理，即知识沉淀、共享、应用学习、创新等环节的管理，由此就会延伸到对人的知识行为的管理——管理制度、企业文化等方面。而内容管理只是针对静态的显性知识的一种管理，将分散混乱的数据、信息转化成有项目的内容和知识，实现知识的关联化。

（2）知识管理和内容管理目前的实践主体不同。从目前知识管理和内容管理实践的企业或机构来说，它们存在很大的差异性。在内容管理领域，目前主要是政府、媒体、事业单位等，就实施的内容而言主要还是网站内容的管理；而知识管理主要还是面对企业，在寻求与企业现有管理架构、信息技术应用系统结合方面实现企业价值增值，在具体实施方面重点关注企业知识的梳理、知识和人的关联、人与人的关联以及和企业业务的融合。

（3）过程目的——必然的融合。根据互联网数据中心研究报告指出，知识管理是未来企业提高工作效率和增加竞争力的关键。作为其不可或缺的核心基础——企业内容管理方案，便成为业界炙手可热的新议题。从上面的分析也可以看出，内容管理和知识管理并不是独立存在的，内容管理是为了达到知识管理，内容管理和知识管理好比一个是过程，一个是目的。在目前，内容管理和知识管理在各自关注的领域独立发展是有益的，随着发展的深入，必然交叉融合，最后内容管理就会真正成为知识管理的一部分。

9.1.3　项目知识管理的特点

1. 知识管理理念具有普遍适用性

知识管理作为一种管理理念，是需要长期坚持并且努力形成文化的活动。从这个概念上来讲，知识管理不是项目，因此也就不能按照项目管理的组织和运作方式来进行管理。但这并不是说项目管理的思想和方法不能运用在知识管理中，随着项目管理的意义被更多的人所认可，项目管理中的一些思想也已经慢慢演变为普遍适用的管理理念，这些思想也同样适用于知识管理。

2. 知识管理目标必须与实际项目相结合

知识管理的目标可以列举很多，例如，在合适的时间把合适的知识传递给合适的人，提高项目的竞争力，促进项目创新，保护项目的知识资产，避免知识随着人才的流失而流失，获取更多的商业利益等。当项目确定要实施知识管理（knowledge management，KM）的时候，可能是为了获得前面罗列的这些好处的全部或者某一部分，但是它们却不能作为指导具体知识管理实践活动的目标。

知识管理作为一种管理理念，需要通过具体的活动来落实，理想的目标也应该是和具体的活动相结合的，必须落实到具体确定的活动上，如 IBM 有 E-workplace、HP 有 connex、西门子有 sharenet、埃森哲有 knowledge xchange 等。在项目管理理论中有一个针对目标管理的 SMART 原则，具体表述为：S-specific 明确的陈述；M-measurable 可以衡量的结果；A-attainable 可以达成的目标；R-realistic 合理、实在或者说是能和实际工作相结合；T-trackable 可以跟踪的。符合 SMART 原则的知识管理目标也应该和具体的活动相结合，针对具体的活动来设定，因此，一个项目开始实施知识管理的过程可以是这样的。

（1）定义最希望通过知识管理解决的问题。

（2）选择合适的适合自身情况的一种或几种具体活动。

（3）为这些活动制定一个符合 SMART 原则的目标，然后开始计划、执行、检查、行动。

9.1.4 项目管理中引入知识管理的原因

（1）知识经济和信息时代的到来推动项目型企业必须引入知识管理。随着知识经济的来临，知识作为一种资源越来越受到人们的重视，知识在竞争中地位的上升直接导致了企业管理模式的深刻转变。对企业知识的源泉（员工）、知识交换的场所（组织）和知识资源本身的管理成为当前企业面临的最大挑战，知识的创造、积累、转换和利用成为企业发展的根本根源所在。因此，从知识管理角度寻找企业发展的出路变得越来越重要。作为创造性工作更多的项目型企业对知识的依赖程度加深，推动知识管理以适应企业环境的变化是当务之急。

（2）项目管理的特点适合推动知识管理。项目的一次性特点造成每个项目都有自己的独特性和唯一性，由于项目的独特性，项目的工作过程就是知识创造的过程，每个项目的独特工作经历会给公司带来丰富的经验积累。另外，作为某个行业的项目的整个操作过程还是有其固有特点和共性的，项目在执行过程中如果能得到公司丰富经验（知识）的支持可以使工作开展起来顺风顺水。所以这两个方面的工作是相辅相成的，项目实践的经验和教训是组织难得的知识和经历，对其进行有效的知识整理和显化是对组织知识丰富和增强组织竞争力的有力促进和提高；同时在项目实践中合理有效地应用公司的优势技术和知识可以快速推动项目的进展，合理节约地解决项目难题；项目的快速高效完成同样会为公司建立良好的社会形象和行业里有利的竞争地位。

（3）现代项目管理理论已经融入了知识管理的理念。以美国项目管理协会的 PMBOK 2000 版为例，在该体系中有多处的规定都体现了知识管理理论的论点：在范围管理中的范围变更控制输出文本就有教训概念，并明确指出"使其成为本项目或执行组织其他项目的历史数据库的一部分"，体现了知识收集的要求；在整体管理和沟通管理等模块中也多次体现了对知识收集的要求。在项目管理中提出要尽量集中办公，体现了对交流的重视；

在人力资源管理中的规定也体现了有关理论。

9.2 项目知识管理的策略与实施步骤

9.2.1 项目知识管理的策略

1. 项目知识管理的原则

项目知识管理要遵循三个主要的原则：积累策略，知识积累是实施知识的管理基础；共享策略，知识共享是指一个项目内部的信息和知识要尽可能公开，使每一个员工都能接触和使用公司的知识和信息；交流策略，项目知识管理的核心就是要在公司内部建立一个有利于交流的项目结构和文化气氛，使员工之间的交流毫无障碍。知识积累是实施知识管理的基础；知识共享是使项目的每个成员都能接触和使用公司的知识和信息；知识交流则是使知识体现其价值的关键环节，它在项目知识管理的三个原则中处于最高层次。

2. 项目知识管理的研究层面

企业实施项目知识管理一般来讲需要从三个层面组织：组织成员的个体层面、组织整体的行为层面和组织间的行为层面。但是项目一般是在企业之下开展工作的，项目过程是知识的创造过程，也是对企业知识的应用过程。因此本书讨论项目过程中的知识管理仅涉及员工个体行为和组织两个层面的管理。

（1）项目实践过程中的知识创造和知识的整理、收集和组织化，即个人知识及时转化为企业知识。在员工个体层面上，员工是知识的创造者和持有人。个体的知识创新能力和知识储备决定着企业的实力和竞争力。在这一层面，知识管理的关键在于提高员工作为组织知识源泉的创新能力，鼓励员工通过团队协作分享知识，将个人拥有的隐性知识有效地转化为企业知识。这个过程的难点在于隐性知识的显化和企业化。

（2）项目对组织知识的有效发掘、传播和发挥作用。在组织层面上，组织是企业隐性知识和显性知识交换和应用的场所。组织认知能力的提高和知识库的完善决定着企业的发展能力和竞争实力。在这一层面上，应该着重考虑增强企业知识创新和交换的强度，引导组织学习，建立科学和符合企业实际的流程，促进知识的传播和利用。

3. 项目知识管理的实施策略

（1）依靠组织的知识管理平台开展工作。知识管理离不开信息技术的支撑，但是不仅建立企业内部网（Intranet）系统、数据库，还要有企业文化和管理手段的结合，才能取得成功。具体的建立步骤为：建立企业内部网，构成企业内部的通信和协作平台；引入业务集成系统，如项目管理（project management，PM）系统、企业资源计划（enterprise resource planning，ERP）系统，建立采购、生产、库存、销售、财务等各个环节的集成管理；对知识进行分类、评估、开发、共享的管理以及知识库的建立与更新。

（2）在员工层次上，营造良好的组织交流方式推动知识的创新和分享。由于项目团队属于一次性的组织，成员来自企业的各个职能部门甚至是企业外部的一些行业专家，他们拥有不同的背景、知识、技能和经验。项目管理过程中成员之间的交流尤为重要，作为创造性的工作性质，项目管理随时都要面对各种不同的突发问题，这些问题并不是按照操作规程就能完全解决的，丰富的实践经验是妥善解决问题的关键。为了最完美解决问题，项目成员全部拥有这种经验是最好的，但是实际情况显然不可能达到这种高度，交流和分享就显得非常重要了。所以对项目而言，团队成员的知识和经验是十分宝贵的，在项目成立后，首要的问题就是要推动成员交流，促成成员知识的共享和创新。

①对积极贡献自己经验的成员进行有效激励，提高团队成员分享经验的积极性。鼓励团队成员交流分享自己的经验教训是取得知识的有效途径。在项目进行中，可以制定一些鼓励大家提供经验的措施，例如，鼓励大家提供创造性经验的明文规定，对在难题处理中作出突出贡献的员工进行奖励。各种方式不一而足，总的原则是推动成员和大家分享自己的创新经验。

②对成员贡献经验要进行正确评价。项目对团队成员贡献的经验的评估是一个很复杂的事情。很多时候大家难以认识到这些经验的价值。一方面大部分知识的效果显现不是立竿见影的，而是有一定的滞后；另一方面，很多团队成员的经验效果表现为部门的结果，从而弱化个人经验的重要性；还有就是难以判断在一个项目中成功的经验是否具有推广价值。这些因素都使个人经验的评估复杂化，错误的评估还有可能挫败个人的积极性。评估成员经验需要慎重进行。比较稳妥的做法应该是全面系统地收集经验和处理经过；分析事件的独特性和普遍性；寻找理论支持，升华经验，最后对经验进行正确评估。

（3）在组织层次上，建立科学的流程，推动知识的收集、分析和知识传播。现代企业强调组织和流程，要求公司员工在工作中按照公司的规定程序进行，然而项目型公司中的工作大部分是创造性和处理随机变化事务的，如果过多地偏重于流程，可能根本就无法产生新的创意。因此，在员工层面上，过分严格的流程管理于事无益；但是在组织层面就非常适合用流程管理去规范知识的收集、分析和录入数据库。流程这种有组织的协调形式可以使区域性知识在更加广泛的范围内应用。

①设计合理的收集、分析和整理知识的流程。如前面所述，在项目中已经创造和积累了丰富的经验和知识。如何传播和利用它们是知识管理组织层面要解决的问题。数据库作为基本的管理工具，已经广泛地应用到实践中。但是一些企业尽管在自己数据库中录入了员工的经验和知识，创建了员工的交流平台，但是效果并不理想。原因就在于知识录入标准没有建立在统一规范的基础上，也就是要设计科学合理的知识收集、分析和整理录入的流程。如果大家自由地把一些技巧和知识录入数据库，则没有系统性和说服力（甚至有虚假信息），使检索者产生迷惑和不信任感，逐渐会抵制数据库。数据库中零散、个性的东西越多，数据库的作用就越小，甚至一段时间后，组织成员会因为对数据库失去信心而不再使用它。那么如何避免这个问题呢？流程是人们的好帮手。正确的工作流程应该是组织成立专门的经验、知识审核与分析委员会，对从项目或者个人申报的创新经验和技巧进行审查和选择，对有效的知识和经验要会同公司的专家、技术骨干和知识提供者共同对经验进行分析和提炼，从理论上证明其正确性，从试验中证明其可操作性和可能存在的共性，如此整理后的知识再行录入数据库。这样的记录可以给检索者提供有说服力的支持，使检

索者采纳经验。

②便捷的检索工具有利于知识的传播和组织内部的知识分享。由于一个组织可能有很多项目在同时进行，各个项目产生的新工艺或者技巧在项目团队内部可以有效传播和应用，但很少能影响其他的项目。有可能其他项目正在烦恼的问题已经在另外一个项目上顺利解决了。作为组织的整个成员并不能了解各个项目成员所掌握的知识。这样的矛盾可以通过建立一个组织内部数据库检索机制来传播这些知识。检索的工具可以采用关键字检索和论坛标题检索等方法。当人们在遇到难题时，他们可以登录企业的知识库，对该难题进行搜索，如果知识库足够丰富，则完全可以寻找到解决办法。如果没有搜索结果，那么项目在自我解决该问题后，可以提交该难题的解决方案给公司知识评估、录入委员会，对公司知识库进行丰富和完善。

9.2.2　项目知识管理的实施步骤

按照上述项目知识管理的策略进行项目知识管理，首先就要明确知识管理涉及项目的所有层面和所有部门，一个项目要进行有效的知识管理，关键在于建立起系统的知识管理项目体系。这一体系所实现的功能主要包括以下几个方面：项目能够清楚地了解它已有的知识和需要的知识；项目知识一定要能够及时传递给那些日常工作中适合并需要它们的人；项目知识一定要使那些需要它们的人能够获取；不断生产新知识，并要使整个项目的人能够获取它们；对可靠的、有生命力的知识的引入进行控制；对项目知识进行定期的检测和合法化；通过企业文化的建立和激励措施使知识管理更容易进行。

企业可以通过以下五步来进行项目知识管理，建立项目知识管理体系。

1）认知

认知是企业实施知识管理的第一步，主要任务是统一企业对知识管理的认知，梳理知识管理对企业管理的意义，评估企业的知识管理现状。帮助企业认识是否需要知识管理，并确定知识管理实施的正确方向。主要工作如下：全面完整地认识知识管理，对企业中高层进行知识管理认知培训，特别是让企业高层认识知识管理；利用知识管理成熟度模型等评价工具多方位评估企业知识管理现状及通过调研分析企业管理的主要问题；评估知识管理为企业带来的长、短期效果，从而为是否推进知识管理实践提供决策支持；制定知识管理战略和推进方向等。

2）规划

项目知识管理的推进是一套系统工程，在充分认知企业需求的基础上，详细规划也是确保知识管理实施效果的重要环节。这个环节主要通过对知识管理现状、知识类型的详细分析，并结合业务流程等多角度，进行知识管理规划。在规划中，切记知识管理只是过程，而不能为了知识管理而进行知识管理，把知识管理充分融入企业管理之中，才能充分发挥知识管理的实施效果。主要工作如下：从战略、业务流程及岗位来进行知识管理规划；企业管理现状与知识管理发展的真实性分析；制定知识管理相关战略目标和实施策略，并对流程进行合理化改造；知识管理落地的需求分析及规划；在企业全面建立知识管理的理论基础。

3）试点

此阶段是第二阶段的延续和实践，按照规划选取适当的部门和流程依照规划基础进行知识管理实践。从短期效果来评估知识管理规划，同时结合试点中出现的问题进行修正。主要工作内容如下：每个企业都有不同的业务体系，包括生产、研发、销售等，各不同业务体系的任务特性均不相同，其完成任务所需要的知识亦有不同，因此需要根据不同业务体系的任务特性和知识应用特点，拟订最合适、成本最低的知识管理方法，这称为知识管理模式分析。另外，考虑一种业务体系下有多方面的知识，如何识别关键知识，并判断关键知识的现状，进而在知识管理模式的指导下采取有针对性的提升行为，这可以称为知识管理策略规划。因此，此阶段的重点是结合企业业务模式进行知识体系梳理，并对知识梳理结果进行分析，以确定知识管理具体策略和提升行为。本阶段是知识管理从战略规划到落地实施的阶段，根据对企业试点部门的知识管理现状、需求和提升计划的分析，应该考虑引入支撑知识管理落地的知识管理信息技术系统。根据前几个阶段的规划和分析，选择适合企业现状的信息技术落地方法，如带知识管理功能的办公协同系统、知识管理系统、知识门户落地等。可以说，本阶段在知识管理系统实施中难度最大，需要建立强有力的项目保障团队，做好业务部门、咨询公司、系统开发商等多方面协调工作。

4）推广和支持

在试点阶段不断修正知识管理规划的基础上，知识管理将大规模在企业推广，以全面实现其价值。推广内容如下：知识管理试点部门的实践在企业中其他部门的复制；知识管理全面地融入企业业务流程和价值链；知识管理制度初步建立；知识管理系统的全面运用；实现社区、学习型组织、头脑风暴等知识管理提升计划的全面运行，并将其制度化。

难点如下：对全面推广造成的混乱进行控制和对知识管理实施全局的把握；知识管理融入业务流程和日常工作；文化、管理、技术的协调发展；知识管理对战略目标的支持；对诸如思想观念转变等人为因素的控制以及利益再分配；建立知识管理的有效激励机制和绩效体系。

5）制度化

制度化阶段既是知识管理项目实施的结束，又是企业知识管理的一个新开端，同时也是一个自我完善的过程。要完成这一阶段，企业必须重新定义战略，并进行组织构架及业务流程的重组，准确评估知识管理在企业中实现的价值。

9.3 项目知识管理的绩效评价

复杂产品系统研发项目
知识转移有效性评价模
型及仿真分析

9.3.1 项目知识管理绩效评价的重要意义

1. 使隐性知识显性化

有权威机构研究表明，对大多数企业来说结构化、系统化且可供员工参考的知识信息只占到企业知识总量的 10%，其他 90%的知识都存在于员工个人大脑中难于数据化和系统化地应用于企业全员层面。这对企业来说无疑是巨大的知识浪费。

知识也是企业内部一种宝贵的财富，通过知识管理可以实现企业的知识储备，将个人知识提升为项目知识，当公司发生人员变动、新员工进入公司时，可以通过这种项目知识迅速上手进入工作状态，从而减少了项目内部由于员工岗位变动、人员流动所造成的损失。知识的系统化也有利于企业的创新，对于知识管理，有一句经典的话：不要重新发明轮子。创新都是建立在前人基础上的发展改革，通过知识管理手段，公司员工可以方便地知晓其系统内的前人所做的工作，并在其基础上实现发展创新。

知识管理理论认为成员个体身上蕴藏的大部分是隐性知识，并且通过非正式渠道交流和分享，如师徒的言传身教、同事之间的闲聊比试等方式；在正式场合，人们对这些知识很少涉及。但是员工身上的这部分知识往往是他最有价值的知识和经验。为了营造适合交流的氛围，可以采取如下措施：集体办公；延长团队成员在一起的时间，使大家信息交流充分及时；多安排一些非正式交流的活动，如安排工作聚餐、集体休闲活动、企业内部网络社区和论坛等，可以让项目成员在轻松的环境中探讨自己的工作经验和教训。通过这些活动提供大家在一起交流的时间对互相的沟通交流非常有利。

2. 对信息文档进行高效管理

以往企业由于在日常管理及工作过程中缺乏知识管理理念和有针对性的信息文档管理系统，导致员工在查找知识信息文档时浪费过多时间，甚至查找不到需要的文件，致使工作效率降低及企业资源浪费。

知识本身并没有价值，只有在使用的过程中才能发挥出它的效力，知识管理能够为项目小组提供多种多样的知识交流与沟通的方法与工具，促进项目小组成员间的知识共享，提高项目中的知识利用效率，积累项目知识经验，加速项目小组的学习能力，从而能够在最短的时间内完成任务。

3. 极大地促进知识共享与循环应用

当前很多企业认为只要引入了知识管理项目、运用知识管理信息平台，公司就会自动向知识管理导向转型、公司潜在的隐性知识就会自动转化为竞争优势，其结果往往不尽如人意。其根本原因在于忽视了知识管理的本质驱动：流程融入与企业文化。

项目知识管理平台促进知识的共享与利用主要表现在以下九个方面。

（1）供企业内部知识的完整定义及分类规划，明显促进公司知识的积累与发展。

（2）降低知识发现的成本，提高工作效率（寻找资料、研究方法的使用、撰写报告、避免不必要的重复工作等）。

（3）将项目内优良案例分享给项目内所有成员，促进成员间的学习。

（4）通过知识资源中的人员资料内容，快速找到能提供解答的专家。

（5）通过知识资源内容中的电子培训资料对员工进行培训，节省了教育训练成本；有效深化成员与产业技术分析所需具备的知识与技能。

（6）有效整合与分散各系统间相关知识，提供系统浏览分类搜寻的系统能力。

（7）通过知识资源中的业务方面以及新闻公告等内容，员工可即时获取工作上所需的信息。

（8）通过知识资源平台有效提供员工于工作时所需的相关技术文件与经验心得。

（9）通过知识交流工具促进项目干系人进行直接与间接的知识交流，从多维度看待项目实施，多方面学习知识。在这个过程中，个人的知识经验在项目组中迅速流通并被其他项目组成员吸收，实现知识增值。

4. 保证企业知识资产的安全

企业对在日常管理运作中产生的各项知识成果与文件如营销方案、客户资料、财务报告、产品配方、生产工艺、设计图纸、货源情况等，对企业可以形成核心竞争优势的重要资源。若不能及时有效地进行保密安全管理，一旦发生知识外泄将会对企业带来不可估量的负面影响。因此良好的知识资产安全管理可以起到降低运营风险、保持企业竞争力的作用。

项目实施中所形成的大量知识经验，对于企业内部的信息化建设、管理提升、项目管理都是非常重要的参考资料，对这些知识的传播与学习可以有效地促进整个企业的管理信息化水平的提高，为企业人才培养提供直接的学习材料，许多企业在实施项目之后没有有效地管理他们在项目实施过程中所得到的知识，随着时间的推移、人员的变动，造成宝贵的智力资产的损耗。在面临类似的项目或者问题时，企业不得不花大量的资本再次邀请外部的实施顾问，花费昂贵的咨询费用，对于内部员工也不得不进行再次培训。如果管理好项目实施中形成的"智力资产"，就可以很大程度上降低企业的这些费用。

9.3.2　项目知识管理绩效评价的难点

知识管理绩效评价研究还处于积极探索阶段，还有许多问题亟待研究。在研究的进程中存在诸多认识差异的原因除了知识管理绩效评价的复杂性，还涉及在知识管理绩效评价中的以下困难。

（1）知识自身特性。企业中除了少量已被编码化的显性知识，大部分是存放在人脑中的隐性知识，知识是与人本身联系在一起的，而且有些知识与非知识难以分辨，因此知识的隐含性和复杂性，使得知识管理活动开展的绩效难以评价。此外，知识管理活动不能直接带来效益，要去精确量化及评判知识管理的成效在本质上是不可能的，需要通过某些活动及能力体现出来。

（2）传统的评价方法失效。实施知识管理后，企业需要解决如何评估自己的知识资本、评价自己知识管理成效、考核知识工作者成绩的问题。但是对企业资产评估、对绩效评价、对员工考核的传统方法在知识管理中都遇到了困难。过去在财务报表上被列为负项的人力资本及知识技术的投资，成为知识经济的核心，是创造价值的源泉，可是常会因为无法把知识这种无形资产进行量化分析，以至于使用传统的投资财务评价指标不能正确地反映出知识管理带来的绩效，而且单纯地把这些财务指标作为准绳，也不能正确地表现出企业的获利能力与经营的绩效，所以必须引入新的绩效评价指标，探讨适合的评价方法。可是最根本的困难在于不知道如何评估知识的价值及采取哪些方法。

（3）来自企业内部的阻力。知识管理绩效评价也会遇到来自企业内部的阻力：知识的评估很容易政治化,员工技能的考核可能导致权力的再分配,威胁到一些人的地位和利益;此外,知识自身的特点决定评价过程不可能完全客观,总是会产生部分有偏见的评价,因此会遭到员工的抵触;再加上评价常会与激励、奖励机制联系在一起,评价的过程需要员工的紧密配合,如果评价不与一定的奖励挂钩,评价的效果可能会大打折扣,甚至会遭到失败。

9.3.3 项目知识管理绩效评价的原则

为了保证评价结果的真实性、客观性、准确性,项目知识管理的评价需要符合以下原则。

(1)科学性原则。指标选择、标准设置、程序进程的科学性是确保评价结果真实有效的基本原则。

(2)客观性原则。首先,知识管理绩效评价体系的指标选择应根据客观事实,不能主观臆断,随意编造;其次,对结果的评价应该公正合理,不允许出现因私废公的现象,坚决克服因人而异的主观因素的干扰。

(3)便利性原则。一方面,便利性要求构成绩效评价指标体系的基本数据的方便获得性,保证相关资料的取得能够最大程度节约成本,减少开支。另一方面,便利性是指操作易于进行,指标能够被大多数员工轻易理解和接受,评级结果的呈现形式符合员工的习惯等。

(4)应变性原则。由于世界经济一体化速度不断加快,知识结构和知识内容的更新速度也随之不断提高,企业要想在激烈的竞争中保持自己的知识资源优势,就要对知识进行及时的更新换代,这就要求对知识管理工作的评价体系也要适应知识的相应变化,能够及时作出对应的调整。

9.3.4 项目知识管理绩效评价注意的问题

虽然知识管理绩效评价研究中存在诸多困难,但是鉴于评价在实施知识管理过程中扮演的重要角色,需要克服困难,探索知识管理绩效评价的内在运行机制,进行有效的评价,因此考虑知识管理绩效评价时需要注意的一些关键问题成为研究的基础。

(1)知识管理绩效评价首要的工作是识别企业的核心竞争知识,并尽可能确切地描述出核心竞争知识,这才能抓住评估的重点。同时评价知识不是计算其货币价值,不可能建一个像财务账目一样的"知识账目",应集中于企业追求和达到知识目标的过程评价,与知识管理过程结合,确定知识管理是否实现了企业的知识目标。

(2)知识管理绩效评价不要将注意力过于集中在经济指标上,不要将评价方法过于局限于数量或者指数上。定性和定量的指标同样重要,定量指标不可能涵盖影响企业知识管理的所有因素,有些指标是不能用准确的数据描述和表达的,只能定性地加以阐述,需要将定性指标和定量指标相结合才能全面反映企业知识管理的状况。

(3)将知识管理绩效评价体系作为一个融合工具,可以协调企业的目标、战略与企业、个人的活动，可以将企业内部、外部资源，有形、无形资本有效地结合，全面评估个人、团队、外部知识联盟及竞争对手的相关知识。

（4）知识管理绩效评价一定是未来的导向，与此不同的是，过去企业管理中的评价以历史数据、成本、过去的活动为基础，认为企业的未来是过去的线性延续，而知识管理带给企业的是对未来的贡献，不过这一过程具有不确定性。因此不要过多关注能为当前带来的经济收益，企业任何评价方法都应该以未来收入为基础，未来收入是企业活力的来源，才是企业更关心的东西。

9.3.5　项目知识管理绩效评价的步骤

1. 评价方法选择

目前相关的评价方法已经形成了一系列较为完善的科学评价方法，可以针对不同的管理对象实施不同的评价方法，如针对复杂系统工程的层次分析法、针对不确定因素很多的评价体系比较适合的模糊综合评价、以效率概念为基础发展起来的数据包络法以及通过对一定数量可靠样本的自动学习来拟合评价因素对评价目标的影响函数的 BP（back propagation）神经网络法等。针对项目导向型企业产品制造项目过程中知识密集、不确定因素较多的特点，以隶属函数为桥梁，能够将很多不确定性因素在形式上转化为确定性因素，实现对模糊性的量化，从而使用传统的数学方法进行分析和处理的模糊综合评价是最适合企业知识管理项目实施评价的方法。

1965 年，查德开创了"模糊集合论"，对性状不确切的事物进行数量化的描述。查德用某个元素隶属于某个集合的程度，即所谓的隶属度的概念来定量描述模糊事物，记为 V，V 值介于 0～1，当值为 1 时，表示属于集合，当值为 0 时，表示不属于集合，当值为 0～1 的小数时，表示在一定程度上属于集合，如值为 0.8，表示隶属集合的程度很高，相应地，如果值为 0.1 则意味着隶属于集合的程度很低。按照这样的思路，找到了对企业知识管理绩效评价的数量化方法。

根据模糊评价法的基本思路，结合项目知识管理的实际特点，运用定性与定量相结合的方法，从多个方面对事物隶属等级状况进行整体的评价。

2. 评价指标集合确定

把所有的指标分为 n 个子集，分别记为 A_1，A_2，A_3，$\cdots$，A_n，并且，这三个子集构成指标集合 A，$A=\{A_1,A_2,A_3,\cdots,A_n\}$，且 $A_1 \bigcap A_2 \bigcap A_3 \bigcap A_n$ 为空集。其中，$A_i=\{A_{i1},A_{i2},A_{i3},\cdots,A_{ij}\}$，$i=1,2,3,\cdots,n$，$j$ 表示 A_i 中包含的元素个数。

以某项目导向型企业知识管理绩效评级指标体系为例，根据组织层面、技术层面及制度层面的划分，最终确定了 3 个一级指标，13 个二级指标，56 个三级指标。这里用一级指标体系中的组织层面这一指标进行具体说明。组织层面指标相当于知识管理团队的建设、知识管理氛围、员工的组织建设、知识管理为企业带来的产出等 4 个二级指标的子集，可记为 A_1，包含的元素个数为 4，没有与其他两个集合重复的元素，如表 9-1 所示。

表 9-1　某项目导向型企业知识管理绩效评级指标体系

一级指标	二级指标	三级指标
组织层面	知识管理团队的建设	知识管理工作人员的专业水平
		知识管理工作人员的工作尽职度
		对知识管理人员的培训
		知识管理部门岗位设置的合理性
	知识管理氛围	企业对知识管理工作的重视程度
		员工对知识管理工作的重视程度
		员工参与知识管理的积极性
		企业知识管理价值观念的提升程度
	员工的组织建设	知识交流团体的数量
		邀请专家、领导的次数
		员工参与团体活动的积极性
		员工进行团体活动的质量
		员工的团体凝聚力的提高
		员工团队合作的文化氛围
		从员工交流中获取的知识资源数量
		共享的知识的质量水平
		员工进行知识创新的水平
	知识管理为企业带来的产出	企业技术水平的提高情况
		员工对生产技巧的掌握情况
		企业费用支出的节约
制度层面	知识管理的人力资源管理制度	知识管理岗位的设置
		知识管理岗位对人员的能力要求
		对知识管理人员的激励制度
	知识管理促进制度	对知识管理积极参与者的奖励制度
		对先进参与人奖励的实施水平
		获得奖励的参与人数量
		企业新申请专利、新发明技术的数量
	知识累积更新制度	知识更新的及时程度
		知识更新涉及的知识范围
		知识更新后知识指导实践的能力
		及时的知识更新为企业带来的竞争优势
		及时的知识更新带来的企业效率的提高
		及时的知识更新带来的企业支出的减少

续表

一级指标	二级指标	三级指标
制度层面	知识分类制度	知识分类的科学性
		对知识的收集整理、电子化情况
		隐性知识向显性知识转化的程度
		进行知识查询的便利性
	知识标准化制度	进行知识存储的技术水平
		知识存储的规范性
		对多媒体知识的有效标注及管理
技术层面	知识资源数据库的建设	知识资源的数量
		知识资源的质量
		数据库的技术水平
	知识结构地图的建设	地图构建的合理性
		地图的涉及范围
		地图为用户带来的便利性
	知识门户的建设	用户利用知识门户的频率
		知识门户的方便性
		用户利用知识门户的效率
		知识门户解决用户问题的能力
		知识交流平台的活跃度
	支撑技术的资源	提供技术的机构建设
		技术提供人员的技术水平
		知识管理人员的技术水平
		技术提供的及时性

3. 指标权重以及二级指标单因素评价矩阵确定

在对各层次指标进行层次分析的基础上,用专家打分法确定各级指标占上级指标的权重,以二级指标来说,每个二级评价指标在相应的一级评价指标的权重,用向量 W_i 表示, $W_i = \{W_{i1}, W_{i2}, \cdots, W_{ij}\}$,且满足 $\sum W_{ij} = 1$,同理可以确定三级指标的权重。在这里规定评语等级论域 $V = \{v_1, v_2, \cdots, v_n\} = \{$优,良,中,差$\}$。

构建二级指标评价矩阵 R_{ij}。 R_{ij} 包含的元素为各个三级指标对二级指标的隶属程度,可采用专家评分法得到具体的结果,数值范围介于 0~1。专家需要根据各自的经验和知识构成对二级指标的子集中的 j 项具体指标分别打分,结果用矩阵 R_{ij} 表示,如

$$R_{11} = \begin{bmatrix} v_{111} & v_{112} & v_{113} & v_{114} \\ v_{121} & v_{122} & v_{123} & v_{124} \\ v_{131} & v_{122} & v_{133} & v_{134} \\ v_{141} & v_{122} & v_{143} & v_{144} \end{bmatrix}$$

v_{111} 是三级指标 A_{111} "知识管理工作人员的专业水平" 被 5 位专家对评语 "优" 的隶属程度的打分，然后取算术平均值的结果，v_{112} 是对评语 "良" 的隶属程度打分的平均值，v_{113} 是评语 "中" 的隶属程度打分的平均值，v_{114} 是对评语 "差" 的隶属程度打分的平均值，并且规定矩阵中的每一行的和为 1。由上面的方法可以构建出 13 个二级指标的评价矩阵 R_{ij}。

4. 多级综合评价

设三级指标的权重为 W_{ijh}，如 A_{111} 的权重为 W_{111}。由上面的二级指标的单因素评价矩阵与各三级指标的权重相乘可以得出第二级指标的模糊综合评价集 B_{ij}，如 $B_{11} = (W_{111}, W_{112}, W_{113}, W_{114}) \times R_{11}$，同理可以得出其他二级指标 B_{ij} 的模糊综合评价。

接着算出一级指标的模糊综合评价，由 $U = \{U_1, U_2, U_3\}$ 构成了集合 A 的模糊评价矩阵。

5. 结果评判

得到 A 的模糊评价矩阵后，用模糊综合评价法对企业的知识管理水平进行一个最终的计算，由最大隶属度原则可以评判出知识管理的实施效果。企业管理者可以根据最终的评判，以及根据打分表中的各项指标的实际运行效果，很容易地得到项目导向型企业知识管理的绩效水平，能够直观地发现知识管理工作的薄弱环节，进行及时的调整和完善。

9.4　工程案例分析

大庆油田，属于国有控股特大型企业，是以石油、天然气勘探开发为主营业务的特大资源采掘型企业。公司下属 10 个采油厂、13 个分公司和 6 个控股子公司。连续 27 年高产稳产，创造了世界油田开发史上的奇迹。

随着企业不断发展，外部环境的持续变化，如何在新的形势下拥有强劲竞争力、成长力和生命力？大庆油田深刻认识到知识管理的重要性与关键意义，为此，大庆油田下大力气加强知识管理。

（1）建立了知识化勘探协同平台。面向勘探系统管理层和勘探相关业务人员，以门户展现为指引，涵盖探井生产运行管理系统、协同办公系统以及开发应用平台等。实现了勘探基础信息集成应用、油田勘探系统组织架构管理、信息系统安全管理、勘探行政管理和业务文档管理等功能。涉及的用户单位包括勘探、钻井、录井、测井、试油试采、井下作业等各个勘探专业管理部门和分公司，打造整个油田勘探系统统一的联合协作办公环境，提高整个勘探系统工作透明度，最大限度实现信息共享、在线协作、交流和知识沉淀。

（2）加强 ISO9000 质量管理电子化。为 "研究院设计控制流程" "研究院科研控制流程" 中产生的记录文档提供符合 ISO 标准的审批表单和统一管理的审批流程，提高研究院 ISO9000 质量管理水平。

（3）构建探井井筒工程运行业务流程管理系统。实现对所有勘探项目的进程、各阶段各责任人任务完成的进度、项目过程中相关审批记录、相关文件的查询与跟踪；相关业务资料、会议记录的存储和查询；实现探井运行管理系统与实验室信息管理系统（laboratory information management system，LIMS）的数据交换。

（4）建立探井生产运行管理门户。实现了对探井实际生产动态监控、过程运行控制管理，生产协调与决策支持的综合化生产运行管理；增强了系统的稳定性和易用性，对科研类机构知识化管理运营也提供了更好的支持。

（5）建立油藏评价井运行管理系统。实现了油藏评价井的生产过程化监控管理，涉及的单位覆盖大庆 10 个采油厂、录井、测井、钻井等分公司（院），进行油藏方案、会议纪要、验收公报、地质年报和工作动态等专业文档的发布，达到了油藏评价井的一体化运行管理。

（6）建立流程延伸对接、专业数据库。以探井系统为核心，将探井系统流程延伸至试油试采分公司、测井分公司、井下作业分公司、采油工程研究院，实现了流程延伸对接的目标，并进行了专业数据库的建设和完善，实现了工作流与信息流的统一，探井主流程和子流程之间双向、有效的互访，以及基于业务需求的井筒动、静态信息共享，最大限度减少了非业务性的工作量。

通过大力实施知识管理，大庆油田有效地将优势技术、人才的知识经验以及先进文化积累和传承下来，并搭建了一套与业务紧密挂钩的管理支撑系统，实现了办公协同、勘探协同和科研协同的一体化。尤其是搭建了面向油田公司领导、勘探事业部、研究院、钻井、录井、测井、试油试采等相关单位的探井井筒工程生产业务流程管理系统，实现了生产业务的过程化管理、勘探业务的监控管理，达到了勘探相关的工作流、信息流、数据流三流统一管理，简单化生产作业，实现信息顺畅、沟通及时，为创建高效勘探团队、获得最佳的协作效率提供了最有效的平台支撑。

复习思考题

1. 项目管理中引入知识管理的原因是什么？
2. 项目知识管理的实施步骤是什么？
3. 项目知识管理绩效评价的原则是什么？
4. 项目知识管理研究的层次是什么？

案例分析

IBM 公司的内部网上有公司新闻、公司季度收益、销售情况、公司新的市场战略、竞争对手战报、全球人力资源、员工职业计划等。除此之外，内部网还开设了查找栏目，员工可以利用该栏目查找相关或感兴趣的公司资料。内部网的蓝页（blue page）按钮可以帮助员工查询有关公司员工的情况，例如，输入一个员工的名字、代码或分机号码，就可以查找到该员工在公司内的一些详细情况，如他的主管经理、职务职称、同一个团队中同级别的员工以及这些人的电子邮件和电话。单击员工职业计划按钮，就会滚动显示有关职业计划的相关内容，介绍如何在 IBM 发展自己的职业计划，可以利用哪些资源，分几步完成等。与公司内部网的内容不同，IBM 对外网站侧重于对公司产品和公司形象的介绍。

　　IBM 为了提高员工的知识管理实践，建立了培训机制和员工技能测评。对员工培训是多方位的，既有集中面授又有分期培训，同时还建有电子学习中心（e-learning）、图书中心等。新加入的员工首先要接受新员工定位培训，内容包括 IBM 公司的介绍、历史沿革、业务框架、经营战略、部门分工合作情况、新员工的工作职责和福利待遇、如何进行培训学习以及如何利用公司资源等。随后，公司将对员工掌握的技能进行测试评定，看是否适合上岗。接下来，公司的电子学习中心会分部门、分级别地对员工提供各种学习资源，员工可根据自己的情况在工作范围内选择要学习的内容。选定的学习内容需经过主管经理批准后方可注册学习，学完之后需经考试测评认证。电子学习中心涉及的内容广泛，包括财务、金融、市场营销、经营战略等，类似企业办的网上在职专业培训中心。此外，电子学习中心也给公司员工提供了一个随时随地学习培训的机会，只要登录企业内部网，就可以获得学习资料并进行自学，解决了员工工作繁忙，无法有较多的时间进行脱产学习的问题，真正实现了工作学习两不误。

　　问题：

　　请分析 IBM 进行知识管理的过程中采取了哪些有效措施。

第 10 章　项目结束与后评价

> **本章提要：**
> （1）了解项目结束阶段的主要工作。
> （2）理解项目正常结束和非正常终止的区别。
> （3）理解项目后评价和项目论证的主要区别。
> （4）熟悉项目后评价的主要内容；投资项目后评价理论、方法与应用研究。
> （5）知道项目后评价的一般方法。
> （6）通过案例，清楚项目后评价的一般流程。
>
> **引导案例：** 南昌八一大桥建设项目是江西省"九五"期间的重点工程建设项目，是江西省委、省政府决策兴建的一项面向 21 世纪的形象工程，是江西省第一座斜拉桥，也是国家特大型独立公路桥隧重点项目。桥址位于南昌市区中心地带，跨越江西省第一大河——赣江，是沟通南昌市城区与昌北开发区相互联系最主要、最便捷的城市桥梁。项目建成后，江西省组织相关部门进行了项目后评价，全面分析和评价项目建设的全过程，充分肯定了大桥的建成，对促进省会南昌市的城市建设和发展、营造和美化城市景观、缓解城市交通紧张状况、提高城市防洪能力等具有重大意义。大桥的建成缩短了昌南与昌北城市居民的时空距离，为南昌市城区重新布局和合理规划奠定了基础；使南昌市城市的整体性得到加强，使赣江两岸城市居民的生活和工作环境的进一步改善和城市人口密度趋于合理成为可能；使南昌市的投资环境得到改善，使南昌市的环境价值得到提高。同时，通过后评价也发现了项目决策时间过长、成本管控不力等薄弱环节，为已建项目及在建项目的养护、营运和项目的可持续发展提供了科学决策依据。因此，对项目尤其是重点建设项目进行项目后评价，具有十分重要的现实意义和显著的社会与经济效益。

10.1　项 目 结 束

任何一个项目均是有周期的，要经过启动、计划、实施、控制和结束 5 个基本过程，当某项目的规划目标已经实现，或者能够清晰地判断持续该项目的目标不可能达到时，该项目就应该适时终止，使项目进入结束阶段。项目的结束阶段是一般项目生命周期的第四阶段，即最后一个阶段。在这一阶段，仍然需要对项目进行有效的管理，恰当地做出正确的结束决策，总结分析该项目的经验教训，为今后的项目管理工作提供有益的经验和总结具有普遍意义上的管理规律。

当某一项目出现下列情形时，就应适时终止，使项目进入结束阶段。

（1）项目的目标已经成功实现，项目的结果（产品或服务）已经可以交付项目投资人或转移给其他第三方。

（2）项目严重地偏离了其进度、成本或性能目标，而且即使采取措施也无法实现预定的目标。

（3）项目投资人的战略发生了改变，该项目必须舍弃。

（4）项目无法继续获得足够的资源以保证项目的持续。

（5）项目的外部环境发生剧烈变化，使项目失去了继续下去的意义或根本无法持续下去。

（6）项目因为政策、法律或一些项目组无法控制的因素而被迫无限期地延长。

（7）项目的关键成员成为不受欢迎的人，而又无法找到替代者。

（8）项目目标已无望实现，项目工作开始放慢或已经停止。

项目实施过程中可能会出现以上这些情景中的一种或多种，而有时候各种情景的界限并不总是那么清晰。这些情景只是为找到不可避免的项目结束问题提供了一个框架。

项目的最后执行结果只有两个状态：成功与失败。相应地，项目进入结束阶段后，能够采用两种方式来结束项目：正常结束和非正常终止。当项目进入正常结束阶段时，应对项目进行项目竣工验收和后评价，实现项目的移交和清算。当采用非正常终止方式对项目进行收尾时，要综合考虑影响终止项目的决定因素，制定并执行项目终止决策，处理好终止后的事务。

10.1.1　正常结束（竣工）

当项目的预定目标已经实现时，该项目就取得了成功。项目成功是指项目已经实现了其费用、进度和性能目标并融入投资人、业主或项目所有人的组织中，促进其组织的发展。一个成功的项目意味着组织成功地定位了自己的未来，设计和实施了一个具体的战略。

项目为什么会成功？遵循以下的原则，项目将更有可能获得成功。

（1）在同项目投资人、业主或项目所有人充分交流的基础上规划出一份真实、可行的项目计划，它符合项目投资人、业主或项目所有人的需求。

（2）项目的冲突得到有效的控制和解决。

（3）项目目标简明易懂，项目协作各方都能充分地理解。

（4）项目目标从启动到结束都处于有效地控制和跟踪状态。

（5）规定的时间内，有足够的队员来完成既定的工作任务。

（6）在项目实施之前，98%的工作任务已得到界定，资源已配置齐全。

（7）项目经理经常与项目团队交流，倾听他们的建议，帮助他们解决问题，掌握项目进展的第一手资料。

（8）项目经理注意研究已终止的类似项目，善于从中吸取经验和教训。

项目在工程实施完成后，进入了项目收尾阶段——总结和后评价阶段。项目后评价的实施是以项目建设实施过程中的监测、监督资料和施工管理信息为基础，分自我评价和独立评价两个步骤来完成的。

10.1.2　非正常终止（下马）

不同的项目有不同的经验教训和启示。对那些失败的项目，研究错误出现在哪里，为什么项目的目标不能实现，从中可以得到许多有益的启示。

当项目可能因为政治因素、经济因素、管理因素，没有办法维持，或项目目标不可能实现时，此时高层管理人员应考虑终止项目的执行，避免进一步的损失。例如，东南亚金融危机，使得泰国大量在建项目由于资金被抽回而被迫停止。项目失败意味着项目没有实现其成本、进度和技术性能目标，或者它不能适合组织的未来。因此失败是一个相对的因素。

由于不可预见的因素而导致失败的项目并非是真正的失败项目，由于环境变化、组织变化、目标变化而失败的项目也非真正的失败项目，然而这些理由并不能使项目投资人、业主或项目所有人信服，获得项目的款项。从某种意义上来说，这些因素是人力不可控制的。只有那些因为管理问题、决策问题而导致预算超支、进度推迟、资源严重浪费的项目才是失败的项目。

这里有一些基本原因决定着项目的目标难以实现，这些原因恰好与成功项目的原因相反。

（1）项目计划太简单，或者过于复杂，甚至脱离实际，难以操作。

（2）项目的主要冲突无法解决，浪费了过多的时间和资源。

（3）项目经理或经理班子的管理水平、领导艺术欠佳。

（4）项目和团队对最初的项目目标理解有分歧。

（5）在项目进程中，项目监控不充分，从而不能预见即将要发生的问题；当问题出现时，又不能适当地解决。

（6）团队队员不充足且工作效率低。

（7）项目中所需的项目经理以及主管单位之间缺乏有效、充分的沟通。

（8）优柔寡断的决策。

（9）项目中所需的资源供应缓慢，导致项目进度一再拖延。

对项目终止问题的探讨，需要考虑决定项目终止的因素有哪些，如何做出项目终止决策，以及决策制定后如何来执行决策和处理终止后的行动。

10.2　项目后评价

10.2.1　项目后评价的概念

项目后评价是指对已经完成的项目或规划的目的、执行过程、效益、作用和影响所进行的系统的客观的分析。通过对投资活动实践的检查总结，确定投资预期的目标是否实现，项目或规划是否合理有效，项目的主要效益指标是否实现，通过分析评价找出成败的原因，总结经验教训，并通过及时有效的信息反馈，为未来项目的决策和提高完善投资决策管理水平提出建议，同时也为被评项目实施运营中出现的问题提出改进建议，从而达到提高投资效益的目的。

项目后评价首先是一个学习过程。后评价是在项目投资完成以后，通过对项目目的、执行过程、效益、作用和影响所进行全面系统的分析，总结正反两方面的经验教训，使项目的决策者、管理者和建设者学习到更加科学合理的方法和策略，提高决策、管理和建设水平。其次，后评价又是增强投资活动工作者责任心的重要手段。由于后评价的透明性和公开性，通过对投资活动成绩和失误的主客观原因分析，可以比较公正客观地确定投资决策者、管理者和建设者工作中实际存在的问题，从而进一步提高他们的责任心和工作水平。最后，后评价主要是为投资决策服务的。虽然后评价对完善已建项目、改进在建项目和指导待建项目有重要的意义，但更重要的是为提高投资决策服务，即通过评价建议的反馈，完善和调整相关方针、政策和管理程序，提高决策者的能力和水平，进而达到提高和改善投资效益的目的。

项目后评价是项目监督管理的重要手段，也是投资决策周期性管理的重要组成部分，是为项目决策服务的一项主要的咨询服务工作。项目后评价以项目业主对日常的监测资料和项目绩效管理数据库、项目中间评价、项目稽查报告、项目竣工验收的信息为基础，以调查研究的结果为依据进行分析评价，通常应由独立的咨询机构来完成。广义的项目事后评价包括项目后评价、项目影响评价、规划评价、地区或行业评价、宏观投资政策研究等。

1. 项目中间评价与后评价

"中间评价"是指投资或项目管理部门对正在建设尚未完工的项目所进行的评价。中间评价可以是全面系统的，即对项目的决策、投资、目标、工程从未来效益的全面评价；也可以是单独内容的，即对项目建设中某个问题、某项效益的单项评价；可以是一个项目，也可以是一批项目，即一个行业、一种产品、一个地区的同类项目的评价。

中间评价的作用是通过对项目投资建设活动中的检查评价，可以及时发现项目建设中的问题，分析产生的原因，更新评价项目的目标是否可能实现，项目的效益指标是否可以实现，并有针对性地提出解决问题的对策和措施，以便决策者及时作出调整方案，使项目按照立项时的目标继续发展。对没有继续建设条件的项目可以及时中止，防止造成更大的浪费。

项目中间评价是项目监督管理的重要组成部分，是为项目稽查业务的一项主要的咨询服务工作，是项目绩效管理的重要手段。项目中间评价以项目业主日常的监测资料和项目绩效管理数据库的信息为基础，以调查研究的结果为依据进行分析评价，通常应由独立的咨询机构来完成。项目中间评价包括项目实施过程中从立项到项目完成前的各种评价，即项目的开工评价、跟踪评价、调概评价、阶段评价、完工评价等。国外也把中间评价称为"绩效评价"。

项目中间评价与后评价既有共同点，也有不同点；既相对独立又紧密联系。两者的时间不同，一个在项目实施中，一个在项目完成后。它们的评价深度和相应的一些指标也不同，但主要内容则差别不大。同时，它们服务的作用和功能也有所不同。另外，中间评价和后评价也有许多共同点，如项目的目标评价、效益评价等是一致的，可以把后评价看成中间评价的后延伸，中间评价也可以看成后评价的一个依据和基础。因此，中间评价和后评价都是项目管理和评价不可缺少的重要环节。

2. 项目论证与项目后评价

项目论证（项目前评价）是指分析研究拟议中的项目应该采用什么技术、规模做多大、项目需要多少资金、市场前景如何，也就是说要解决项目应该做成什么样子或达到什么目的。那么，项目的后评价就是要分析研究已经开始运营的项目究竟怎么样，回头看当时采用的技术是不是先进的、规模是不是适宜的、投融资措施是不是恰当的。

随着整个社会越来越关注投资效益问题，越来越强调科学决策观，许多的项目特别是投资巨大、社会影响面广的投资项目，不仅在投资决策前要进行项目论证，即项目前评价，也需要在项目完成并投资使用后的一定时期内，结合实际运营情况，对项目进行后评价。

项目后评价与项目前评价的区别如表 10-1 所示。

表 10-1　项目后评价与项目前评价的比较

项目	项目前评价	项目后评价
评价阶段	项目前期的事前评估	项目竣工投产之后的再评价
评价主体	投资主体及主管部门	监督管理机关、后评价权威机构或上一层决策机构
评价性质	经济性较强	综合性评价
包含内容	项目本身的可行性	项目本身实施和运行情况分析
遵循依据	定额标准、国家参数及历史资料	主要是项目评估的预测情况
使用方法	使用预测值	已经发生的使用实际值，后评价时点之后的采用预测值

3. 项目后评价的作用

现代项目管理理论指出，项目竣工验收和交接并不是项目生命周期的结束，项目投入运营后应该根据实际情况进行后评价，通过对项目运营情况的检查总结，确定项目预期的目标是否实现，项目是否合理有效，项目的主要运营指标是否实现。

（1）项目后评价是总结经验教训、提升项目过程计划与控制能力的重要途径。如前面所述，项目后评价是指对已完成并投入运营的项目进行的系统的、客观的、全面的分析研究，通过提炼项目在实施及运营过程中有益的经验，发现规律性的科学方法，反思在实施及运营过程中出现的失误和教训，使项目的投资人、决策者、管理者和建设者学习到更加科学合理的方法和策略，提升项目全过程的计划与控制能力。

（2）项目后评价是增强项目实施全过程参与各方责任心的重要手段。由于后评价具有现实、客观、公正等特点，通过对项目实施全过程的成绩和失误进行科学客观的分析研究，可以准确地判断投资人、决策者、管理者和建设者在工作中实际存在的主要问题，使项目参与各方清醒地认识任何决策上、执行中和管理层面的失误给项目带来的危害，进而增强其责任心。

（3）项目后评价是投资决策支持的重要步骤。虽然后评价对完善已建项目、改进在建项目有重要作用，但更重要的是为待建项目或拟议中的项目的投资决策提供决策支持服务。

（4）项目后评价还具有重要的监督功能。后评价是一个向实践学习的过程，同时又是一个对投资活动的监督过程。项目后评价的监督功能与项目的前期评估、实施监督结合在一起，构成了对投资活动的监督机制。

4. 项目后评价与项目评估的区别

项目后评价与项目评估，在评价原则和方法上没有太大的区别，采用的都是定量与定性相结合的方法。但是，由于两者是项目生命周期中不同时点上进行的两种不同的评价活动，所以也存在一些区别。

（1）目的不同。项目评估的目的是审查项目可行性研究的可靠性、真实性和客观性，为企业的融资决策、银行的贷款决策以及行政主管部门的审批决策提供科学依据。

后评价则是在项目完成并投入运营以后，总结项目执行情况，并通过利用运营阶段的数据来预测项目的未来趋势，其目的是总结经验教训，以改进决策和管理服务。因此，后评价要同时进行项目的回顾总结和前景预测。

（2）起点不同。项目评估是指在项目可行性研究完成后，从项目对企业、对社会贡献的各个角度对拟建项目进行全面的经济、技术论证和评价，并给出评价结果的过程。而项目后评价是站在项目已经建成的时间点上，对项目实施全过程的成绩和失误进行科学客观的分析研究。

（3）判别标准不同。项目评估的重要判别标准是投资者期望达到的收益水平，如投资利润率和投资回收期。而后评价的判别标准则重点是对比项目可行性研究和项目评估的结论，采用前后对比的方法，分析项目实际运行中是否已经达到当初的预计。

5. 项目后评价的特点

由项目后评价与其他概念的对比及项目后评价的作用可以看出，项目后评价具有以下一些特点。

（1）现实性。项目后评价以实际执行和运行情况为出发点，对项目建设、运营现实存在的情况、产生的数据进行分析研究，因此具有现实性的特点。项目论证与评估是预测性的评价，它所使用的数据为通过对市场分析以后预测得来的数据，而项目后评价以项目投入运营后的短期实际数据为依据。

（2）客观性。项目后评价必须确保是客观公正的，这是一条很重要的原则。客观性表示当评价时，应该从实际执行情况和运营数据出发，始终保持客观的立场对待评价工作。再者进行后评价的机构应尽量是独立的第三方，以确保客观公正。

（3）全面性。项目后评价是对项目实践的全面评价，它是对项目立项决策、设计施工、生产运营等全过程进行的系统评价。这种评价不仅涉及项目生命周期的各阶段，而且涉及项目的方方面面。不仅包括经济效益、社会影响、环境影响，还包括项目的管理效率、可持续性等许多方面。

（4）反馈性。项目后评价的结果需要反馈到决策部门，作为新项目立项和评估的基础以及调整投资计划和政策的依据，这是后评价的最终目标。

10.2.2　项目后评价的主要内容

项目后评价是以项目可行性研究、评估与决策过程所确定的目标和各方面指标与项目实际执行和运营情况之间的对比为基础的。因此，项目后评价的主要内容与项目论证及评估的内容是基本相同的。

1. 项目目标评价

项目后评价所要完成的一个重要任务是评定项目立项时原来预定的目标的实现程度。因此，项目后评价要对照原定目标完成的主要指标，检查项目实际实现的情况和变化，分析实际发生改变的原因，以判断目标的实现程度。另外目标评价要对项目原定决策目标的正确性、合理性和实践性进行分析评价。有些项目原定的目标不明确，或不符合实际情况，项目实施过程中可能会发生重大变化，项目后评价要给予重新分析和评价。

2. 项目实施过程评价

项目的过程评价应对照立项评价或可行性研究报告时所预计的情况和实际执行的过程进行比较和分析，找出差别，分析原因。

过程评价一般要分析以下五个方面。

（1）前期工作情况和评价。

（2）项目实施情况和评价。

（3）投资执行情况和评价。

（4）运营情况和评价。

（5）项目的管理和机制。

3. 项目效益评价

项目的效益评价指财务评价和经济评价，主要分析指标还是内部收益率、净现值和贷款偿还期等项目盈利能力和清偿能力的指标。但项目后评价时有以下三点需加以说明。

（1）项目前评价采用的是预测值，项目后评价则对已发生的财务现金流量和经济流量采用实际值，并按统计学原理加以处理；对后评价时点以后的流量作出新的预测。

（2）当财务现金流量来自财务报表时，对应收而未实际收到的债权和非倾向资金都不可计为现金流入，只有当实际收到时才作为现金流入；同理，应付而实际未付的债务资金不能计为现金流出，只有当实际支付时才作为现金流出。必要时，要对实际财务数据作出调整。

（3）实际发生的财务会计数据都含有物价通货膨胀的因素，而通常采用的盈利能力指标是不含通货膨胀因素的。因此对项目后评价采用的财务数据要剔除物价上涨的因素，以实现前后的一致性和可比性。

4. 项目影响评价

项目的影响评价内容包括经济影响、环境影响和社会影响三个方面。

（1）经济影响评价。主要分析评价项目对所在地区、所属行业和国家所产生的经济方面的影响。经济影响评价要注意把项目效益评价中的经济分析区别开来。评价的内容主要包括分配、就业、国内资源成本（或换汇成本）、技术进步等。由于经济影响评价的部分因素难以量化，一般只能进行定性分析，一些国家和组织把这部分内容并入社会影响评价的范畴。

（2）环境影响评价。对照项目前期评价时批准的《环境影响评价》，重新审定项目环境影响的实际结果，审核项目环境管理的决策、规定、规范、参数的可靠性和实际效果。由于各国的环保法的规定细则不尽相同，评价的内容也有区别，项目的环境影响评价一般包括项目的污染控制、地区环境质量、自然资源利用和保护、区域生态平衡和环境管理等方面。

（3）社会影响评价。从社会发展的观点来看，项目的社会影响评价是对项目在社会的经济、发展方面的有形和无形的效益和结果的一种分析，重点评价项目对所在地区和社区的影响。社会影响评价一般包括贫困、平等、参与和妇女等内容。

5. 项目持续性评价

项目的持续性是指在项目的建设资金投入完成之后，项目的既定目标是否还能继续，项目是否可以持续地发展下去，接受投资的项目业主是否愿意并可能依靠自己的力量继续去实现既定目标，项目是否具有可重复性，即是否可在未来以同样的方式建设同类项目。持续性评价一般可作为项目影响评价的一部分，但是世界银行和亚洲开发银行等组织把项目的可持续性视为其援助项目成败的关键之一，因此要求援助项目在前评价和后评价中进行单独的持续性分析和评价。项目持续性的影响因素一般包括本国政府的政策，管理、组织和地方参与，财务因素，技术因素，社会文化因素，环境和生态因素，外部因素等。

上述后评价的内容是目前在进行项目后评价实践中普遍采用的范围。不同的项目其侧重点是不一样的，有些项目重点评价项目建成后对就业、居民生活条件改善、收入和生活水平提高、文教卫生、体育、商业等公用设施增加和质量提高等方面带来的影响；而一些项目将评价重点放在项目建成后为本地区经济发展、社会繁荣和城市建设、交通便利等方面所产生的实际影响；另外一些项目则着眼于项目对产业结构的调整、生产力布局的改善、资源优化配置等方面产生的作用和影响。

10.2.3　项目后评价的方法

1. 对比法的概念

对比法广泛运用于项目后评价中，它是一种基本的也是一种非常重要的方法。通过对对比法的概念进行阐述，指出对比法在企业项目后评价中的作用及不足，以期为政府相关决策机构和后评价从业人员的投资决策提供方法和一种可行的思路。

2. 前后对比法与有无对比法

对比法是一种应用较为广泛的方法。而对比法又分为"前后对比"和"有无对比"。在一般情况下，项目的"前后对比"是指将项目实施之前与完成之后的情况加以对比的一种方法。"有无对比"是指将项目实际发生的情况与若无此项目时可能发生的情况进行对比，以度量项目的真实效益、影响和作用。这里说的"有"与"无"指的是评价的对象，即计划、规划的项目。评价是通过项目的实施所付出的资源代价与项目实施后产生的效果进行对比得出的项目的好坏。方法的关键是要求投入的代价与产出的效果口径一致，也就是说，所度量的效果要真正归因于项目。

3. 对比法的作用及局限

对比法包括"前后对比"和"有无对比"。"前后对比"着重指在项目评价中将项目前期的可行性研究和评估的预测结论与项目的实际运行结果相比较，以找出差距并分析发生变化的原因。但是，有的大型项目，实施的效果不仅是项目的作用，还有其他因素的影响，如环境因素、社会因素等，因此，简单的前后对比不能得出真正的项目作用所产生的效益。只有使用"有无对比法"才能找到项目在经济和社会发展中单独所起的作用。

"有无对比"的重点是要分清项目作用的影响与项目以外因素作用的影响。例如，城镇化水平的提高、居民收入的增加、宏观经济政策的好转等项目以外的因素，这些因素不管是否建项目都会对经济和社会具有潜在的效益和影响。而这种效益和影响用"前后对比"就不能得出项目实施后的真实效果，故需采用"有无对比"。因此这种对比用于项目的效益评价和影响评价，是项目评价的一个重要的方法。但无论是"前后对比"还是"有无对比"，它始终不能系统全面地对项目实施评价，特别是一些定性的方面，对比法也显得无能为力，因此对比法必须与其他方法联合起来使用，并且必须使用预测技术。预测技术已广泛应用于投资项目的可行性研究和项目实践中，特别是在项目效益评价方面普遍采用了预测学常用的模式。根据项目的特点和预测学的原理，投资项目主要采用的预测技术有回归预测法、趋势预测法和专家调查预测法等。由于预测在"对比法"的使用中所起作用巨大，所以在项目效益分析中，对比分析和预测分析必须结合起来使用。不管怎样，对比法由于直观、简洁，在项目评价中具有不可替代的作用，它广泛地运用于项目的后评价。

4. 成功度评价法

成功度评价法是依靠评价专家或专家组的经验，根据项目各方面的执行情况并通过系统准则或目标判断表来评价项目总体的成功程度。成功度评价以用逻辑框架法分析的项目目标的实现程度和经济效益分析的评价结论为基础，以项目的目标和效益为核心，对项目进行全面系统的评价。进行项目成功度分析时，首先确立项目绩效衡量指标，然后根据如下评价体系将每个绩效衡量指标进行专家打分。

（1）非常成功（AA）：完全实现或超出目标的；和成本相比较，总体效益非常重大。

（2）成功（A）：目标大部分实现；和成本相比较，总体效益很大。

（3）部分成功（B）：某些目标已实现；和成本相比较，取得了某些效益。

（4）大部分不成功（C）：实现的目标很有限；和成本相比较，取得的效益并不重要。

（5）不成功（D）：未实现目标；和成本相比较，没有取得任何重大效益，项目放弃。

在确立了项目绩效衡量指标之后，就开始利用项目成功度评价表来进行项目成功度测定。项目成功度评价表设置了评价项目的主要指标。在评定具体项目的成功度时，并不一定要测定所有指标。评价人员首先根据具体项目的类型和特点，确定表中指标与项目相关的程度，把它们分为"重要""次重要""不重要"三类，在表中第二栏里（相关重要性）填注。对"不重要"的指标就不用测定。对每项指标的成功度进行评估，分为 AA，A，B，C，D 五类。综合单项指标的成功度结论和指标重要性，可得到整个项目的成功度评估结论。当具体操作时，项目评价组成员每人填好一张表后，对各项指标的取舍和等级进行内部讨论，形成评价组的成功度表。项目成功度表格是根据评价任务的目的和性质决定的。

成功度评价法的缺陷在于成功度评价方法主要是定性分析，其有些指标具有模糊和非定量化的特点，对其只能进行定性的分析与评价。由于个人的文化水平、知识结构、社会经历和能力大小的差异，人们对各项影响因素的褒贬程度也不相同，以致很难确定这些因素的具体评判值，很难对这些模糊信息资料进行量化处理和综合评价，即使进行评价，也是片面的、静止的评价。

5. 层次分析法和网络层次分析法比较

由于项目后评价指标体系中同层指标间是非独立的，且上下层指标存在相互反馈关系，这里再采用网络层次分析法（analytic network process，ANP）来建立项目后评价结构模型。该模型将系统元素划分为两大部分，第一部分为控制元素层，第二部分为网络层，控制层和网络层组成了典型的网络层次结构。该模型中控制层只有一个总目标即项目总体效益，而没有评价准则，所以项目总体效益既是评价目标又是判断准则，所有元素直接以此为评判准则进行比较。

层次分析法（analytic hierarchy process，AHP）的核心问题是排序问题，其计算一般需要以下 4 个步骤。

（1）构造判断矩阵。按照 Satty 提出的 1～9 标度法对各个因素两两比较，分别构造出 A–B，B–C，C–D 的判断矩阵。

（2）求判断矩阵的特征向量 $\omega = (\omega_1, \omega_2, \cdots, \omega_n)^T$。该向量反映了某层指标因素相应于上层指标某一因素的重要度排序，如 ω_{A-B} 表示要素 B 相应于上层要素 A 的重要度排序。

（3）计算最大特征值对判断矩阵进行一致性检验。根据 $A\omega = x\omega$，其中，x 为特征值，当判断矩阵完全一致时，$\lambda_{\max} = x$，而当判断矩阵在一致性上存在误差时 $\lambda_{\max} > x$，为消除阶数对一致性的影响，引进修正系数 RI 进行修正，当计算得到的 RI<0.1 时，判断具有一致性。

（4）计算各层元素的组合权重，并检验结构的一致性（一般可不进行）。

网络层次分析法计算步骤如下。

（1）构造判断矩阵。对网络层中的各个元素集进行比较，列出两两判断矩阵，为量化各两两比较矩阵，网络层次分析法同样采用 Satty 提出的 1～9 标度法来标度。

（2）建立超矩阵并归一化处理。网络层次分析模型通过超矩阵考虑决策网络层次下各个决策层次之间所存在的相互影响关系。超矩阵由各个不同的子矩阵组成，关于子矩阵的形成，与层次分析法中由两两比较判断矩阵求得相对权重排序向量并进行一致性检验的方法完全相同。每个子矩阵反映了两个决策层次之间的相互关系。超矩阵中的数据就是由相互作用指标因素的两两比较矩阵的特征向量组成的。该矩阵中每一个元素都是一个归一化，但是该矩阵并不是归一化的。因此，对超矩阵 W 的元素加权，得加权超矩阵

$W = (\overline{W_{ij}})$ ，$\overline{W_{ij}} = a_{ij}W_{ij}(i = 1, \cdots, N; j = 1, \cdots, N)$ ，其中，a_{ij} 为元素层判断矩阵；W_{ij} 为超矩阵中各子矩阵块。

（3）求极限相对排序向量。对加权超矩阵进行（2k+1）次演化，即计算极限相对排序向量：$\lim_{k \to \infty}(1/N)\sum_{k=1}^{N}\overline{W^k}$ ，当 $k \to \infty$ 时，结果达到一致，形成一个长期稳定的矩阵。这时得到的超矩阵各行的非零值均相同，则原矩阵所对应行的值为各评价指标相对于目标的稳定的权重。

其主要原因如下：①层次分析法需要假设指标层的决策、设计、施工、营运等相互之间独立互无影响，而网络层次分析法认为系统中的每个元素也都可能影响其他元素。②层次分析法在评价的过程中，过程评价对指标层中除属于过程评价之外的财务、国民经济等指标都没有影响。在本项目的实际后评价中，元素集内的因素也受到各个元素集的影响，过程评价不仅对其内因素如决策、设计等有支配作用，还与效益评价、影响评价、持续性评价以及这三个元素集之内的各个因素都有相互支配关系，而网络层次分析法则充分考虑评价体系中所存在的复杂网络关系。因此基于网络层次分析法的评价结果更具有现实意义。

由于项目后评价指标体系内各个指标因素都不是独立的，各个层次也不是简单的递阶层次，而是相互影响、互相联系的，其发展结果是各个因素综合作用的结果，所以更适合采用网络层次分析法进行评价分析。

6. 基于地理信息系统的图形叠置法

1）确定各评价因子的权重

邀请相关专家依据自己的知识和经验对选定的评价因子进行两两比较构造出判断矩阵 A。$A = (a_{ij})$ $i, j = 1, 2, \cdots, n$，$a_{ij} > 0$，$a_{ii} = 1$，$a_{ij} = 1/a_{ji}$。根据特征向量法或加权最小平方法求解，最后进行一致性检验，将求得的权重存储到地理信息系统（geographic information system，GIS）的属性数据库中。此外，由于评价因子的数量众多（9 个），构造的判断矩阵为 9 阶矩阵，若采用人工计算完成层次分析法求解权重的过程，则计算量大，易出错，并且也不利于数据的管理。因此，本书用 Visual Basic 6.0 开发出了一个基于 Windows XP 的权重计算软件，用于数据管理和计算，可分别用和积法和方根法迅速得到计算结果，同时能保证计算结果的准确性。

2）确定投资项目各评价因子的影响区域

确定各评价因子的影响区域，即要确定出缓冲区半径，以进行缓冲区分析。不同评价因子下投资项目对环境的影响范围并不相同，应采用不同的半径分别产生缓冲区，保证缓冲区的范围不致过大，同时也不能遗漏重要的影响区域。

3）作各评价因子的影响程度等级图

经过现场测量、调查及长期观测评估，同时经过被评价区域政府、机关及相关专家的认可，确定出各评价因子在影响范围内各区域的影响程度等级 p_{ij}，分为低、较低、中、较高、高 5 个等级，分别用 1、2、3、4、5 表示。然后根据评价区域的地形图或实地调查制作每一评价因子的环境影响等级图，将 5 个等级分别用 5 种由浅到深的不同颜色表示，存储在地理信息系统的图形数据库中，影响程度等级值和其他属性存储在属性数据库中。对于大范围的城镇市政设施投资项目环境影响后评价，可在地理信息系统平台上使用航测图片或卫星遥感图像制作影响程度等级图以加快评价过程。

4）确定出各评价因子的影响程度等级

由下式可求得投资项目各评价因子的环境影响程度等级值 I_i

$$I_i = \sum_{j=1}^{n} A_{ij} p_{ij} \Big/ \sum_{j=1}^{n} A_{ij}$$

式中，I_i 为评价因子 i 的环境影响程度等级值；n 为评价因子 i 的影响范围内包含的多边形数目；A_{ij} 为评价因子 i 影响范围内第 j 个多边形的面积；p_{ij} 为评价因子 i 影响范围内第 j 个多边形影响程度等级。评价因子 i 的环境影响程度等级 L_i 可由 I_i 四舍五入得到，将 I_i 和 L_i 存储到地理信息系统的属性数据库中。

7. 模糊-层次分析法

基于模糊-层次分析法的水利建设项目社会影响后评价步骤如下。

1）评价体系的递阶层次结构

水利建设项目社会影响后评价具有复杂性和多目标性，涉及因素众多，要结合这些因素对其进行评价，首先应进行层次分析，并根据工程具体情况，建立递阶层次结构评价体系。

2）评价指标权重的确定

目前，确定权重的方法主要有主观赋权法（如估价权重、可靠性权重、系统效应权重等）和客观赋权法（如熵值法、均方差法等）。前者易受人为主观因素的影响，夸大或降低某些指标的作用，不能完全真实地反映客观事物之间的现实关系；后者需要收集大量基础数据，且对于有大量人为因素存在的复杂系统评价存在缺陷。鉴于水利建设项目具有多目标决策问题的特点，本书采用层次分析法来确定评价指标的权重，它可以将决策者的定性判断和定量计算有效结合起来，而且这种多层次分别赋权法可避免大量指标同时赋权的混乱与失误，从而提高赋权的简便性和准确性。

3）评价指标隶属度的计算

一般应根据指标的实际意义及其性质来确定隶属函数的表达式。这些评价指标总体来说可分为两类，即定性描述的"软"指标和定量分析的技术经济类"硬"指标。从水利建设项目对于流域社会经济发展的促进作用来看，这些指标又具有以下三种特性：指标值越大，则促进作用越大；指标值宜适中；指标值越小越好。

4）定性指标隶属度的计算

对于评价指标体系中的定性指标，采用模糊统计法确定其隶属度。

（1）确定评语集 V 及其对应的标准集 U。

$$V = \{V_1, V_2, \cdots, V_K\}$$
$$U = \{U_1, U_2, \cdots, U_K\}$$

这次评价确定 V、U 分别为（在这里 K 取 5）

$$V = \{V_1(\text{verygood}), V_2(\text{good}), V_3(\text{general}), V_4(\text{poor}), V_5(\text{verypoor})\}$$

$$U=\{1.00，0.75，0.50，0.25，0\}$$

（2）专家评语。

邀请一批专家,分别给指标体系中的定性指标赋分,赋分时并不要求给出具体的分值,而是在 5 个评语级别:"很好""较好""一般""较差""很差"中认为最合适的某一级别上打一个勾即可。打分时要求参阅相关的建设、设计、施工及监理等资料以及社会调查资料,力求赋分客观、公正。

（3）定性指标隶属度的计算。

依据各专家的评语集,作统计分析可得定性指标隶属度 $r_i=\dfrac{1}{n}\sum\limits_{i=1}^{n}U_i$ 为所调查的专家人数。

5）定量指标隶属度的计算

对于评价指标体系中的定量指标,可参照国内已建水利枢纽的统计资料中确定的隶属函数来计算,如迁移人口的隶属函数可采用 $\mu(x)=1-x^{0.5}$,式中, x 为迁移人口数量（单位为 10 万人）;也可通过构建隶属度函数来确定其隶属度值,若选择隶属函数为线性函数,则上述特性指标的隶属度函数可以描述为三种:①越大越优型;②越小越优型;③适中型。

可见,定量指标隶属度计算的关键是逐一构造各指标的隶属函数和确定各指标的最大值 M_i 和最小值 m_i ,后者是评价水利建设项目社会影响后评价的重要数量界限,可以依据国家有关规定、参照国内外已有水利枢纽的实际统计资料来确定。当某项评价指标需用两项及以上定量指标表征时,其隶属度取这两项及以上定量指标隶属度的平均值或加权平均值。在求得各项指标隶属函数后,便可对水利建设项目进行综合评价。

10.3 工程案例分析

"十一五"高耗能行业 GDP 能耗降低中期评估

《国民经济和社会发展第十一个五年规划》（以下简称规划）指出,我国必须加快转变经济增长方式,把节约资源作为基本国策。规划要求在"十一五"期间,实现单位国内生产总值能源消耗降低 20%左右（约束性指标）。规划强调指出,应当通过结构节能、技术节能和管理节能实现这一节能目标。

据统计,我国单位 GDP 能耗 2006 年比 2005 年降低 1.79%,2007 年比 2006 年降低 3.66%,2008 年比 2007 年降低 4.59%。"十一五"前三年累计降低 10.04%,节能目标的实现进度为 50.2%。时间过半,要实现"十一五"规划提出的下降 20%的目标,2009 年、2010 年的单位 GDP 能耗下降速度必须加快。因此,控制高耗能行业增长、加强高耗能行业的节能管理,是实现我国"十一五"节能目标的关键。

对"十一五"前期高耗能行业的单位 GDP 能耗降低情况进行中期评估,旨在对高耗能行业的一系列节能政策实施情况加以监督,为"十二五"规划前期研究的选题和完善"十一五"规划提出建议。

1. "十一五"前期高耗能行业节能情况

1）高耗能行业节能进度

高耗能行业增长过快,给节能减排工作带来了很大的困难。通过对工业中几十个行业耗能分析排序，排在耗能前 10 位的行业分别是黑色金属冶炼及压延加工业、非金属矿物制造、化学原料及制品制造、石油加工及炼焦、有色金属冶炼及压延加工业、电力蒸汽热水生产、煤炭采选、石油加工和天然气开采、纺织、造纸行业。这 10 个行业消耗的能源占我国能源总耗量 53.6%以上。控制上述行业的扩张速度，加强对其能耗指标的监督管理，意义十分重大。"十一五"以来，我国政府陆续颁布了《中国节能技术政策大纲》《千家企业节能行动实施方案》《中华人民共和国节约能源法》等十多项重要政策法规，从法律层面确保如期完成"十一五"节能减排的目标。我国政府更是于 2006 年、2007 年在各地区制定对千家高耗能企业的责任制，成立节能目标责任评价考核机构，制定和规范了考核方案和程序，细化了考核指标，统一了考核尺度和打分标准，把目标考核落到实处。近几年来，千家耗能企业节能工作成效显著，累计已节约能源 6902.92 万吨标准煤，各行业总体均已完成"十一五"千家企业节能目标的 60%以上（表 10-2）。我国高耗能行业结构调整和节能减排取得了初步成效。尽管如此，我国仍面临着能耗过高、淘汰落后产能进展慢等一些问题，尤其是自 2007 年以来，由于经济建设加速，部分高耗能行业生产仍然持续过快增长，产品出口大幅增加，投资有所反弹，需要引起高度重视，必须采取有力措施加以解决。

表 10-2　千家耗能企业节能贡献情况

行业	企业数	"十一五"节能目标/万吨标煤	2006 节能量/万吨标煤	2007 节能量/万吨标煤	累计节能量/万吨标煤	累计完成进度/%
电力	137	1040.89	353.84	400.18	754.02	72.4
纺织	22	122.77	55.86	50.03	105.89	86.3
钢铁	229	3700.71	1283.24	1447.47	2730.71	73.8
化工	236	1409.45	391.27	514.21	905.48	64.2
建材	91	510.20	156.68	177.51	334.19	65.5
煤炭	63	699.66	188.42	462.58	651	93.0
石油化工	86	1371.46	392.84	469.45	862.29	62.9
有色	65	492.62	184.64	221.35	405.99	82.4
造纸	24	133.25	79.09	74.25	153.34	115.1
合计	953	9481.01	3085.89	3817.03	6902.92	72.8

注：2007 年节能量中不包括上海市各企业的节能量

数据来源：关于千家企业节能目标责任评价考核表

2）高耗能行业结构调整对节能贡献度的测算

按《规划》要求，"十一五"期间高新技术制造业占工业增加值提高 5 个百分点，高耗能行业比重相应降低 5 个百分点，将减少能源消费 9000 万吨标准煤左右。但是，如表 10-3"十一五"前两年高耗能行业结构调整对节能目标的贡献测算所示，高耗能行业增加值占工业增加值比例在 2006 年小幅降低，2007 年又大幅反弹，2006 年实现节约 426 万吨标准煤，2007 年增加 4833 万吨标准煤，两年合计增加能源消耗 4407 万吨标准煤，未能实现高能耗行业结构调整节能。

表 10-3 "十一五"高耗能行业结构调整对节能贡献情况

指标	2005 年	2006 年	2007 年
工业增加值/亿元	72186.99	91075.73	103279.88
高耗能行业增加值占工业增加值比例/%	41.4	41.1	43.1
节能量/万吨标煤		−426	4833
节能量合计/万吨标煤			4407

（1）高耗能行业结构调整对节能目标贡献测算模型（模型一）。

模型一的测算过程如下。

第一步：测算 2005 年工业单位 GDP 能耗水平和高能耗行业单位 GDP 能耗水平。

工业单位 GDP 能耗=工业能源消耗总量/工业增加值

高能耗行业单位 GDP 能耗=高能耗行业能源消耗总量/高能耗行业产值

第二步：测算 2005～2008 年高能耗行业的结构比例变化。

高能耗行业结构变化=2008 年高能耗行业占工业增加值比例−2005 年高能耗行业占工业增加值比例

第三步：测算高能耗行业能耗水平与工业单位 GDP 能耗差异水平。

高能耗行业能耗差异=高能耗行业单位 GDP 能耗−工业单位 GDP 能耗

第四步：测算高能耗行业节能量。

高能耗行业节能量=工业增加值×高能耗行业结构变化×高能耗行业能耗差异

（2）同模型一类似，采用模型二对高能耗行业结构调整节能量测算以 2005 年技术水平为基准，未考虑 2005～2007 年技术进步对实现节能目标的贡献，技术进步节能的效果在其他章节将得到体现。

如果"十一五"期间三次产业结构调整和高耗能行业结构调整同时实现，则可减少能源消费 2 亿吨标准煤左右。"十一五"前两年三次产业结构调整和高耗能行业结构调整均未能实现结构节能，反而使得能源消耗增加约 9600 万吨标准煤。

2. 降低我国高耗能行业能耗的紧迫性

1）降低高耗能行业能耗是促进我国整体节能降耗的有效途径

根据资料统计，2000～2008 年，我国能源消费明显向工业部门集中，工业在我国能源消费量中的比例已占到 70%。而在工业部门内部，能源消费又明显集中于以冶金冶炼、化工、石油、制造业为中心的高耗能行业。如前面所述，排名前 10 位的高能源行业能耗占全国能源消费量 53.6%以上，占整个工业部门能耗量 81.6%，这些行业能源消费变动对总能耗变动起着决定性作用。因此降低高耗能行业能耗是促进我国整体节能降耗的有效途径。

2）降低高耗能行业能耗是提高我国商品国际竞争力的有效途径

目前，我国高耗能产品中能源成本比例明显高于国际先进水平。同时我国许多出口产品产能主要集中在低附加值、低技术含量的领域，低水平层次上高能耗产品的过度扩张，进一步加剧了能耗提高。

随着进口关税的逐步下降，国内高耗能企业将面临国际市场极为严峻的挑战。同时欧美发达国家，意在对中国产品征收碳关税等手段，形成对我国的所谓商品进口的"绿色壁垒"，也将对我国出口贸易形成巨大压力。因此降低高耗能行业产品的能耗将有效地提高我国商品的国际竞争力。

3）降低高耗能行业能耗是可持续发展的必然要求

伴随高耗能产品生产大多产生一些衍生物，这些衍生物大多对人类环境造成严重污染，加剧环境恶化。例如，焦炭生产过程中排放的废气、废水，电解铝生产过程中产生的氟化物，铁合金生产过程中产生的粉尘等。据统计，我国每单位 GDP 产生的氮氧化物是日本的 27.7 倍，德国的 16.6 倍，美国的 61 倍，所产生的二氧化硫是日本的 68.7 倍，德国的 26.4 倍，美国的 60 倍，化石燃料直接燃烧产生的二氧化碳、二氧化硫等有害物质的人均排放量也高居世界平均水平，这些都将对环境基础造成破坏，将影响我国经济的持续发展。

3. 制约我国高耗能行业降低能耗的影响因素分析

1）我国经济发展对高耗能行业的依赖直接制约其能耗的降低

从能源使用效率角度来看，高耗能行业属于一种粗放的工业行业，其能源使用效率是较低的，甚至其单位能耗所带来的经济效益值也基本低于其他工业所带来的效益值。但是，高耗能行业对于目前的中国经济具有不可替代的重要作用。2006 年、2007 年、2008 年这三年中，高耗能行业工业增加值占全国工业的比例分别为 41.1%、43.1%和 44.5%；同期全国工业在 GDP 中所占的比例为 40%左右也是略有上升。这说明，从产业地位来看，高耗能行业以及整个工业对于我国经济发展的重要地位不但没有下降，反而还略有提升。由于高耗能行业的发展牵扯社会各方的利益，所以也直接导致出现了过度保护的现象。我国大型国有企业大量存在于重化工业领域，如钢铁、电力、石化、汽车、建筑材料等高耗能行业，拥有资源的垄断地位，可轻易获得行政审批和上新项目、扩大产能的权力，这无疑会催生一些国有企业不负责任的投资冲动，降低了高耗能国企改善设备，提高能源利用效率的积极性。此外，某些地方政府或部门只盯着发展高耗能行业的眼前利益，在其灰色庇护之下，环保机构及其监管大多形同虚设。地方保护主义的盛行也在一定程度上助长了高耗能行业的盲目发展。以上种种因素使得工业结构不断向重型化发展。在工业化进程加速的同时，公众消费需求结构升级持续拉动高能耗行业的快速增长，造成经济发展对重化工等高能耗产品的依赖程度加大。

2）行业工艺和技术装备落后是能源利用效率低的直接原因

产品生产的能源利用率与技术因素密切相关。我国能源消费总量仅次于美国，居世界第二位，但能源利用效率很低。2004 年的能源利用效率为 36.46%，远低于世界平均水平 49.72%。与先进国家更是有着巨大差距，如法国为 65.45%。令人担忧的是较 2000 年 38.64%，2004 年反而下降了 2 个百分点。能源利用中间环节（加工、转换和储运）损失量大，浪费严重。据业界专家测算，电机的能源效率比国外先进水平低 20%，仅此一项就有 1000 亿千瓦时的节电潜力，比一个三峡电站的总发电量还多出 100 多亿千瓦时。目前，我国燃煤工业锅炉平均运行效率为 65%左右，比国际先进水平低 15～20 个百分点；中小电动机平均效率 87%，机动车燃油经济性水平比欧洲低 25%，比日本低 20%，比美国整体水平低 10%；火电机组平均效率 33.8%，比国际先进水平低 6～7 个百分点。根据对以上行业的调查表明，我国高耗能行业工艺和技术装备落后是能源利用效率低的直接原因。

3）产能过剩直接制约高耗能行业能耗降低

目前，我国产能过剩行业绝大多数集中在铁合金、电石、电力、钢铁、汽车、水泥、煤炭等高耗能行业。高耗能行业规模的过度扩张，加重了高耗能行业能耗问题，直接制约高耗能行业能耗降低。一方面，部分高耗能行业产能过剩导致高耗能产品的供给增多，即有可能带来其价格和利润的下降，加之高耗能产品生产的低能源技术效率，加重了能源的浪费。另一方面，产能过剩引起的高耗能产品大量出口造成了我国能源的变相低价输出，加速了我国能源的耗竭。我国历年贸易顺差商品的生产中所需要的能源，即间接能源输出量，1980～2005 年年均增长 14.22%，2005 年达到 3.3 亿吨标油。扣除能源进口量，近几年我国能源净出口逐年递增，由 1999 年的 0.77 亿吨标油，增长到 2005 年的 2.22 亿吨标油。

4）能源价格偏低直接影响我国高耗能行业降低能耗

我国能源、资源类产品在国际市场上具有其他国家无法比拟的价格"竞争力"。以钢材为例，2007 年，我国进口钢材单位吨价 1186.38 美元，出口钢材单位吨价 663 美元，出口仅是进口钢材单价的 55.88%，价差每吨高达 523.38 美元。我国钢铁价格与国际价格的价差刺激了钢材出口。"如果企业把钢材卖到国外，高端产品每吨能多卖几十美元是没问题的。"一位企业人士透露。但是，这种"竞争力"实际上缘于我国偏低的资源价格、污染者不必付出高昂的环境治理费用以及过低的劳动力成本等。而大批高耗能产品出口之后，就会形成低价商品由别国的消费者享受，而生产这些低价商品所形成的污染则要由我国消费者来买单的恶性局面。在我国经济发展与资源环境的矛盾日趋尖锐的大背景下，节能减排工作的重要性已是不言而喻。如果对当前高耗能行业反弹的苗头不加重视，任由高耗能产品过快增长趋势发展下去，从当前看不利于节能减排任务的完成，从长远看不利于调整我国过"重"的经济结构、不利于转变经济发展方式。这样虚高的贸易顺差使得我国高耗能产品和行业的发展势头保持不减。

5）管理体制不顺直接影响高耗能行业能耗的降低

"十一五"以来，在高耗能行业节能管理中出现了许多难以协调的矛盾和问题，主要表现在以下几个方面：第一，各地方政府在执行中央、国务院节能降耗的规定时，基层各部门职责界限模糊，职能机构间摩擦不断，内耗严重，既造成不必要的矛盾，又挫伤了地方政府开展节能工作的积极性。第二，作为基层节能管理责任的主要承担者，各地发展和改革委员会（以下称发改委）或经济（贸易）委员会（以下称经贸委）对本地区的节能管理事务负责；但在需要本地区相关平行部门给予节能管理支持和配合时，又不具备相应的行政职能，难以协调与这些部门的关系。第三，各地区节能管理主管部门针对高耗能行业无权改变价格、税收等调控政策，价格、税收等政策的刚性规定，使其无法满足地方节能管理具体调控的需要。第四，有些地区由于发改委或经贸委共同主管本地区节能工作，这些地方的企业和有关单位，在节能降耗工作中往往面临多头领导的局面。

高耗能行业节能管理协调困难的根源，主要是节能管理体制不顺。2000 年政府机构重组和改革，取消了国家经济贸易委员会，包括资源节约和综合利用在内的部分职能转移到国家发展和改革委员会，其他职能转移到国务院国有资产监督管理委员会和商务部。但省级政府机构调整后，大多数省份仍选择发改委和经贸委并存的方案。在高耗能行业节能管理中，省级政府的发改委主要负责地方能源政策法规、发展规划的制定，一般能源项目和重点项目的管理。经贸委主要负责本地能源发展的规划并组织实施，拟订、实施能源生产和发展计划，实施行业管理，培育和监管能源市场，协调解决市场供需中的重大问题，指导推动用能管理工作，拟订并实施新能源和可再生能源发展规划。节能管理中分工不明、任务重叠，节能责任制难以落实，致使一系列协调问题不能得到及时解决。

6）相关法规的不健全直接影响高耗能行业能耗的降低

虽然"十一五"以来，我国颁布了新修订的《中国节能技术政策大纲》《千家企业节能行动实施方案》《中华人民共和国节约能源法》等十多项重要政策法规，迄今为止，我国还没有一部像美国能源法一样起统领全局作用的能源基本法，能源立法明显滞后。这严重影响了能源工作的统一性、协调性和稳定性，明显降低了能源管理的效率。即使已有的能源法规也缺乏具体的实施标准，执行的时候就难以把握，一些违规违法的行为难以得到及时的制止和处罚。对降耗的法律约束存在缺失也就成为了高耗能行业降耗的漏洞。

4. 我国高耗能产业节能目标的趋势分析

1）经济发展迅速，我国高耗能行业发展势头不减

近年来，我国经济仍然保持高速增长。2005 年，我国 GDP 总量为 183868 亿元，2007年，我国 GDP 总量为 246619 亿元，到 2008 年，我国 GDP 总量已增至 300670 亿元，预计 2010 年将达到 382003 亿元；工业、高耗能行业的增长势头不减，高耗能行业产值占工业增加值比例将快速增加；预计到 2010 年，高耗能行业产值占工业增加值比例将达到45.69%，如表 10-4 所示。

表 10-4　2008～2010 年增加值及比例预测

指标	2004 年	2005 年	2006 年	2007 年	2008 年	2009 年	2010 年
GDP/亿元	159878	183868	210871	246619	300670	329616	382003
工业增加值/亿元	65210	77231	91311	107367	129112	148687	175196
高耗能行业增加值/亿元	25231	29882	37420	44493	54137	65794	79962
工业增加值占 GDP 比例/%	40.8	42.0	43.3	43.5	44.4	45.1	45.6
高耗能行业产值占工业增加值比例/%	38.7	38.7	41.0	41.4	42.9	44.3	45.6

注：2004 年高耗能行业增加值缺乏，采用数据填补方法获取

数据来源：2005 年、2006 年、2007 年中国统计年鉴，2007 年全国统计公报

数据预测过程如下：针对 2004～2007 年 GDP、工业增加值、高耗能行业增加值，分别建立 GM(1, 1)模型预测 2008～2010 年数据，进而预测 2008～2010 年工业增加值占 GDP比例和高耗能行业产值占工业增加值比例。

预测结果表明："十一五"期间，在未加干预的情景下，高能耗行业增速明显高于经济发展平均水平，我国经济在高速增长的过程中，重化工倾向越发严重。据调查，目前我

国主要高耗能行业的能效水平与国际先进水平相比，仍存在较大的差距；许多地区在淘汰落后产能的同时，又纷纷上马能效水平不高、国家限制发展的项目，粗放式、高耗能经济增长的势头不减。

作为调整经济结构、转变经济增长方式的突破口，控制高耗能行业过快增长、加强高耗能行业的节能管理，是实现我国经济又好又快发展的关键，也是实现我国"十一五"节能目标的关键。

"十一五"以来，我国高耗能行业发展很快，高耗能行业产值占工业增加值比例也呈逐年上升趋势，如表 10-5 所示。

表 10-5 高能耗行业产值增长与比例分析

指标	2005 年	2006 年	2007 年	2008 年	2009 年	2010 年
高耗能行业增加值/亿元	29882	37420	44493	54137	65794	79962
高耗能行业增加值增长率/%	18.4	25.2	18.9	21.7	21.5	21.5
高耗能行业产值占工业增加值比例/%	38.7	41.0	41.4	42.9	44.3	45.6

2）高耗能行业节能潜力巨大

"十一五"前期，我国通过加强对高耗能行业的管理和技术改造，主要高耗能行业的万元 GDP 能耗由 2005 年的 4.31 吨标准煤下降到 2006 年的 3.79 吨标准煤；但我国高耗能行业的能耗水平与国际先进水平相比，仍有一定的差距，能效提升空间较大，如表 10-6 所示。

表 10-6 部分高耗能行业能耗水平与国际先进水平比较

高耗能行业	指标名称	单位	国际先进水平	2007 年国内平均水平
钢铁行业	吨钢综合能耗	千克标准煤/吨	642（等效值）	604.93（当量值）
电力行业	供电标准煤耗	克标准煤/千瓦时	312	357.6
煤炭行业	原煤企业综合耗电量	千瓦时/吨	56	33.87
石油加工及炼焦	原油加工单位综合能耗	千克标准煤/吨	73	75.16
化工行业	烧碱生产综合能耗（离子膜法）	千克标准煤/吨	910（等效值）	793.95（当量值）
	烧碱生产综合能耗（隔膜法）	千克标准煤/吨	1250（等效值）	1079.31（当量值）
	纯碱生产综合能耗	千克标准煤/吨	345	397.52
	乙烯生产综合能耗	千克标准煤/吨	786	956.4
	合成氨生产综合能耗	千克标准煤/吨	1570	1421.68
建材行业	水泥综合能耗	千克标准煤/吨	102	109.09
说明	虽然表中数据反映了我国某些行业的能耗水平与国际先进水平比较接近，甚至超过国际先进水平；但是由于统计口径问题，数据未能准确反映我国高耗能行业的实际情况，据中国制造业门户网站公布，我国钢铁行业节能降耗取得新成绩，但同世界先进水平比较存在 20% 左右的差距，同样的问题在其他相关高能耗行业也类似存在，总体上，高能耗行业与国外先进水平差距在 20%～30%			

注：国际先进水平来源于崔民选《中国能源发展报告 2008》

由于高耗能行业产值比例大、发展快、能效提升空间大，按我国国情，高耗能行业仍将是"十一五"后期节能工作的重点领域。根据表 10-7 的分析，在 10% 节约情景下，高耗能行业的节能贡献将实现"十一五"规划节能目标的 23.7%。

表 10-7　高能耗行业节能潜力分析

高耗能行业	能源消费总量/万吨	10%节约情景	15%节约情景	20%节约情景
煤炭开采和洗选业	6786.54	678.65	1017.98	1357.31
纺织业	5756.49	575.65	863.47	1151.30
造纸及纸制品业	3443.68	344.37	516.55	688.74
石油加工、炼焦及核燃料加工业	12360.11	1236.01	1854.02	2472.02
化学原料及化学制品制造业	24779.04	2477.90	3716.86	4955.81
非金属矿物制品业	19948.40	1994.84	2992.26	3989.68
黑色金属冶炼及压延加工业	42812.32	4281.23	6421.85	8562.46
有色金属冶炼及压延加工业	8633.32	863.33	1295.00	1726.66
电力、热力的生产和供应业	17416.88	1741.69	2612.53	3483.38
合计	141936.78	14193.68	21290.52	28387.36
占"十一五"规划节能目标的百分比		23.7%	35.5%	47.3%

注：本情景所选取能源消费总量数据以 2006 年为基准

3）重点高耗能企业的生产技术改进，管理不断加强

在未来的很长一段时间内，高耗能行业仍将为我国经济的增长起到关键的作用，产业结构调整对高耗能行业的制约作用和高耗能行业本身能够带来的经济迅速增长，在短时间内难以达到一个很好的平衡。那么高耗能行业生产技术的改进和高耗能行业管理的不断加强，就成为了一个必然的趋势。技术进步相比于产业调整来说，在实施的简单性、易行性和显效的速度方面更具优势，特别是技术进步与当前我国经济较快速增长的要求不存在矛盾，所以我国应当把技术进步作为高耗能行业发展战略的核心，并把这一战略核心落实到高耗能企业的生产中去。

在技术改进的同时，对于高耗能行业企业的管理也是不可缺少的，我国高耗能企业在管理上协调困难，并且很多企业只顾眼前的利益，很大程度上依靠物质资源的高消耗和廉价劳动力来取得产品的价格优势，缺乏环保意识。企业管理的薄弱直接导致企业技改资金投入不足，致使有的设备负载率低，得不到改造，有的设备已淘汰却仍在使用，不但耗能高，运行费用高，甚至影响了正常生产。因此，规范和加强对高耗能企业的管理，也是实现高耗能行业能耗降低的必然趋势。

复习思考题

1. 项目处于什么样的情况下应该进入项目结束阶段？
2. 项目正常结束和非正常终止的主要区别有哪些？
3. 项目后评价和项目论证的主要区别是什么？
4. 项目后评价的主要内容有哪些？

📊 案例分析

某项目是国家重点规划的大型石化装置，主要为下游生产装置提供中间原料，该项目技术改造工程预计工期 24 个月，实际只用了 20 个月，2002 年 6 月完成，并于 2003 年稳定运行 1 年，项目的相关数据如表 10-8～表 10-10。

表 10-8　项目改造前后对比

项目	改造前	改造后
规模/（万吨/8000 小时）	40	70
年产量/万吨	44	73
产品收率/%	30.2	29.3
综合能耗/（千克标油/吨）	694.8	725.1

表 10-9　项目投资变化比较　　　　　　　　（单位：万元）

项目	可研报告	竣工决算	降低幅度
总投资	191565	154383	37182
建设投资	172165	140783	31382
工程费用	145399	125511	19888
工艺生产装置	128814	108453	20361
配套装置	16585	17058	−473
工程建设其他费用	14766	12972	1794
建设单位管理费	669	529	140
临时设施费	149	89	60
勘察设计费	371	171	200
生产人员准备费及联合试运费	15	16	−1
锅炉及压力容器检验费	29	23	6
超限设备运输措施费	90	68	22
引进工程其他费用	13387	10090	3297
办公及生活家具购置费		6	−6
投料试车费		1980	−1980
银行担保费	56	0	56
预备费	12000	2300	9700
基本预备费	4500	2300	2200
涨价预备费	7500	0	7500
应列入总投资的费用	19400	13600	5800
建设期借款利息	9200	3400	5800
流动资金	10200	10200	0

表 10-10　项目主要经济指标对比　　　　　　　　（单位：万元）

项目	可研数据	后评价数据	备注
总投资	191565	154383	
建设投资	172165	140783	
建设期利息	9200	3400	
流动资金	10200	10200	
年均销售收入	16500	19200	
年均税后利润	23500	29600	
投资回收期（静态）/年	6.52	5.32	含建设期
财务内部收益率/%	12.56	14.68	

问题：

试对该项目进行评价。

参 考 文 献

常伟. 2011. JX 学院新校区项目冲突管理案例研究[D]. 大连：大连理工大学.

程铁信. 2008. 项目管理理论方法与实践[M]. 北京：中国电力出版社.

池仁勇. 2004. 项目管理[M]. 北京：清华大学出版社.

蒂莫西·J·克罗彭伯格. 2016. 项目管理：现代方法（原书第 3 版）[M]. 杨爱华，翟亮，付小西，等，
译. 北京：机械工业出版社.

丁荣贵，杨乃定. 2005. 项目组织与团队[M]. 北京：机械工业出版社.

丁增辉. 2009. 高校知识管理中共享机制的研究[D]. 武汉：中南民族大学.

段云龙，周静斌，申晓静. 2011. 基于熵权 TOPSIS 法的房地产项目后评价模型研究[J]. 项目管理技
术，（9）：40-44.

樊无敌. 2012. 面向知识管理的报社办公自动化系统的研究与实现[D]. 郑州：中国人民解放军信息工程大学.

范成方，董继刚，贾宏俊. 2007. 挣值法在项目管理中的应用研究[J]. 山东科技大学学报自然科学版，
26（4）：101-103.

冯学东. 2013. 项目理念在企业战略管理领域的渗透与交融[J]. 项目管理技术，11（5）：45-48.

傅道春，高洁，张爱中，等. 2009. 建筑企业项目群管理实施模型[J]. 山东交通学院学报，17（2）：68-71.

哈罗德·科兹纳. 2003. 项目管理案例与学习题集[M]. 7 版. 杨爱华，杨磊，译. 北京：电子工业出版社.

何成旗，马卫周. 2013. 工程项目成本控制[M]. 北京：中国建筑工业出版社.

贺军. 2010. 项目知识管理研究综述[J]. 图书情报工作，54（14）：45-49.

胡长明，刘凯，董翔，等. 2014. 多项目管理组织结构及其评价[J]. 广西大学学报，39（1）：206-213.

黄鑫. 2013. 浅谈项目冲突管理[J]. 经营管理者，（5）：115-135.

黄玉麒. 2010. 项目经理的管理现状及对策[J]. 施工技术，（s2）：498-501.

姜启源. 2011. 数学模型[M]. 4 版. 北京：高等教育出版社.

杰弗里·K·宾图. 2007. 项目管理[M]. 鲁耀斌，译. 北京：机械工业出版社.

科茨纳. 2006. 组织项目管理成熟度模型[M]. 张增华，吕义怀，译. 北京：电子工业出版社.

李传，李娟，宛燕，等. 2011. 项目经理胜任素质模型综述[J]. 人力资源管理，（12）：123-125.

李刚. 2010. 论知识管理在工程咨询企业的应用[J]. 中国工程咨询，（10）：21-23.

李金海. 2006. 项目质量管理[M]. 天津：南开大学出版社.

梁莱歆，熊艳. 2010. 基于研发项目生命周期的成本管理模式研究[J]. 科研管理，31（1）：170-176.

廖媛红. 2010. 基于模糊聚类和灰色决策的项目团队组建方法研究[J]. 技术经济与管理研究，（s1）：14-17.

卢向南. 2009. 项目计划与控制[M]. 北京：机械工业出版社.

陆鹏. 2013. 基于战略管理视角下的项目管理研究[J]. 价值工程，（19）：140-142.

鹿吉祥，赵利，毕向林，等. 2010. 项目群管理研究[J]. 工程管理学报，24（4）：442-446.

罗西瑙，吉森斯. 2008. 项目管理——最佳实践案例剖析[M]. 4 版. 王丽珍，高超，熊芸，等，译. 北京：
电子工业出版社.

马丽华，蔡启明. 2006. 基于生命周期理论的项目团队成员的沟通策略研究[J]. 技术经济与管理研究，（1）：
64-65.

曼特尔. 2011. 项目管理实践[M]. 王丽珍，张金兰，译. 北京：电子工业出版社.

庞娟，孙金岭. 2010. 知识管理：企业未来竞争的核心[J]. 中国管理信息化，（1）：105-107.

戚安邦，熊琴琴，杨玉武. 2010. 不同功能的项目工作分解技术方法及其方法论的研究[J]. 项目管理技术，8（1）：13-18.

任汉波. 2011. 建设项目成本控制与案例[M]. 北京：中国铁道出版社.

沈暐. 2008. 浅述项目管理中的冲突解决策略[J]. 项目管理技术，（5）：65-68.

司洪泉. 2011. 基于 J2EE 的知识库管理系统的设计与实现[D]. 天津：南开大学.

宋金波，朱方伟，戴大双. 2013. 项目管理案例[M]. 北京：清华大学出版社.

孙慧，范志清，孙晓鹏. 2011. 基于模糊综合评价的 BOT 高速公路建设项目后评价[J]. 统计与决策，（4）：40-42.

王长峰，张杰. 2010. 研发企业矩阵式管理中职能经理与项目经理博弈模型研究[J]. 项目管理技术，（2）：73-78.

王静琳，何清华，乐云，等. 2011. 大型复杂群体项目组织的协同特征与机制研究[C]. 第十届中国项目管理会议论文集，6：164-168.

小塞缪尔·J·曼特尔. 2011. 项目管理实践[M]. 王丽珍，张金兰，译. 北京：电子工业出版社.

徐颂，黄文. 2011. 里程碑控制在研发项目进度管理中的应用[J]. 项目管理技术，9（5）：86-90.

杨明海. 2007. 项目团队效能成熟度研究[D]. 济南：山东大学.

杨艳玲，刘路，陈立芳. 2008. 关键链与 PERT/CPM 的优缺点对比[J]. 价值工程，27（12）：108-110.

叶荣伟. 2009. 面向知识管理的本体进化与用户权限管理研究[D]. 上海：上海交通大学.

尹辉庆，杨明新. 2009. 浅议项目管理的冲突来源及其应对策略[J]. 项目管理技术，（4）：69-71.

余晓婷. 2011. 软件行业项目经理胜任特征的研究[J]. 经济管理与科学决策，（12）：147-148.

张瑞红. 2010. 国内企业知识管理绩效评价研究状况分析[J]. 中国管理信息化，（7）：102-104.

张卓. 2005. 项目管理[M]. 北京：科学出版社.

赵爱峰. 2009. 朗威公司工程项目知识管理平台研究[D]. 北京：北京交通大学.

赵萌. 2007. 工程项目管理中的项目文化建设[J]. 建筑与工程，（5）：49-50.

周凌. 2010. 个人与企业的知识渗透模型的构建与应用研究——以 BOSCH 和 GHD 为例[D]. 长沙：中南大学.

Brown S L，Eisenhardt K M. 1997. The art of continuous change：Linking complexity theory and time-paced evolution in relentlessly shifting organizations[J]. Administrative Science Quarterly，42（1）：1-43.

Ferns D C. 1991. Development in programme management[J]. International Journal of Project Management，9（3）：148-156.

Gray R. 1999. Alternative approaches to programme management[J]. International Journal of Project Management，17（6）：361-366.

Lycett M，Rassau A，Danson J. 2003. Programme management：A critical review[J]. International Journal of Project Management，（22）：289-299.

Souder W E，Sherman J D. 1993. Managing New Technology Development[M]. New York：McGraw-Hill.

Stawicki J，李志民. 2008. 项目中的沟通——理论与实践（上）[J]. 项目管理技术，（5）.

Turner J R. 1999. The Handbook of Project-Based Management[M]. New York：McGraw-Hill.